CLAUDIA SCHMID
Mörderische
Ostsee

VON FLENSBURG BIS HELSINKI Erliegen Sie dem speziellen Charme Stockholms, erkunden Sie das Venedig des Nordens und umrunden die Ostsee – gemeinsam mit dem kultigen Ehepaar Edelgard und Norbert. Dabei entlocken Sie einer Insel des Schärengartens ein schauriges Geheimnis und treffen in Tallinn die Journalistin Marja, die im pulsierenden Sankt Petersburg die Bekanntschaft einer äußerst bemerkenswerten Dame machte. Gemeinsam mit Marja spüren Sie im Baltikum der bewegenden Lebensgeschichte einer betagten Nachbarin nach, wobei Edelgard in Klaipeda einer geheimnisvollen Schriftstellerin begegnet. In Danzig dagegen wittert sie einen hinterhältigen Betrug. Schließlich geht es längs der deutschen Küste gewohnt aufregend weiter – unter anderem in Flensburg. In Kopenhagen kehren Sie in einer ungewöhnlichen Pension ein. Natürlich stolpern Sie während der Reise über ominöse Kriminalfälle – und über Leichen. Immer inmitten einer atemberaubend schönen Landschaft und vor dem Hintergrund faszinierender Städte.

© Jürgen Schmid, Kriminetz

Claudia Schmid lebte in Passau, bevor sie sich ihren Traum erfüllte und an der Mannheimer Universität Germanistik studierte. Seit 30 Jahren wohnt sie nun in der Metropolregion Rhein-Neckar, nahe Heidelberg, und schreibt Kriminelles, Historisches, Reiseberichte, Hörspiele und Theaterstücke. Neben ihren Büchern hat die Ehren-Kriminalkommissarin der Polizei Mannheim-Heidelberg über vier Dutzend Kurzgeschichten veröffentlicht. Die mehrfach ausgezeichnete Autorin ist auch als Redakteurin von »kriminetz.de« sowie als Kommunikationstrainerin tätig und übernimmt mit Vorliebe kleine Rollen in Fernsehkrimis. Lesetermine der Autorin finden Sie auf www.claudiaschmid.de.

CLAUDIA SCHMID
Mörderische Ostsee

Krimis

Immer informiert

Spannung pur – mit unserem Newsletter informieren wir Sie
regelmäßig über Wissenswertes aus unserer Bücherwelt.

Gefällt mir!

Facebook: @Gmeiner.Verlag
Instagram: @gmeinerverlag
Twitter: @GmeinerVerlag

Besuchen Sie uns im Internet:
www.gmeiner-verlag.de

© 2021 – Gmeiner-Verlag GmbH
Im Ehnried 5, 88605 Meßkirch
Telefon 0 75 75 / 20 95 - 0
info@gmeiner-verlag.de
Alle Rechte vorbehalten
1. Auflage 2021

Lektorat: Susanne Tachlinski
Herstellung: Julia Franze
Umschlaggestaltung: U.O.R.G. Lutz Eberle, Stuttgart
unter Verwendung eines Fotos von: © riebevonsehl / stock.adobe.com
Druck: CPI books GmbH, Leck
Printed in Germany
ISBN 978-3-8392-2844-9

Gewidmet all denen,
die auf der Suche nach Heimat sind.

INHALTSVERZEICHNIS

ERDBEERWILD
(STOCKHOLM, SCHWEDEN)

Es war ihm nicht möglich, seine Beine auszustrecken. Schon jetzt bemerkte er, wie es zu kribbeln begann. Zunächst nur zögerlich, aber er wusste ganz genau, dies würde bis zur Unerträglichkeit zunehmen. Als ob kleine Ameisen in seinen Nervenbahnen unterwegs wären. Außerdem saß der Gurt stramm und fesselte ihn. Zu atmen fiel ihm schwer. Er spürte, wie sich kleine Tropfen aus Schweiß an mehreren Stellen seines Körpers bildeten und zu kleinen Lachen sammelten. Einatmen, ausatmen. Konzentration. Es war wichtig, Ruhe zu bewahren. Das hatte er irgendwo gelesen, er hatte die Quelle vergessen. Sobald er in Panik verfiel, war alles zu spät. Er kam hier nicht raus. Es lag nicht in seiner Hand. Dabei hatte er sich nichts vorzuwerfen. Absolut nichts. Er war hier gegen seinen Willen.

Es hatte so schön begonnen. Die Planung hatte er jedoch ihr überlassen. Dass dies ein großer Fehler gewesen war, fiel ihm jetzt wie Schuppen von den Augen. Diese Erkenntnis kam zu spät für ihn. Es gab kein Zurück. Er steckte ziemlich in der Klemme. Ob er das hier überleben würde? Er selbst schätzte seine Chancen dafür als ziemlich gering ein. Hatte er überhaupt ein Testament gemacht? Solange er niemanden eigens festlegte, ging alles den normalen gesetzlichen Weg. Seine Frau und ihr gemeinsamer Sohn waren seine Erben. Die Lebensversicherung wies einzig seine Frau als Begünstigte aus. Ob sie ihrem Sohn etwas davon abgeben würde? Er jedenfalls wünschte es sich. Herrgott noch mal, weshalb fiel ihm das ausgerechnet jetzt ein? Als ob es in dieser aussichtslosen Situation nichts Wichtigeres für ihn gäbe.

Er spürte das leise Rütteln und vernahm ein schnurrendes Geräusch. Es begann also. Seine letzten Minuten brachen an. Seine Atmung ging flach. Er mühte sich ab, so wenig Energie wie möglich zu verbrauchen. Wieso war er so grenzenlos dumm gewesen, ihr zu vertrauen? Das hatte er nun davon. Seine eigene Gutmütigkeit war der einzige Grund für seine missliche Lage. Er trug selbst die Schuld daran. Das machte es nicht leichter für ihn.

»Norbert?« Edelgard griff entschlossen nach der Hand ihres Mannes. »Weshalb bist du so still? Du sagst gar nichts.« Sie tätschelte seinen Arm. »Du hättest besser Julians Geschenk annehmen sollen.«

»Was?«, klang es gepresst aus der Kehle ihres Mannes.

»Diesen Kurs gegen Flugangst. Julian wollte dir einen schenken! Aufgedrängt hat er ihn dir regelrecht. Meine Güte, wie einem kranken Gaul hat er dir zugeredet. Aber du wolltest ja nicht. Stur wie ein alter Esel. Du bist blass, mein Lieber. Möchtest du etwas zu trinken?«

Norbert schüttelte den Kopf.

»Guck, jetzt sind wir schon auf der Startbahn. Meine Güte, zu Beginn ist es immer ein wenig wie Busfahren. Aber das legt sich rasch.«

»Aus einem Bus kann ich jederzeit aussteigen. Aus diesem Ding hier nicht.«

»Jetzt übertreibst du aber, Norbert. Der Busfahrer lässt dich nur an den festgelegten Haltestellen aussteigen. Dazwischen sitzt du genauso fest wie in einem Flugzeug.«

»Aber …« Norbert brach ab. Er wusste aus Erfahrung, Edelgard würde nicht damit aufhören, die Vorzüge einer

Flugreise zu preisen. Im Gegensatz zu ihm war sie allerdings völlig frei von Flugangst, die ihm jedoch im Moment das Leben ziemlich vermieste.

»Stell dir bloß vor, wir wären erst mit dem Zug an die Ostsee gefahren, um die Fähre weiter nach Stockholm zu nehmen. Weißt du, wie lange wir da unterwegs wären? Dieser Flug hier«, sie drückte seine Hand, »dauert lediglich zwei Stunden. Norbert, bis wir unsere Flughöhe erreicht haben, gehen wir bald schon wieder in den Sinkflug.«

Norberts Gesichtsfarbe, bis dahin leidlich rosa, hellte sich auf. Er wirkte ziemlich käsig, mit einer leichten Tendenz zu grün.

Edelgard riss beherzt eine Tüte aus dickem Papier aus dem Netz, das an der Rücklehne des Sitzes vor ihr angebracht war, und drückte sie ihrem Mann in die Hand. »Für alle Fälle.«

Für den Rest des Fluges schwieg Norbert, sosehr Edelgard sich auch bemühte, ihm ein weiteres Wort zu entlocken. Als er nach der Landung endlich den für ihn sehr engen Gurt lösen und aufstehen durfte, zerrte er vom Gang aus sein Gepäckstück aus dem Klappfach über ihren Sitzen. Dass die Passagiere hinter ihm warten mussten, weil es nicht auf Anhieb klappte, brachte ihn nicht aus der Ruhe. Heute würde ihn überhaupt nichts mehr dazu veranlassen, seine Fassung zu verlieren. Er hatte soeben diesen Todesflug überstanden und war heil davongekommen. Schlimmeres als die beiden letzten Stunden, in denen er aus Angst sein Hemd komplett durchgeschwitzt hatte, konnte ihm nicht passieren.

*

Sie liebte das Blau des Wassers, das es während klarer Tage annahm, besonders. Die Sonne schien im Juni schon in den frühen Morgenstunden mit einer Intensität, die sie in Mittel-

europa höchstens um die Mittagszeit erreichte, bevor sie am späten Nachmittag bereits wieder schwächelte. In Schweden jedoch war das Licht während der Sommerhälfte von einer Klarheit, die alles durchdrang. Das Wasser in den Schären war von einer ganz eigenen Farbe, wie sie es sonst nirgendwo anders erlebt hatte. Sie fühlte sich mit jeder Faser ihres Körpers hier zu Hause. Der Platz, an den sie eindeutig gehörte. Nirgendwo sonst auf der Welt hatte sie dieses Gefühl. Die Luft, die sie einsog, durchströmte ihre Lunge und drang vor bis in die Spitzen der Bronchien, von wo aus der Sauerstoff ihren Körper mit dem lebenswichtigen Stoff versorgte. Es fühlte sich für sie an, als würde sie bis in die Zehenspitzen hinein atmen. Obwohl sie natürlich wusste, dass dies physikalisch nicht möglich war. Alles war so lebendig, hier im Einssein mit der Natur. Nichts in der Welt brachte sie von hier weg. Kein verlockendes Jobangebot, auch kein Liebhaber, der sie zum Umzug in eine andere Stadt bewegen wollte.

Wie von Riesenhand zerstreut lagen die mehreren Tausend Inseln unterschiedlicher Größe vor Stockholm. Die Ostsee umspülte die steinernen Gebilde. Wenn nicht viel los war, kamen sogar Seehunde. Die größeren Inseln waren beliebte Ausflugsziele für Feierlustige. Mit Schrecken dachte sie an Mittsommer. Dann schwärmten wieder alle aus. Einige legten sogar an Privatinseln an. Sie wollte keinen Besuch auf ihrer Insel. Erst recht keinen ungebetenen.

Ihre Insel hatte bereits dem Großvater gehört, der sie irgendwann einmal gekauft hatte. Er war es gewesen, der das kleine rote Holzhaus mit den weißen Fensterrahmen errichten ließ. Soweit sie ihre Erinnerungen zurückverfolgen konnte, hatte sie während ihrer Kindheit dort die meisten Wochenenden und die Urlaubszeit des Vaters verbracht. Im Sommer hatten sie alle gemeinsam mit angepackt, das Haus zusammen neu angestrichen und nötige Renovierungsarbeiten durchge-

führt. Ihre Mutter hatte das Haus nicht gemocht, da es ohne Strom und nur mit Holz zu beheizen war. Irgendwann war die Mutter nicht mehr mitgefahren und an den Wochenenden in der Stadt geblieben, wo es für sie bequemer war. Vielleicht lag es ein wenig daran, dass sie Gustav nicht mochte. Vaters große schwarze Dogge, die sich auf der Insel frei bewegen durfte. Gustav liebte es, sich, wenn jemand irgendwo saß, von hinten anzuschleichen und plötzlich seinen Kopf über dessen Schulter zu recken. Des Öfteren war die Mutter dabei fürchterlich erschrocken und hatte sich über das Tier beschwert. Ihr Mann lachte nur dazu und tätschelte Gustav den Nacken.

Wer hätte es dem Vater verübeln wollen, sich eine Geliebte zu nehmen? Eine, die mit ihm auf seine Insel fuhr? Nach dem Ableben des Großvaters war die Insel wie selbstverständlich in seinen Besitz übergegangen. Seine Schwester, die in New York lebte, zeigte kein Interesse daran. Wie sie überhaupt kaum mehr nach Stockholm reiste. Der letzte Besuch ihrer kinderlosen Tante lag viele Jahre zurück. Der Kontakt zu ihr war lose.

Wenn der Vater eines Tages nicht mehr da war, dann ging das Eiland in ihr Eigentum über. Das hatte sie ihm in die Hand hinein versprochen. Ihm lag viel daran. Galt es doch, das Geheimnis der Insel zu wahren. Ein Geheimnis, das die beiden teilten und welches sie miteinander verband. Um das sie niemand, der davon in Kenntnis gelangen sollte, beneiden würde. Es war besser, nur sie beide wussten davon. Und sie setzte alles daran, dass dies so blieb. Wirklich alles. War sie denn nicht immer Vaters kleines Mädchen gewesen? Der Vater hatte ihr immer näher gestanden als ihre Mutter. Weitaus näher.

Sie erhob sich von dem großen runden Stein, auf dem sie gegessen hatte, und ging zum Haus zurück.

*

Nachdem Norbert sich beruhigt hatte und er und Edelgard endlich im Besitz ihres vollständigen Gepäcks waren, suchte er mitsamt seinem Koffer eine der Flughafentoiletten auf. Als er wieder herauskam, trug er ein frisches Hemd.

»Du hast nicht viele Hemden dabei«, empörte sich Edelgard. »Sollen wir gleich zu Beginn einen Waschsalon aufsuchen?« Sie selbst trug eine leichte Baumwollhose und eine Bluse aus Leinen, die perfekt mit ihrer Haarfarbe harmonierte. Unmittelbar vor ihrer Reise war sie bei ihrer Friseurin gewesen und hatte sich einen neuen Haarschnitt gegönnt. Ihr kinnlanges Haar war frisch durchgestuft, was ihm deutlich mehr Fülle verlieh. Die leichten Strähnchen, die je nach Lichteinfall farblich changierten, waren ein Vorschlag von Sandra gewesen, der sie seit Jahren in diesen Dingen bedingungslos vertraute. Ein frisches Make-up, abgestimmt auf die Bedürfnisse nicht mehr ganz junger Haut, komplettierte ihren Auftritt.

»Julian wird ja wohl eine Waschmaschine haben.«

»Lieber Himmel! Wir wollen dem Bub nicht zur Last fallen.«

»Weshalb dem Bub? Du wirst sie doch auch einschalten können. Oder hast du das verlernt?«

»Papperlapapp. Ich habe Urlaub! Schon vergessen? Wo ist Julian überhaupt? Er will uns doch hier in Arlanda abholen.«

»Ich hätte nichts gegen frische Luft einzuwenden. Lass uns nach draußen gehen. Womöglich wartet er dort auf uns.« Norberts Blick verweilte trotzdem kurz an der einladenden Theke eines Fastfood-Restaurants, das auf einem großen Plakat einen Bio-Burger anpries. »Guck, die Burger sehen richtig gut aus.«

»Mom! Paps! Hej!«

»Hej, Julian!« Edelgard ließ ihren Koffer stehen und umarmte ihren Sohn, der auf sie zugestürmt war.

»Edelgard! Soll dir der Koffer wieder geklaut werden? So wie damals in Berlin, als wir deine Großtante auf diesem Kreuzfahrtschiff besuchten? Willst du nicht besser auf ihn achten?«

Seine Frau ignorierte den Einwand und konzentrierte sich stattdessen auf ihren Sohn. »Gut siehst du aus, Julian. Ich bin so neugierig auf die Stadt. Und auf deine Wohnung! Meine Güte, ich war noch nie in Skandinavien. Das ist wirklich aufregend! Wer hätte gedacht, dass wir einmal hierherreisen?«

Nachdem Norbert Julian, der ihn beinahe um Haupteslänge überragte, ausgiebig auf die Schulter geklopft hatte, nahm Edelgard den Griff ihres Koffers wieder auf.

»Wir fahren mit dem Zug in die Stadt. Das ist sogar relativ preiswert. Die Station erreichen wir von hier aus zu Fuß.«

»Verstehe. Du hattest die ganze Zeit über schon am Telefon gesagt, dass hier alles so teuer ist.« Edelgard nickte ihrem Sohn wissend zu.

»Für Urlauber beispielsweise aus Deutschland. Für die Stockholmer nicht so sehr, die verdienen entsprechend. Was wirklich teuer ist, sind Wohnungen. Ich selbst bin richtig gut dran, weil ich von meiner Firma eine zur Verfügung gestellt bekommen habe.«

»Auf die bin ich echt gespannt, Julian.« Edelgard strahlte ihn an.

»Außerdem ist es toll, dass wir nicht in ein teures Hotel müssen, sondern auf deiner Gästecouch übernachten dürfen«, ergänzte Norbert.

»Alter Geizhals. Von dem gesparten Geld können wir toll mit Julian essen gehen.«

»Kommt, der nächste Zug fährt bald. Ich habe für euch Wochenkarten besorgt.« Julian zog zwei aufladbare Plastikkarten aus seiner Jackentasche. »Die müsst ihr bei jedem Betreten einer Station am Eingang ans Lesegerät halten.«

Julian war ihr einziges Kind. Als er klein war, hatte Edelgard sogar ein paar Jahre auf eine eigene Berufstätigkeit verzichtet und ganz für ihre Familie gelebt. Später, als Julian aufs Gymnasium kam, hatte es sich ergeben, dass die Pfarrerin in ihrem Ort eine Sekretärin suchte. Für Edelgard war es der perfekte Job.

Während sie ihren Sohn anhimmelte, freute sie sich wie schon so oft darüber, dass Julian vom Aussehen her nach ihrer Verwandtschaft kam und keine Ähnlichkeit mit seinem sehr rundlich gewordenen, nicht allzu hoch gewachsenen Vater aufwies. Julian war größer als seine Eltern und schlank wie seine Mutter. Sein dichtes Haar war wie Edelgards dunkelblond, die Augen braun. Ihre Schwiegermutter hatte früher wegen der mangelnden Ähnlichkeit Julians mit seinem Vater öfter spitze Bemerkungen gemacht. Als sie Norbert unverhohlen einen Vaterschaftstest empfahl, verbot ihr dieser empört, jemals wieder einen solchen Verdacht zu äußern. Auch wenn die Ehe mit Norbert aus Edelgards Sicht nicht immer ein Grund zum Jubeln war und sie früher das eine oder andere Mal tief in sich den Wunsch verspürt hatte, etwas nachzuhelfen, um endlich Witwe zu werden, so gestand sie sich inzwischen ein, dass Norbert durchaus seine guten Seiten hatte.

Zu Edelgards Bedauern war die Schwiegermutter damals jedoch nicht lange gekränkt gewesen und setzte ihre ausgiebigen Besuche bei ihnen unverdrossen fort. Nachdem im Anschluss an Julians Konfirmation nach ihrer Abreise Julians Zahnbürste auf unerklärliche Weise verschwunden war, setzte die Schwiegermutter wenig später völlig überraschend ihren Enkel im Testament sogar als Alleinerben ein. Norbert hatte ihr bereits mehrfach vergeblich dazu geraten, um eine Generation mit der Erbschaftssteuer zu überspringen. Da er selbst als Jurist im Finanzamt tätig war, kannte er sich aus mit solchen Dingen.

Norbert und Julian saßen ihr im Zug gegenüber. Der Vater befragte den Sohn zu seiner Arbeit bei einer großen Versicherungsgesellschaft. Aber darüber war Edelgard bereits hervorragend informiert, da sie selbst regelmäßig mit Julian telefonierte. Sie blickte aus dem Fenster, als sie durch die Vororte Stockholms fuhren. Leider hatte sie Julian zu der Zeit, als er auf Malta arbeitete, nicht besucht. Diesen Fehler wollte sie während seines Aufenthaltes in Schweden nicht wiederholen.

Sie spürte eine Hand auf ihrem Arm.

»Mom, wir müssen umsteigen. Wir sind an der Centralstation angekommen. Wir müssen in die grüne Linie.«

»Grüne Linie?«

»Jede Linie der U-Bahn hat eine andere Farbe, so kann man sie leicht auseinanderhalten. Wir müssen in Richtung ›Hässelby strand‹ fahren. Wir steigen in Bromma aus. Das ist der Vorort, in dem ich wohne.«

Nachdem sie die S-Bahn-Haltestelle verlassen hatten, folgten sie der Straße, die zur linken Seite leicht bergauf führte. Zu ihrer Überraschung stellte Edelgard fest, dass viele Fenster der Häuser, an denen sie vorbeigingen, nicht mit Gardinen verhangen waren, so, wie sie es von zu Hause her kannte.

»Die Fenster, ich weiß nicht. Das sieht irgendwie nackig aus. Gar nicht gemütlich.«

»Die Schweden wollen vermutlich das wenige Licht während des dunklen Halbjahres nicht aussperren und haben deshalb keine Gardinen.«

»Da kann doch jeder reingucken! Außerdem ist es jetzt Sommer. Da wird es doch kaum dunkel.«

»Mom, in Schweden guckt man fremden Leuten nicht durchs Fenster in die Wohnung.«

Edelgard schüttelte den Kopf. »Wieso denn nicht? Ich finde es großartig, im Winter spazieren zu gehen und durch Fenster in beleuchtete Wohnzimmer zu linsen. Das ist so heimelig. All die mit Lichterketten geschmückten Räume. Also wirklich! Wenn jemand nicht will, dass man bei ihm hineinguckt, muss er halt die Vorhänge zuziehen!«

Julian lächelte nachsichtig. Die sprichwörtliche Neugierde seiner Mutter war ihm bewusst. »Die Leute hier sind eben anders. Zurückhaltender als in Deutschland. Wer sein Fenster trotzdem blickdicht machen will, kann die Jalousie herunterlassen. Dazu muss man doch keine Staubfänger aus Stoff ans Fenster hängen.«

Norbert blieb nach ein paar Metern schwer atmend stehen.

»Paps, soll ich deinen Koffer nehmen?« Julian wandte sich besorgt seinem Vater zu.

Norbert schielte nach seiner Frau. Unter normalen Umständen hätte er Edelgard den Koffer jetzt aufs Auge gedrückt. Schließlich verfügte sie über zwei kräftige Arme. Aber wenn sein Sohn dabei war, ging das natürlich nicht. Was sollte der denn von seinem Vater denken? Doch auch Julian wollte er sein Gepäckstück nicht übergeben – er sollte schließlich nicht fälschlicherweise annehmen, er sei alt und kraftlos.

»Passt schon«, sagte er deshalb resigniert und setzte sich tapfer erneut in Bewegung.

Edelgard passte sich seinem Tempo an und ging hinter ihm. Das neue Outfit, das sie ihrem Göttergatten für den Besuch bei Julian mit viel Mühe aufgeschwatzt hatte, stand ihm gut, stellte sie bei sich fest. Sein uralter beigefarbener Breitcordanzug, den er mit Vorliebe trug, befand sich ohnehin beinahe in Auflösung. Den hatte sie kurz vor ihrem Abflug heimlich in einer Box für Kleiderspenden entsorgt. Norbert hatte die Nähte des guten Stücks derart beim Tragen überdehnt, dass der Stoff an einigen Stellen bereits mürbe geworden war. Man hätte gut und gern eine Zeitung durch ihn hindurch lesen können. Sie hatte ihren Mann zwei Wochen vor der Reise mit der Idee zu einer spontanen Einkaufstour überrumpelt und ihm eine komplett neue Garderobe aus warmen Erdtönen aufgeschwatzt. Norbert hatte zwar etwas gemurrt, als er an der Kasse den Zahlbetrag sah. Nichtsdestotrotz hatte ihn Edelgard zu einem Friseur bugsiert und dem heimlich ins Ohr geraunt, er solle ihrem Mann einen modischen Haarschnitt verpassen, während sie die prall gefüllten Tüten ans Auto schleppte. Ihrem Wunsch, das Rasieren zu vernachlässigen und sich einen Bart stehen zu lassen, hatte Norbert sich bislang erfolgreich verweigert. Edelgard lächelte still. Ihr Mann wusste nicht, dass sie das Ladegerät seines Rasierers heute früh heimlich aus seinem Kulturbeutel entfernt hatte. Sie war gespannt darauf, wie er mit Bart aussehen würde. Früher hatte sie gedacht, zu viel Gesichtsbehaarung stünde ihm nicht. Aber wieso nicht mal etwas Neues wagen?

Die Blocks, auf die sie zusteuerten, waren im nüchternen Stil gehalten. Jede Wohnung war mit einem großen Balkon ausgestattet. Zwischen den Häusern wuchsen hohe Kiefern. Es wirkte auf Edelgard so, als wäre die Siedlung in einen bereits vorhandenen Wald gebaut worden.

»Weshalb sind denn die Autos nur auf einer Straßenseite geparkt? Ist das hier eine Einbahnstraße?« Edelgard wunderte sich.

»Ist es nicht, aber es ist ziemlich wichtig, die Parkvorschriften zu beachten. Wegen der Straßenreinigung darf man an bestimmten Tagen nur auf einer der beiden Seiten parken. Sonst kommt die lapplisa.«

»Die wer?«

»So heißen die Politessen auf Schwedisch.«

Julian benutzte einen kurzen gewundenen Weg, um zur Haustüre zu gelangen. Dort tippte er einen Code in ein metallenes Tastenfeld ein. Daraufhin ertönte ein Summen und Julian drückte die Tür auf.

»Edelgard, das wäre was für dich! So oft, wie du deine Schlüssel suchst!« Er wandte sich an seinen Sohn. »Die Handtasche deiner Mutter weist unergründliche Tiefen auf.«

Edelgard prustete los. »Und für dich erst! Wo du dir nicht einmal die Geheimzahl deiner Kreditkarte merken kannst. Du könntest gleich ein Abo beim Schlüsseldienst buchen.«

Norbert ging wortlos ins Haus.

Im ersten Stock angelangt, öffnete Julian mit derselben Methode seine Wohnungstür.

Die Wohnung selbst war hell und übersichtlich eingerichtet. Deshalb wirkte sie nicht so beengt, wie Edelgard zunächst befürchtet hatte. Der helle Parkettboden und die weiß getünchten Wände ließen in Verbindung mit der klug gewählten Einrichtung die Räume größer erscheinen, als sie tatsächlich waren. Ihr Sohn war offensichtlich noch nicht dazu gekommen, Bilder aufzuhängen. Sie nahm sich vor, ihm, sobald sie wieder zu Hause war, ein Poster zu senden. Eines von ihnen dreien, auf Fotoleinwand gedruckt.

»Die 50 Quadratmeter sind aber wirklich gut aufgeteilt«, staunte sie, als sie von der Küche aus durch einen kleinen Schlafraum mit Bett und einer unterhalb der Decke befestigten Stange als Schrankersatz in das Wohnzimmer ging, wo neben einer bequemen Sitzgruppe ein kleiner Esstisch mit vier weißen Stühlen stand. Auf der schmalen Fensterbank neben der Balkontür befand sich ein Topf mit einer weißen Orchidee. »Außerdem ist es klasse, dass du Urlaub bekommen hast, während wir hier sind.«

»Ich habe mir gedacht, heute essen wir hier. Die Couch lässt sich ausziehen, die müsste für euch beide reichen.«

»Für mich schon«, griente Norbert, während Edelgard auf den Balkon trat.

»Ein Reh! Dort, zwischen den Bäumen!«, rief sie erstaunt aus.

»Die kommen hier öfter her. Weil ihnen niemand etwas tut, sind sie ganz schön zutraulich.«

»Was ist mit Elchen?«, wollte Edelgard wissen.

Julian lachte. »Dazu müssen wir nach Skansen. Dort könnt ihr Elche mitten in der Stadt sehen.«

»Skansen? In unserem Reiseführer steht, das ist ein Freilichtmuseum«, mischte Norbert sich ein.

»Es ist ein Freilichtmuseum und ein Zoo. Man kann es mit einem gemeinsamen Ticket besuchen.«

Während die beiden Männer sich zurück ins Wohnzimmer begaben, nahm Edelgard den schräg gegenüberliegenden Block genauer in Augenschein. Er hatte fünf Etagen, genau wie der, in dem sie momentan weilte. Die Balkone ohne Blumenschmuck erinnerten sie an den des schwedischen Kommissars Beck in der gleichnamigen Fernsehkrimireihe, der einen ähnlichen hatte. Des Öfteren wurde der müde Kommissar zu Feierabend von seinem Nachbarn, der aus für sie ungeklärten Gründen eine Halskrause trug, behelligt. Bestimmt war das Tragen der Halskrause prompt in einer der wenigen Folgen erklärt worden, die sie nicht kannte.

Der unterste Balkon gegenüber weckte spontan ihre Aufmerksamkeit. Eine junge Frau mit schulterlangen blonden Haaren eilte nach drinnen, genau in dem Moment, als Edelgard sie erblickte. Sie guckte sogar zu ihr herüber, als ihre Hand nach dem Jalousiengurt griff und ihn betätigte.

Edelgard begab sich ebenfalls nach drinnen.

»Paps ist im Bad. Mom, was ich dich immer schon mal fragen wollte – ist es dir damals, als du mich bekommen hast, eigentlich schwergefallen, deine Arbeit aufzugeben?«

»Was hätte ich denn tun sollen? Wir hatten niemanden vor Ort, der mich unterstützt hätte. Meine Mutter wohnte weit weg. Und dich als Baby schon in eine Krippe zu geben, das hätte ich wirklich nicht über mich gebracht. Du warst so ein süßes Kind.«

Julian zog eine Grimasse. Er konnte selbst aufs Gramm genau angeben, wie viel er bei der Entbindung gewogen hatte, über die Größe wusste er ebenfalls Bescheid. Edelgard hatte ihm ausführlich von der glücklichen Geburt erzählt. »Gab es damals keine Elternzeit?«

»So wie heute war das nicht geregelt. Auf keinen Fall hätte ich wieder auf meinen alten Arbeitsplatz zurückgekonnt. Der war ohnehin zeitlich befristet, so war das damals an der Uni, an der ich arbeitete, üblich.«

»Das war praktisch für deinen Dienstherrn, also wirklich! Wieso hat Paps sich nicht beurlauben lassen? Beamte können, soweit ich weiß, zwölf Jahre lang freigestellt werden. Und du hättest dich um einen neuen Vertrag kümmern können.«

»Ach, Julian. Dein Vater hat mehr verdient als ich. Wir hatten uns grade das Haus gekauft. Das musste abbezahlt werden.«

»Also, hier in Schweden ist es üblich, dass Eltern sich die Erziehungszeit teilen. Es ist ganz normal, dass Väter sich ebenfalls um die Kinderbetreuung kümmern.«

»Julian, jetzt sag bloß … Warum denkst du so viel darüber nach? Hast du etwa eine Freundin? Weshalb hast du nichts davon erzählt?«

»Am Telefon? Nee, ich wollte es dir persönlich sagen.«

»Wir lernen Sie hoffentlich kennen?«

Julian legte sich nicht fest. »Mal sehen, wie sich das einrichten lässt.«

Edelgard legte ihre Hand auf Julians Arm. »Will sie denn mit dir in Deutschland leben?«

»Mom, ich finde es großartig hier in Stockholm. Die Menschen sind anders als zu Hause. So gelöst. Und respektvoll. Sie lassen den anderen so sein, wie er ist, ohne ihm ständig vorzuhalten, was er falsch macht. Irgendwie kommen mir die Leute hier entspannter vor. Zumindest in der Hauptstadt.«

»Aber …« Edelgard schluckte. »Dann sind ja meine Enkelkinder so weit von mir weg.«

»Mom! Enkelkinder. Da sind noch keine in Sicht! Ich habe lediglich überlegt, weshalb du damals beruflich pausiert hast. Außerdem ist Stockholm nicht aus der Welt. Wie lange seid ihr geflogen? Zwei Stunden!«

»Dein Vater hat Flugangst. Du möchtest im Flugzeug nicht neben ihm sitzen!«

»Das wird sich geben.«

»Du hast keine Ahnung. Es ist bühnenreif, was er da aufführt. Er hat sich benommen, als ob er gleich sterben würde. Ein sterbender Schwan ist nichts dagegen! Er könnte wirklich damit auftreten.«

»Dann fahrt ihr eben mit dem Zug! Über Hamburg und Kopenhagen. Oder mit der Fähre. Von Rostock aus.«

»Bist du glücklich mit ihr?«

Julian nickte. Er zog sein Smartphone aus der Jackentasche. »Ich zeige dir ein Foto.«

Edelgard blickte auf den kleinen Bildschirm. Eine groß gewachsene blonde Frau war zu sehen. Ihr Sohn hatte seinen Arm um ihre Schultern gelegt. Die beiden wirkten sehr verliebt. Es versetzte ihr einen kleinen schmerzhaften Stich. Eine Fremde. Julian hatte ihr bislang nicht einmal erzählt, dass es jemanden in seinem Leben gab. So etwas Wichtiges erzählte man seiner Mutter doch! War sie denn nicht immer die Person gewesen, die ihm am allernächsten stand? Die Erkenntnis, dass eine andere Frau diesen Platz nun einnahm, war wie ein Nadelstich direkt in ihr Herz. Sie versuchte tapfer, sich ihre Kränkung nicht anmerken zu lassen.

»Was macht sie beruflich?«

»Wir sind Kollegen in derselben Firma.«

»Kann sie kochen?«

»Mom, echt jetzt, was soll das? Ich habe keine Stelle für

eine Haushälterin ausgeschrieben!« Um vom Thema abzulenken, sagte er: »Paps hat mir mal erzählt, du wolltest damals nach deinem Studium in Biologie eigentlich promovieren.«

»Ja, schon. Aber mein Doktorvater ist gestorben und alles hat sich irgendwie verzögert. Ja, und dann war ich schwanger. Danach hat sich mein Leben sowieso verändert.«

»Paps meint, du warst richtig gut, damals an der Uni.«

Edelgard wurde verlegen. »Das hat er gesagt?«

»Ja, du hättest sogar bessere Noten gehabt als er. Er war sehr stolz auf dich.«

Norbert, stolz auf sie? Edelgard war verblüfft. Davon hatte ihr Mann ihr gegenüber nie etwas gesagt. Norbert schien für sie nach der Devise zu leben: »Nicht getadelt zu werden, ist genug des Lobes.« Solange er, wenn er abends nach Hause kam, sein Essen auf dem Tisch und im Kühlschrank ein Bier vorfand, schien er zufrieden mit sich selbst und der Welt zu sein.

»Wirklich?«

»Klar. Du meinst doch nicht etwa, dass ich mir das ausdenke?«

Edelgard lehnte sich zurück. Wie lange waren sie und Norbert schon ein Paar? Hatte ihr Mann noch mehr Seiten, die sie nicht kannte? War er gar nicht nur das bequeme Trampeltier, als das er sich ihr gegenüber so oft gab? Es hatte Zeiten in ihrem Leben gegeben, da hatte sie ernsthaft darüber nachgedacht, ob ein Leben ohne ihn nicht angenehmer für sie wäre.

»Aber warum hat er …«

»Dir das nie gesagt? Mom, du kennst Paps besser als ich. Und du weißt ja, Männer und Gefühle. Da redet er halt nicht so gerne drüber.«

»Dir gegenüber hat er es aber geäußert!«

»Das war so ein Vater-Sohn-Gespräch. Irgendwann kurz nach meinem Abi. Bei einer Flasche Rotwein. Du warst mit deinem Gemeinde-Chor auf Reisen. Wir haben sogar gemeinsam gekocht.«

»Ihr habt was?!«

»Gekocht.«

»Nein, ich meine das andere. Ihr habt Wein getrunken?«

Norbert kam zurück. »Entschuldigung, dass es etwas länger gedauert hat.«

»Macht nichts, Schatz. Möchtest du etwas zu trinken?« Edelgard lächelte ihn glücklich an.

Norbert sah unsicher von seiner Frau zu seinem Sohn. Worüber hatten die beiden sich miteinander unterhalten, dass sie jetzt derart nett zu ihm war? Plante sie für morgen womöglich eine Achterbahnfahrt im Vergnügungspark Gröna Lund auf der Halbinsel Djurgården? Ihm steckten noch immer der Flug und seine damit verbundene Angst in den Knochen. Auf keinen Fall würde er in eine Achterbahn einsteigen! Egal, was die beiden vorhatten. Nichts auf der Welt konnte ihn dazu bewegen.

Vorsichtig sagte er: »Ein Pils würde ich nicht ablehnen.«

»Keinen Wein, Paps?«

»Hier in Schweden? Nein danke.«

»Die bauen sogar welchen an.«

»Bei den klimatischen Bedingungen in den nördlichen Breiten haben sie hier sicher nicht sehr viel Wein. Den muss ich niemandem wegtrinken! Mir ist ein Bier immer noch lieber. Meine Güte, das wisst ihr beide nun wirklich. Aber was ich ansprechen wollte: Ich war mir sicher, das Ladegerät für meinen Rasierapparat eingesteckt zu haben! Sehr sicher sogar. Aber es ist nicht in meinem Kulturbeutel, ich habe eben nachgesehen.«

»Rasierst du dich neuerdings zweimal am Tag, Paps? Du hast dich doch sicherlich heute Morgen rasiert. Weshalb frägst du jetzt danach? Ich dachte, im Alter lässt der Bartwuchs nach!«

»Das liegt bestimmt zu Hause. Vielleicht wolltest du es einstecken, dann ist dir ein Gedanke dazwischengekommen und du hast es liegen lassen.« Edelgard gelang ein unschuldiger Gesichtsausdruck.

»Ich kann mich ganz genau erinnern, es eingepackt zu haben.«

»Nimm einfach meinen Rasierer.« Für Julian war das Problem seines Vaters damit gelöst.

*

Die Schlangen im Systembolaget wurden täglich länger. Ein deutliches Indiz für die bevorstehenden Mittsommerfeiern, wenn die Menschen sich vermehrt mit Alkohol eindeckten. Hochprozentiges wurde ausschließlich in den Geschäften des Monopolisten angeboten. Im Supermarkt gab es lediglich Bier, das vom Alkoholgehalt eher an Limonade erinnerte. Einer ihrer Kollegen hatte extra eine Fahrt auf einer der Ostsee-Fähren ins Ausland gebucht und ließ sich den dort viel billigeren Alkohol direkt mit der Sackkarre ans Auto im Bauch des großen Schiffes liefern. Sie rümpfte angewidert ihre Nase, als sie durch das bodenhohe Schaufenster die geduldig Wartenden sah. Mit Schaudern erinnerte sie sich an die Erzählungen einiger ihrer früheren Kommilitonen, die ein Auslandssemester in Deutschland verbracht hatten und bei den dort überaus beliebten sommerlichen Schwedenfesten weit über ihren Durst hinaus tranken. Sie selbst mochte keinen Alkohol und behielt lieber die Kontrolle über sich. Verachtung war noch das Geringste, was sie für Menschen empfand, die sich ins Koma soffen.

So viele Fremde kamen ins Land, aus Ländern, die nichts mit Europa zu tun hatten. Als ob hier nicht schon genug Men-

schen lebten. Zumindest für ihren Geschmack. Sie hatte sich extra für einen Job entschieden, in dem es für sie keinerlei Kundenkontakt gab. Es reichte ihr völlig aus, sich ihr Büro mit einem Kollegen teilen zu müssen. Dies reizte ihre soziale Kompetenz vollends aus. Mehr Berührungspunkte zu anderen brauchte sie weiß Gott nicht in ihrem Alltag. Sie trennte Berufliches und Privates strikt. Oft erfand sie eine Ausrede, um nicht an der täglichen Fika teilnehmen zu müssen. Die Kaffeepause mit Süßem war den meisten ihrer Kollegen heilig. Auch in dieser Hinsicht ähnelte sie ihrem Vater, wie in so vielem anderen. »Du bist wie sein Zwilling, nicht wie sein Kind«, hatte die Mutter oft bemerkt. Sie selbst hatte dies immer für einen Scherz gehalten. Aber es war die Wahrheit. Sie waren sich derart ähnlich, dass sie sich mit zunehmendem Alter eher wie sein Klon als sein Kind fühlte. Ihre Mutter hatte sich genetisch bei ihr nicht durchzusetzen vermocht. Lag es daran, dass sich die Mutter, seit sie denken konnte, immer seinen Wünschen anpasste? »Papakind« war einer von ihren nettesten Ausdrücken für sie gewesen. Wie lange hatte sie sie eigentlich nicht mehr gesehen? Besaß sie überhaupt ihre aktuelle Adresse?

Die Fremden hielten sich nicht immer an die Gepflogenheiten hier. Musste sie sich sorgen? Würde an Mittsommer eine Horde Betrunkener an ihrer Insel anlegen und sie erstürmen? Sollten sie nach Plätzen suchen, um ihren Flüssigkeitsüberschuss wieder loszuwerden, würden sie über die gesamte Insel stromern. Darin lag eine große Gefahr, Vaters Geheimnis zu lüften. Das konnte sie nicht dulden. Letztendlich würde es auf sie zurückfallen. Nichts davon gewusst zu haben, würde ihr niemand abkaufen. Und es war ja so, dass sie Bescheid wusste. Von Beginn an. Bis zum Ende.

Sie bemerkte selbst an sich, wie sie von Tag zu Tag unruhiger wurde. Schon ein paar Einladungen von Kollegen zum Shrimps-Essen und Champagner-Trinken hatte sie für Mittsommer ausgeschlagen. Das Beste würde sein, sie meldete sich bereits am Abend vorher im Büro krank und verbrachte den riskanten Tag in ihrem roten Holzhaus auf den Schären. Im Haus befand sich eine alte Waffe des Großvaters. Ihr Vater hatte irgendwann einmal, auf welchen Wegen auch immer, Munition dafür besorgt. Sie stellte sich vor, dass es nicht allzu schwer sein konnte, zu schießen. Ein Schuss wäre durchaus ein wirksames Mittel, um Fremde vom Anlegen abzuhalten. Diese Vorstellung vermochte sie ein wenig zu beruhigen. Noch heute würde sie Ballistol kaufen, um die Waffe zu reinigen. Dies hatte ihr der Vater neben vielem anderem beigebracht. Er war unumschränkt die wichtigste Person in ihrem Leben. Keiner der Männer, mit denen sie sich von Zeit zu Zeit einließ, konnte auch nur annähernd an ihn heranreichen.

✳

Als sie am nächsten Tag aus dem Haus gingen, lugte Edelgard hinüber, wo die Frau am Abend zuvor so flink vom Balkon in die Wohnung gehuscht war. Sosehr sie sich bemühte, sie konnte jedoch nichts Auffälliges entdecken. Außer, dass an besagtem Fenster die Jalousien geschlossen waren. Was im Vergleich zu den anderen Fenstern in der Gegend ziemlich ungewöhnlich war.

»Was ist denn da drüben, Mom?«

»Nichts.«

»Für ›nichts‹ guckst du aber ziemlich neugierig.«

Edelgard verzichtete auf eine Antwort. Manches Mal verstand es ihr Sohn vorzüglich, sie zu nerven. Mit der Annahme, nach der Pubertät wäre es damit vorbei, hatte sie sich wohl getäuscht.

Julian führte sie über eine Brücke zur Altstadt Stockholms Gamla Stan. Die befand sich auf einer eigenen Insel. Edelgard zeigte sich beim Durchschlendern schnell begeistert von den schönen Plätzen und den Gassen mit ihren hübschen Häusern und vielen Läden.

»Da muss ich rein!«, rief sie Julian und Norbert zu und verschwand in einem Hutgeschäft. Sie interpretierte das reizende Schaufenster als persönliche Einladung an sie, das Geschäft zu betreten. Ein Hut aus Filz erweckte sofort ihre Aufmerksamkeit. Er war geformt wie ein Topfhut aus den Zwanzigern des letzten Jahrhunderts, die gemeinhin als die Goldenen bezeichnet werden. Lila, mit verschiedenenfarbigen Federn darauf drapiert. Edelgard war komplett hingerissen von dem ausgefallenen Exemplar.

»Ich habe ein Hutgesicht, gell, Norbert?«, sagte sie um Bestätigung heischend zu ihrem Mann, während sie sich glücklich von allen Seiten in dem mehrteiligen Spiegel betrachtete.

»Du siehst damit aus wie ein schwedisches Blumenhuhn.«

Norberts Humor war mal wieder unschlagbar. Blumenhühner waren eine besondere schwedische Art dieser Tiere, das wusste sie wohl. Sie trugen den Namen, weil ihr Gefieder besonders bunt war. Edelgard verzog keine Miene, zückte ihre Kreditkarte und erwarb den Hut. Ganz sicher würde sie sich den Kauf nicht von ihrem Mann verderben lassen! Männer und Shopping. Da prallten zwei Welten aufeinander.

»Den nehme ich mit auf meine nächste Chor-Reise. Alle werden von mir wissen wollen, wo ich ihn herhabe.«

»Pass bloß auf, dass du damit keinen Tierschützern begegnest. Du gerätst mit dem Ding auf dem Kopf in Verdacht, eigens ein Huhn dafür gerupft zu haben.«

Edelgard ignorierte den Einwand ihres Mannes und nahm mit einer würdevollen Handbewegung ihre Papiertüte entgegen.

Vor der nächsten Schaufensterauslage drückte Norbert sich die Nase platt. Bunte Süßigkeiten lagen dort ausgebreitet. Zuckerstangen und Bonbons in allen Farben ergaben ein optisches Potpourri. Aus der leicht geöffneten Ladentür strömte ein verlockender Duft nach Lakritze und Vanille. Wie von unsichtbaren Fäden eines Puppenspielers gezogen schritt Norbert mit verklärter Miene in das Geschäft. Tatsächlich lag in seiner Gangart etwas von einer willenlosen Marionette. Sein Gesicht zeigte den Ausdruck puren Entzückens. Die hölzerne Ladentheke mit ihren vielen Gläsern erinnerte an einen alten Tante-Emma-Laden. Norbert war in seinem Element und orderte kräftig bei der freundlichen Verkäuferin, die Englisch sprach.

»Das trägst du jetzt den ganzen Tag mit dir herum?«, zog ihn Edelgard auf, als diesmal er die volle Papiertasche an sich nahm.

»Bis abends ist sie bestimmt leichter geworden«, kommentierte Julian, dem die Naschsucht seines Vaters bestens bekannt war, und griff selbst flink nach einer Zuckerstange. Genießerisch wickelte er sie aus und steckte sie sich in den Mund. »Wir müssen unbedingt zum Balkon!«

»Balkon? Den haben wir doch in deiner Wohnung«, fragte Norbert erstaunt.

Julian lachte. »Damit ist eine Aussichtsplattform gemeint, von der man einen der besten Blicke auf Stockholm hat. Ihr werdet schon sehen! Paps, gib die Tüte her. Ich trage sie für dich.«

»Damit sie leer ist, wenn ich sie zurückbekomme?«

»Vertraust du mir nicht?«, fragte Julian in gespielter Empörung. »Ich will lediglich, dass du nicht so schwer tragen musst.«

»Wie aufmerksam, nein, kaum zu überbieten, mein Sohn!«
Norbert umklammerte die Tüte und machte keinerlei Anstalten, sie Julian auszuhändigen.

Edelgard genoss das Geplänkel zwischen »ihren beiden Männern« und spazierte, die Tasche mit ihrem neu erworbenen Hut am Arm, zufrieden hinter den beiden her.

Sie stimmte Julian voll und ganz zu. Die Aussicht vom Fjällgatan war wirklich spektakulär. Fand Edelgard zumindest. Sie folgte mit ihren Blicken dem ausgestreckten Arm ihres Sohnes.

»Dort liegt Djurgården. Da müssen wir unbedingt hin.«

»Was gibt es dort zu sehen?«

»Die Vasa, ein spektakuläres Schiff. Extra auf Geheiß des Königs im Jahr 1628 für den Krieg erbaut, fuhr sie nur knapp einen Kilometer weit, um dann zu versinken. Man hat eigens für sie ein Museum geschaffen. Erst im letzten Jahrhundert wurde sie geborgen. 333 Jahre nach ihrem Untergang.«

»Wasa? War das der Knäckebrotkönig?«

Julian knuffte seinen Vater in die Seite. »Paps, du und deine Witze! Viel später hat sich eine Firma so benannt, wie der König hieß, warum auch immer. Da war der schon längst tot.«

Während Norbert kicherte, zog Edelgard eine Grimasse. Manchmal war der Humor ihres Mannes wirklich etwas seltsam und erschloss sich anderen nicht auf Anhieb. Aber da vorne, schlenderte da nicht die Frau, die sie gestern auf dem Balkon am Haus gegenüber gesehen hatte? Die hatte ebenfalls so langes helles Haar und sah ihr überdies frappierend ähnlich. Julian lenkte sie jedoch von ihrer Überlegung ab.

»Mom, für dich gibt es dort etwas, was dich womöglich mehr interessieren wird als ein Kriegsschiff.«

Edelgard war neugierig, was nun kommen würde. Hinter ihnen schob sich soeben eine Gruppe Schaulustiger vorbei, in der Englisch gesprochen wurde. Gefolgt von einer Gruppe weiterer Touristen, die sich in einer Sprache unterhielten, die sie nicht verstand. Sie tippte auf Japanisch.

Norbert summte ein paar Takte eines Schlagers.

»Na, Mom, klingelt es bei dir ebenfalls?«

»Da klingelt gar nichts.« Edelgard schüttelte den Kopf.

Norbert legte seinen Arm um sie, während er weitersummte. »Meine Dancing Queen«, raunte er ihr zu, »weißt du noch, damals beim Abschlussball unserer Schule?«

»Unser Abiball?« Edelgards Wangen nahmen eine rosafarbene Tönung an. Sie beide waren seit ihrer gemeinsamen Schulzeit zusammen. Norbert war als Sitzenbleiber in ihre Klasse gekommen. Er hatte damals aufgrund seines Alters die anderen um Haupteslänge überragt und es hatte ihr geschmeichelt, dass der älteste Junge der Klasse sich für sie interessierte. Gemeinsam waren sie nach dem Abitur aus ihrer Heimatstadt zum Studium in eine andere Stadt gezogen. Der Popsong war damals schon ein paar Jährchen alt gewesen.

»Zu dem Lied haben wir zusammen getanzt.« Norbert drückte ihr einen Kuss auf die Wange.

»Ihr habt gemeinsam getanzt?«

Edelgard winkte verlegen ab. »Wir waren sogar im Tanzkurs.«

Doch Norberts Erzähldrang war geweckt. »Ich habe mit deiner Mutter in jungen Jahren so manche Pirouette gedreht!«

Julian dämmerte etwas. »Hast du ihr bei diesem Lied einen Heiratsantrag gemacht?«

Edelgard lag daran, dieses Thema möglichst rasch zu beenden. »Das war ein anderes Mal.«

»Aber Paps hat Oma um Erlaubnis gefragt?«

»Meine Schwiegermutter hat mich mit großer Herzlichkeit aufgenommen.« Norbert grinste zufrieden bei dieser Erinnerung.

Eine Aussage, die Edelgard bezüglich ihrer eigenen Schwiegermutter nicht bestätigen konnte. Da, wo sie beide herkamen, gab es sogar den Begriff »Gegenmutter«. Für Edelgards Dafürhalten umschrieb das passend die negative Haltung von Norberts Mutter ihr gegenüber. Aus deren Sicht kein Wunder. War sie ihrer Meinung nach immerhin ihres einzigen Kindes beraubt worden, das sie nun viel zu selten zu Gesicht bekam. Aber Edelgard hatte kürzlich eine famose Idee entwickelt, um die Schwiegermutter zu beschäftigen. Sie musste unbedingt bei passender Gelegenheit Julian davon erzählen! Und sie würde peinlich genau darauf achten, dass ihr Gatte nicht mithörte. Der bewertete die Angelegenheit womöglich anders als sie selbst. Dabei war die Lösung, die sie für ihr anstrengendes Problem gefunden hatte, wirklich genial.

»Julian, das Riesenrad dort drüben! Wo gehört das dazu?«, schwenkte Edelgard um auf ein anderes Thema, bevor sie sich womöglich in Norberts Gegenwart verplapperte. Sie war sich unsicher, wie Norbert die Sache aufnehmen würde. Gegenüber allem, was seine Mutter betraf, verstand er wenig Spaß. Er war geprägt davon, immer alles zu ihrer Zufriedenheit zu erledigen.

»Das gehört zu Gröna Lund …« Julian stoppte, weil in ihrer Nähe eine schrille Stimme ertönte.

Die dazugehörige Frau hockte auf dem Boden und durchwühlte hektisch ihre Tasche. »Ich weiß genau, dass sie eben noch da war. Meine Geldbörse ist weg!«, rief sie aufgebracht.

»Meine ebenfalls!« Ihr Begleiter klopfte auf die Außentasche seiner Jacke. »Geklaut, oder wie?«

Die beiden sahen sich um.

Edelgard eilte zu ihnen. »Kann ich Ihnen helfen?«

»Spielt Mom immer noch Miss Marple?«, raunte Julian seinem Vater zu und folgte seiner Mutter.

»Alles ist weg! Meine Kreditkarten, mein Pass! Wie fliege ich jetzt morgen zurück nach Hamburg? Eine Katastrophe.«

»Meine Brieftasche ist auch verschwunden! Ausweis, alles

weg.« Der Mann war wütend. »Ich dachte, Stockholm sei eine sichere Stadt! Zumindest als ich hierherreiste.«

»Haben Sie Ihr Smartphone noch?«, fragte Julian die beiden.

Der Mann griff in die Innentasche seiner Jacke. »Ja, das ist da.«

»Wenden Sie sich an die deutsche Botschaft. Die Adresse finden Sie rasch im Internet.«

»Aber wie kommen wir dahin? Unser Geld ist weg!«

Julian zog seine Börse, entnahm ihr einen Schein und eine Visitenkarte.

»Nehmen Sie sich ein Taxi. Wenn Sie wieder zu Hause sind, melden Sie sich bei mir und geben mir das Geld zurück.«

»Danke sehr, Herr ...?«

Julian tippte auf die Karte, die der Mann in der Hand hielt. »Buchmann. Viel Glück!«

Er zog seine Eltern weiter.

»Schrecklich, im Urlaub alle Papiere zu verlieren«, kommentierte Edelgard das soeben Erlebte.

»Es gibt Schlimmeres, Mom. Es ist ärgerlich, nichts weiter.«

»Wer das wohl war? Lieber Himmel, so ein Raub hätte uns genauso treffen können!«

»Mom, übertreibe bitte nicht derart. Von ausrauben kann hier keine Rede sein. Niemand wurde bedroht oder ist körperlich zu Schaden gekommen. Das war Diebstahl, nichts weiter.«

»Deine Mutter sieht überall Verbrecher. Kannst du mir getrost glauben.«

»Ach was, ich sehe lediglich die Realität. Oder was war das eben? Ich habe mir nicht etwa eingebildet, dass das nette Paar beklaut wurde?«

»Lass uns etwas essen gehen.« Norbert hatte keine Lust darauf, das Thema Kriminalität ausgerechnet im Urlaub zu vertiefen. Wenn Edelgard erst einmal damit begonnen hatte, war es schwierig, sie davon abzuhalten, sich permanent neue kriminelle Ereignisse auszudenken, die ihnen ihrer Ansicht nach zustoßen könnten.

Julian führte seine Eltern in ein Restaurant. Norbert stellte erstaunt fest, dass es für schwedische Verhältnisse einen relativ günstigen Mittagstisch gab. Jedenfalls waren die Preise, die deutlich über denen in vergleichbaren Gaststätten in Deutschland lagen, weitaus niedriger als die auf der Abendkarte.

»Ich finde gar kein Surströmming.« Norbert blätterte in der Speisekarte. »Einer meiner Kollegen hat mir das empfohlen. Ich soll das unbedingt probieren, während wir hier sind, hat er gesagt.«

Julian grinste. »Hat er das?«

»Es sei eine Delikatesse, die man unbedingt kosten müsse. Ich würde etwas versäumen! Das will ich natürlich auf gar keinen Fall.« Wie immer war Norbert kulinarischen Hochgenüssen gegenüber sehr aufgeschlossen und voller Elan, etwas Neues zu testen.

»Also, Paps, es ist so …«

»Das gibt es nur in richtig teuren Restaurants? Bieten die es deshalb hier nicht an? Kann man es nicht im Supermarkt kaufen und wir essen es gemütlich in deiner Wohnung?«

»Auf gar keinen Fall!«

»Ist es derart teuer? Ach, komm schon, das gönnen wir uns. Wenn wir dich schon mal besuchen. Da will ich nicht auf jeden Cent gucken.«

»Es ist eine seltsame Delikatesse, um die es sich hierbei handelt. Vielleicht schmeckt sie dir gar nicht.«

»Woher willst du das wissen? Hast du sie schon gekostet?«

Edelgard hatte schweigend zugehört. Nun schaltete sie sich ein. »Norbert, das ist Stinkefisch. Da hat dich dein Kollege ganz schön verschaukelt.«

»Stinkefisch?«

»Mom liegt richtig. Surströmming ist vergorener Fisch aus der Dose. Die Dosen sind vom Gärprozess sogar verbeult. Keine Ahnung, weshalb das hier als Delikatesse gilt. Ehrlich gesagt riecht es schon ziemlich eigenartig, um es mal sanft auszudrücken. Es gibt sogar Leute, die sagen, es stinkt fürchterlich. Du verpasst sicherlich nichts, wenn du es nicht probierst. Lass uns lieber etwas anderes Typisches bestellen. Außerdem isst man Surströmming hauptsächlich im Norden Schwedens und nicht in der Hauptstadt.«

»Wie wäre es mit diesen kleinen Hackfleischbällchen?« Edelgard tippte mit ihrem Finger auf die Karte. »Köttbullar?«

Norbert fragte: »Die kennst du von deinen hemmungslosen Teelichter-Einkaufstouren in einem bekannten Möbelhaus?«

Edelgard ignorierte seinen Einwand. »Also, ich nehme die. Wie wäre es mit einem Lachs für dich, Norbert? Wegen deiner Cholesterinwerte sollst du viel Fisch essen.«

Norbert nickte mit einem glücklichen Lächeln. Wie besorgt seine Frau um ihn war. Er gratulierte sich gedanklich zu seiner Entscheidung für sie. Obwohl sie ihn ständig dazu nötigte, in Urlaub zu fahren, und sich dabei oft waghalsig verhielt. Etwa indem sie gemeinsam mit ihm auf Burgen mit steilen Abhängen stieg und dann am Rand balancierte. Schon des Öfteren hatten andere Reisende sie beide auf solche Gefahrensituationen hingewiesen. Wie schnell konnte es geschehen, dass man aufgrund eines einzigen Fehltrittes abstürzte! Aber diese Abenteuerlust hielt seine Liebe zu ihr jung. Wie gut, dass er damals nicht auf seine Mutter gehört hatte, die ihm diese Ehe hatte ausreden wollen. Mutti hatte nicht immer recht! Das hatte er damals intuitiv gespürt. Und erst ihr gemeinsamer Sohn! Edelgard hatte ihn mit der Geburt Julians zum Vater gemacht. Das war für ihn die größte Freude.

Er nickte seiner Frau zu. »Lachs klingt gut. Den nehme ich gerne.«

Julian schloss sich der Entscheidung seines Vaters an und gab die Bestellung auf. Danach erhob er sich, um Wasser zu holen. Das stand in einer Karaffe, neben einer Kanne Kaffee, zur Selbstbedienung auf einem kleinen Tisch bereit.

Als er mit den Gläsern zurückkam und sich wieder setzte, hatte seine Mutter die nächste Frage parat. »Deine Freundin lernen wir doch kennen?«

»Lass den Buben in Ruhe. Sei nicht derart neugierig.«

»Das ist keine Neugierde, Norbert! Du verwechselst das, wie so oft, mit Anteilnahme.« Sie trank einen Schluck. »Also, Julian, wann und wo?«

Julian nahm seine Serviette und tupfte sich den Mund ab. So gewann er immerhin ein klein wenig Zeit, um nachzudenken. »Tja, ich weiß nicht so genau …«

»Mittsommer! Wie wäre es damit? Das ist die perfekte Gelegenheit, um das neue Familienmitglied kennenzulernen.«

»Mom! Wir kennen uns erst seit ein paar Wochen.«

»Kein Grund, sie uns nicht vorzustellen. Ich werde sie mit offenen Armen empfangen. Das kannst du mir glauben.«

Norbert seufzte in Erwartung der wiederholt erzählten Geschichte, wie sie selbst von ihrer eigenen Schwiegermutter abgelehnt worden war.

»Ich freue mich so darauf.« Edelgard lächelte erwartungsvoll.

»Na gut, ich kann ja mal darüber nachdenken. Und sie fragen.«

»Lass dir nicht zu viel Zeit. Mittsommer steht direkt vor der Tür.«

»Schon klar.«

»Wie heißt sie eigentlich?«

»Frida.«

Nach dem Hauptgang ließen sie sich Erdbeeren als Nachspeise bringen.

»Die Erdbeeren sind aber besonders klein«, nölte Norbert.

»Es sind wilde Erdbeeren. Die sehen anders aus als die in deutschen Supermärkten.« Edelgard nahm vorsichtig eine in den Mund. »Fruchtig. Eindeutig. Schmeckt perfekt. Mit so einem vollen Aroma kriegst du die bei uns gar nicht.«

Norbert genehmigte sich ebenfalls eine Beere.

»Du hättest dich wohl besser für Kaka entschieden. Davon servieren sie hier ziemlich große Portionen.«

»Bitte! Was empfiehlst du uns da? War in deinem Glas zufällig Hochprozentiges drin? Hast du nur für uns Wasser geholt und in deinem befand sich etwas anderes? Derartige Witze hast du seit deiner Pubertät nicht mehr zum Besten gegeben.«

Julian grinste. »Was ihr euch schon wieder vorstellt! Alter, kannste dir nicht ausdenken. ›Kaka‹ ist das schwedische Wort für ›Kuchen‹.« Er blickte auf seine Uhr. »Warum ruft eigentlich Oma nicht an?«

Norbert griff nach der Getränkekarte. »Wir telefonieren nicht mehr täglich.«

Julian lachte. »Was ist denn da kaputt? Das machst du doch schon, seit ich denken kann, und erzählst ihr dabei, was es mittags in der Kantine gab!«

»Du telefonierst doch auch mit deiner Mutter!«

»Das ist was anderes.« Edelgard sah sich nicht in der Lage, diesen Einwurf zu unterdrücken. Sie fand den Vergleich unerhört. Im Gegensatz zu Norberts Mutter hatte sie ihren Sohn ja wohl losgelassen! Zumindest sie selbst betrachtete ihr Verhältnis zu Julian derart.

»Versteh ich nicht. Wenn meine Mutter dich anruft, ist es was anderes, als wenn du Julian anrufst?«

»Von Moms Warte aus schon.« Julian konnte ein Grinsen nicht unterdrücken. Er selbst verstand es in der Regel geschickt, sich vom Spannungsfeld der beiden Frauen fernzuhalten. »Erzähl schon, was ist los mit Oma?«

»Oma hat …« Norbert suchte nach den richtigen Worten.

Edelgard stupste ihn an. »Erzähl es endlich! Es ist etwas wirklich Positives.«

»Jetzt bin ich echt neugierig. Was hat Oma?«

Norbert räusperte sich. »Holst du mir bitte ein Glas Wasser, Julian?«

Der griff nach dem Glas seines Vaters und stand auf. »Ey, du machst es echt spannend.« Er beeilte sich, mit dem Getränk zurückzukommen, und nahm wieder Platz. »Also, was ist los?«

Norbert nahm einen großen Schluck, bevor er sprach. »Mutti hat jemanden kennengelernt.«

»Wie bitte?«

»Du hast richtig gehört. Der zweite Frühling ist angebrochen. Sie hat keine Zeit mehr, sich um ihren Sohn zu kümmern.« Edelgard strahlte. »Der neue Mann in ihrem Leben tut ihr augenscheinlich gut. Sie blüht richtig auf!«

»Kümmern! Also, Edelgard, Mutti nimmt Anteil an meinem Leben. Das ist was gänzlich anderes.«

Edelgard schwieg zu dieser Bemerkung.

»Mutti hat einen Herrn in ihrem Alter kennengelernt. Den sieht sie häufig.«

»Die beiden erwägen sogar, ihre Haushalte zusammenzulegen«, platzte Edelgard heraus.

Norbert verschüttete sein Wasser, als er erneut trinken wollte. »Na ja, so weit sind wir noch nicht.«

»Was heißt hier ›wir‹? Ziehst du auch mit ein, Paps? Wird das eine WG? Anstelle von einem Altersheim für Oma?«

Norbert ignorierte den Scherz seines Sohnes. »Ich rate Mutti dazu, nichts zu überstürzen. So etwas will schließlich gut überlegt sein.«

»Also, ich finde Theodor ziemlich nett. Ein akkurater und pünktlicher Herr. Außerdem sehr kultiviert! Die beiden passen gut zusammen! Sie ergänzen sich prächtig. Und sie haben dieselben Interessen. Theater, Konzerte, sie sind nur noch gemeinsam unterwegs. Theodor ist seit drei Jahren verwitwet.«

Norbert betrachtete sein Hemd, welches er mit Wasser bekleckert hatte. »Ich mache das eben auf der Toilette trocken.« Er stand auf und entfernte sich.

Als er außer Hörweite war, sagte Julian: »Verstehe. Paps spricht nicht gerne darüber.«

»Meine Güte, er tut so, als ob er einen Stiefvater bekäme! In seinem Alter! Er übertreibt maßlos. Theodor drängt sich ihm wirklich nicht auf.«

»Wo hat Oma ihren Liebhaber denn kennengelernt?«

»Liebhaber? Um Himmels willen! Erwähne das bloß nicht in Norberts Gegenwart. Er scheint diese Verbindung rein platonischer Natur zuzuordnen. Da bin ich allerdings anderer Meinung.« Sie kicherte. »Also, neulich …« Sie besann sich, dass sie im Begriff war, mit ihrem Sohn ein pikantes Thema bezüglich seiner Großmutter zu erörtern, empfand dies rasch als äußerst unangemessen und wechselte deshalb das Thema. »Die beiden unternehmen wie gesagt viel gemeinsam.«

»Lass mich raten. Ist er ihr im Supermarkt begegnet? Sie haben beide gleichzeitig nach dem letzten Brokkoli gegriffen?«

»Kannst du schweigen?« Edelgard blickte hektisch in Richtung Toilettentür. »Norbert darf das nie erfahren. Hörst du? Niemals!«

»Klar schweige ich. Versprochen! Rück endlich raus damit!«

»Schwöre es!«

»Mom! Okay, ich schwöre. Wenn du unbedingt willst.

Aber jetzt erzähl's doch endlich. Du machst es richtig spannend!«

»Ich habe sie in einem Dating-Portal angemeldet. Natürlich heimlich.«

»Was? Mom, das hätte ich dir gar nicht zugetraut!«

»Ich dachte mir, es kann nicht schaden, wenn sie wieder einen eigenen Lebensinhalt hat. Sie hat mir ein bisschen zu viel Anteil an unserem Leben genommen, wenn du verstehst, was ich meine.«

»Die täglichen Telefonate? Ihre Ratschläge bezüglich deiner Haushaltsführung? Ich erinnere mich. Manches Mal hatte ich den Eindruck, sie gibt dir ständig eine Art Bedienungsanleitung für Paps.«

»Die hat sich bloß schrecklich gelangweilt. Stell dir vor, es funktioniert hervorragend mit Theodor! Sie ist richtig glücklich mit ihm.«

»Aber …«

»Ein einziger Herr hat sich gemeldet. Der dann auch angebissen hat. Jener Theodor.«

»Wie hast du ihm erklärt, dass Oma nichts davon weiß?«

Sie kicherte. »Er wurde ebenfalls hinter seinem Rücken angemeldet. Von seiner Enkelin. Die fand, der alte Herr sei einsam, und sie wollte ihm etwas Gutes tun. Wir beide haben uns ausgetauscht und dann beschlossen, Konzertkarten zu kaufen. Die beiden hören gern klassische Werke. Da hat sich das so ergeben. Wir haben ihnen Karten für nebeneinanderliegende Plätze geschenkt und Gutscheine für die Sektbar. Das hat sie ins Gespräch gebracht.«

»Sektbar? Das wird ja immer doller.«

»Hör zu, Julian. Oma denkt, sie hat ihren Theodor völlig zufällig getroffen. Seine Enkelin hält ebenfalls dicht. Du lässt sie bitte in diesem Glauben, wenn das Thema darauf kommt! Und kein Sterbenswörtchen darüber zu deinem Vater!«

»Bestimmt nicht!«

»Es ist viel entspannter bei uns, seit ihn seine Mutter nicht mehr täglich anruft. Und vor allem, seit sie nicht mehr bei uns nach dem Rechten sieht. Ob auch wirklich alles gründlich genug geputzt ist. So wie früher in den 50ern, als die Leute mit ihrer übertriebenen Sauberkeit den Dreck des schrecklichen Krieges wegzuputzen versuchten.«

»Du hast mein Ehrenwort, Mom.«

Norbert kam zurück. Auf seiner Brust lagen Fitzelchen des Papiertuchs, mit dem er versucht hatte, sein Hemd zu trocknen.

»Wofür gibst du deiner Mutter ein Ehrenwort?«

»Ehrenwort?«, echote Edelgard. »Da hast du dich verhört, Schatz. Wir besprechen unser morgiges Tagesprogramm.« Zur Bekräftigung stieß sie unterm Tisch sanft mit ihrer Fußspitze gegen das Schienbein ihres Sohnes.

Der nickte pflichtschuldig. »Genau. Mom und ich überlegen, was wir unternehmen wollen.«

Am nächsten Tag überraschte Julian seine Eltern mit einem spontanen Vorschlag.

»Und Frida wird das wirklich mögen?« Norbert war skeptisch. »Überfallen wir sie nicht damit? Sie kennt uns doch gar nicht.«

»Höchste Zeit, sie zu treffen! Ich will sie unbedingt kennenlernen.« Edelgard war sofort dabei.

»Ich denke, sie wird sich freuen. Seit Tagen erzählt sie mir, sie habe kein Feuerholz mehr in ihrem Haus. Sie selbst hat keine Zeit, welches einzukaufen und mit dem Boot hinzubringen. Deshalb sähe es furchtbar schlecht aus, dort Mittsommer zu verbringen. Wir füllen das Holz auf und gleichzeitig den Kühlschrank. Das wird eine tolle Überraschung für sie. An Mittsommer bringe ich sie unter einem Vorwand dazu, mit uns auf die Schären zu fahren.«

»Warst du schon mal dort?«

Julian zögerte. »Nein.«

»Ich finde die Idee zauberhaft. Aber wie finden wir hin, wenn du selbst noch nicht dort warst?« Edelgard mischte sich in das Gespräch ein.

Er tippte auf seinem Smartphone herum. »Ich habe die Koordinaten.«

»Will ich wissen, wo du die herhast?«

Er schüttelte den Kopf. »Nein, Miss Marple. Willst du nicht. Die kleine Insel befindet sich im Schärengarten in der Nähe von Sandön. Es steht ein einziges Haus dort. Und das ist Fridas. Sie hat mir davon erzählt. Aber ich war noch nicht dort, weil sie bislang keine Zeit dafür hatte. Wir sollten unbedingt Brennholz hinschaffen. Abends kann es dort sehr kühl sein, auch jetzt um diese Zeit.«

»Aber wie kommen wir ins Haus?«

»Mom, du kannst echt Fragen ohne Ende stellen. Entweder ist es offen oder der Schlüssel liegt unter der Fußmatte. In Schweden hält man respektvoll Abstand. Was denkst du denn? Da würde niemand Fremdes einfach so reingehen. Man legt auch nicht auf einer kleinen Insel an, die einem nicht gehört.«

Edelgard schwieg zu diesen Erläuterungen. Bei sich fand sie, ein Schlüssel unter dem Abstreifer sei schon eine ziemlich direkte Einladung, ein Haus zu betreten.

»Ich besorge rasch alles mit einem Kumpel, der ein Auto hat. Er besitzt auch ein kleines Boot. Damit bringt er uns in den Schärengarten. Wenn wir alles abgeladen haben, können wir in Sandhamn Kuchen essen.«

Edelgard nutzte Julians Abwesenheit, um sich in der Wohnung nützlich zu machen, während Norbert auf der Couch ein wenig vor sich hin döste. Als sie gerade dabei war, das Balkongeländer mit einem Lappen abzuwischen, wurde im

Haus gegenüber in der untersten Wohnung die Jalousie hochgezogen. Die blonde Frau steckte noch im Schlafanzug. Edelgard vermutete, dass sie ungewöhnliche Arbeitszeiten haben
musste, wenn sie um diese Zeit zu Hause war. Oder sie hatte
Urlaub. Aber verbrachte man den wirklich in seiner Wohnung? Vielleicht arbeitete die Frau ja im Schichtdienst. In
einem Krankenhaus. Das ergab Sinn! Sie verdunkelte tagsüber ihre Wohnung, damit sie schlafen konnte. Das schwedische Sommerlicht hatte eine völlig andere Intensität als das
in Deutschland. Heute Morgen, als sie um 7 Uhr aufgewacht
war, hatte sie wegen der Helligkeit angenommen, es wäre
schon mittags, und war ziemlich erschrocken, weil sie im
ersten Moment meinte, versehentlich einen halben Urlaubs-
tag verschlafen zu haben.

Edelgard hielt in ihren Gedanken inne. Aber sie hatte die
Frau doch gestern auf der Aussichtsbühne gesehen?

Jetzt rauchte die Unbekannte hastig eine Zigarette auf
ihrem Balkon und verzog sich wieder in ihre Wohnung.
Kurz darauf verließ sie das Haus mit einem großen Rucksack auf dem Rücken. Edelgard tauchte ihren Lappen in
den Eimer mit warmem Wasser und wrang ihn aus. Während sie damit über das Geländer strich, fiel ihr die Kahl-
heit des Balkons ins Auge. Hier fehlte etwas, das blühte!
Sie musste unbedingt einen Blumenkasten besorgen und
ihn bepflanzen. Julian würde sie nichts davon sagen und
ihn damit überraschen.

Entgegen seiner Befürchtung wurde es Norbert auf dem kleinen Boot nicht übel. Julians Freund Filip, der sie mit dem
landesüblichen »Hej« begrüßt hatte und wie viele Skandinavier Englisch sprach, steuerte es mit ruhiger Hand, sodass es
kaum schaukelte. Lediglich wenn größere Boote vorbeifuhren und die davon verursachten Wellen dann auf ihres trafen,

wiegte es sich sanft. Sie fuhren beinahe eine ganze Stunde zwischen unzähligen steinernen Inseln hindurch. Einige waren mit mehreren Häusern besiedelt, andere hingegen nur mit einem einzigen oder gar nicht. Die Ostsee war silbrig grau. Sie sahen Fähren, so groß wie Kleinstädte. Möwen begleiteten sie eine Weile, bis sie sich anderen Booten zuwandten, wo sie ein paar Krümel erwarteten. Die Luft roch frisch, aber kaum salzig. Das Binnenmeer Ostsee konnte beim Salzgehalt nicht mit dem Atlantik mithalten.

Edelgard genoss die Sonnenstrahlen. Sie hatte den Kopf in den Nacken gelegt und saß zufrieden auf der Bank an Deck.

Der Steg an Fridas Insel bot gerade Platz für ein einziges Boot. Julian half Filip, es zu vertäuen. Norbert schätzte die Größe des Eilands auf ungefähr 100 mal 50 Meter. Hinter großen, vom Wind glatt geschliffenen grauen Steinen duckte sich ein rot angestrichenes Haus mit weißen Fensterrahmen in einer Mulde. Daneben stand ein einzelner Baum, der sich mit einer dünnen Erdkrumme zufriedengab. Julian lief zur Tür und rief: »Ist offen! Wir können rein!«

Als Edelgard, Norbert und Filip Julians Einkäufe anschleppten, stellten sie gemeinsam mit ihm überrascht fest, dass sich an der Seite des Hauses unter einer Abdeckung sehr wohl Feuerholz befand. Sogar eine ziemliche Menge davon. Julian konnte dafür aufgrund von Fridas Beteuerungen keine Erklärung finden. Im Haus selbst erwarteten sie schlichte helle Holzmöbel. Die Küche war ganz gut ausgestattet, wenngleich alles einen alten Eindruck machte. Sogar ein Kühlschrank war vorhanden.

»Wie wird der denn betrieben?«, wunderte sich Edelgard.

»Mit Gas.«

»Und das Badezimmer?«

»Ich fürchte, Mom, du wirst dich draußen nach einem Plumpsklo umsehen müssen. Am ehesten hinterm Haus. Mit

Kanalisation ist hier nicht zu rechnen.« Er zeigte ein schiefes Lächeln. »Sicherlich gibt es eine Gartendusche.«

»Denk nicht, dass mir das etwas ausmacht. Ich hatte in meiner Jugendzeit eine Freundin, die wohnte mit ihren Eltern auf einem Bauernhof. Ich erinnere mich noch gut daran, wie das bei denen war. Da gab es ein Plumpsklo auf dem Hof und gewaschen hat man sich in einer Schüssel in der Küche.«

»Ist das diese Plumpsklo-Geschichte, die du früher öfter zum Besten gegeben hast? Julian kennt die gar nicht.« Norbert unterdrückte mit Mühe ein Grinsen.

»Ich weiß nicht, wovon du sprichst!«

»Komm schon! Erzähle sie.«

»Glaubst du wirklich, Julian will so olle Kamellen hören?«

»Früher hast du so gerne davon erzählt. Julian, deine Mutter hat ganze Stammtischrunden damit unterhalten.«

»Ich kann mich überhaupt nicht daran erinnern.«

»Ist deine Jugendzeit so lange her?«

Edelgards Faszination für den Humor ihres Mannes hielt sich in Grenzen. In engen. »Derart lange liegt meine Jugendzeit jetzt auch wieder nicht zurück. Jedenfalls hatten wir längst einen Farbfernseher, als ihr noch schwarz-weiß geguckt habt.« Insgeheim freute sie sich über die geglückte Retourkutsche.

»Mom! Diese alten Geschichten. Und Paps ist vor dem Testbild eingeschlafen. Nicht einmal der nächtliche Pfeifton der Sendeanstalt hat ihn geweckt.«

»Fabelhaft, Julian, ich muss meine Erinnerungen gar nicht schriftlich für dich festhalten! Du kannst sie selbst mündlich an meine Enkel weitergeben.«

»So wie früher. Schon in der Steinzeit saßen die Menschen in Höhlen um ein Feuer und haben sich gegenseitig Geschichten erzählt.«

»Jaja, Norbert. Es ist gut. Und genau aus dem Grund grillen Männer heute so gerne. Weil sie das Feuermachen von der Urzeit her kennen. Alte Instinkte und so.« Edelgard verschwand hinter dem Haus.

Sie war kaum weg, als ihr gellender Schrei erklang.

Julian rannte sofort hinaus und lauschte in die Richtung, aus welcher Edelgard immer noch hektisch kreischte. Norbert und Filip folgten ihm.

»Wenn deine Mutter schreit, ist etwas Schlimmes passiert. Die bringt nämlich so leicht nichts aus der Fassung.«

»Mom?« Julian folgte weiter ihrer Stimme. Edelgard befand sich tatsächlich hinter dem Haus. Aber sie zeigte nicht auf das kleine Holzhaus mit dem in die Tür geschnittenen Herz, sondern auf eine ziemlich große Hundehütte. Saß da ein Tier drin? So groß, wie die Behausung war, wäre darin Platz für einen Dobermann. Aber weshalb sah und hörte man nichts von ihm? Hatte er sich vor dem Schreien verkrochen und zitterte nun vor Angst? Wer versorgte ihn, wenn er alleine auf der Insel lebte? Bewachte er das Haus? Es konnte einem zwar wirklich bange werden, wenn Edelgard schrie, und sie konnte mit der von ihr erreichten Lautstärke vermutlich einen Einbrecher verjagen, aber dass sie einen großen Hund damit einzuschüchtern vermochte, erschien Julian ziemlich unwahrscheinlich. Vermutlich würde dessen Aggressivität durch die Lautstärke nur noch weiter angeheizt.

»Mom! Was ist denn los?« Mit einem Satz war Julian bei seiner Mutter.

»Da drin sitzt jemand.« Edelgard zitterte am ganzen Körper.

»Ein großer Hund?«

Sie schüttelte ihren Kopf.

Norbert, der ebenfalls hinters Haus gekommen war, nahm sie in seine Arme. »Beruhige dich. Wir sind bei dir.« Er hielt sie fest und streichelte ihren Rücken.

Sie lehnte ihren Kopf an seine Schulter. »Da drin ist etwas ganz Entsetzliches, Furchtbares. Julian, du solltest die Polizei rufen.«

Julian näherte sich der Hütte, ging in die Hocke und beugte sich vor. Gleich darauf schnellte er hoch und wich einige Schritte zurück. Er winkte Filip herbei, der in einigen Metern Abstand gewartet hatte.

»Filip, look here!«

»Horrible.«

»Small person. Perhaps a woman.«

Filip zog sein Smartphone aus der Hosentasche und zeigte Julian das Display.

Der sagte zu seinen Eltern: »Kein Empfang. Wir müssen mit dem Boot fahren. Am besten nach Sandhamn auf Sandön.«

»Ich bleibe auf keinen Fall hier zurück.« Edelgard hatte wieder zu ihrer normalen Tonlage gefunden.

»Aber du hast sie entdeckt, Mom.«

»Meine Güte, Julian, das kann ich auch auf einem Revier aussagen. Auf dieser Insel bleibe ich keine Minute länger. Nicht gemeinsam mit einer Leiche! So wie die aussieht, sitzt die da schon länger.«

»Was ist mit dem Essen?« Norbert wandte sich an Julian. »Das nehmen wir doch wieder mit? Ich halte es in Anbetracht der momentanen Situation für ziemlich unangebracht, hier Mittsommer zu feiern. Obwohl es durchaus bedauerlich ist.«

*

Sie haben mich befragt. Klar, es ist ja meine Insel. Sie sind deshalb sogar zu meiner Arbeitsstelle gekommen. Es war mir schrecklich peinlich, wegen der Kollegen. Ich weiß, wer die Frau ist. Aber was hätte ich machen sollen? Meinen eige-

nen Vater anzeigen? Weil er sie auf der Insel zurückgelassen hatte? So etwas tut man nicht. Außerdem war sie tot. Es hätte sie nicht wieder lebendig gemacht. Was mich wirklich verletzt, ist der Umstand, dass Julian ohne mich rausgefahren ist. Noch dazu mit drei weiteren Leuten. Ich hatte meinem neuen Freund vertraut. Wirklich dumm, dass er zur Insel gefahren ist, um mir eine Freude zu machen. Er wollte alles für Mittsommer vorbereiten und dann mit mir und den anderen hinausfahren. Ich hätte den Zettel mit den Koordinaten nicht auf meinem Schreibtisch herumliegen lassen sollen. Die Überraschung ist geglückt, das kann man sagen. Aber die lag eher auf seiner Seite.

Vater hatte eine Asiatin kennengelernt. Die seien so anschmiegsam, war seine Rede. Ich konnte sie von Anfang an nicht leiden. Vater schenkte ihr meines Erachtens viel zu viel Aufmerksamkeit. Nachdem Mutter sich von ihm getrennt hatte, stand ihm nicht mehr der Sinn nach einer selbstbewussten Frau. Die neben ihm ihr eigenes Leben führt und nichts mit ihm gemeinsam hat. So drückte er sich zumindest mir gegenüber aus. Mutter tat nie, was er sagte. Sie wollte auch nicht auf die Insel. Dabei war es dort so schön ruhig. Hin und wieder das Kreischen der Seevögel. Unser Hund war dort auch gerne. Keine lästigen Geruchsspuren, die ihn in der Stadt beinahe wahnsinnig machten. Mutter war eher der gesellige Typ, sie mochte die Einsamkeit nicht. Mir hätte es völlig genügt, mit Vater alleine auf der Insel zu sein. Er hat mir Angeln beigebracht und gezeigt, wie man Fische ausnimmt. Das waren meine glücklichsten Tage.

Die Asiatin war nicht so gehorsam, wie Vater es gerne gehabt hätte. Die beiden hatten einen fürchterlichen Streit. Worum es genau ging, weiß ich nicht. Zur Strafe ließ er sie auf der Insel zurück. Er hat nicht bemerkt, dass ich das Haus heimlich abschloss und den Schlüssel an mich nahm. Ich *konnte doch nicht ahnen, dass es kurz darauf zu einem dramatischen Wetterumschwung kommen würde. Vor dem aufkommenden Sturm mit ungeplantem Kälteeinbruch hatte sie sich in die Hundehütte verkrochen. Genau dort hatte Vater sie wenige Tage später gefunden und sie einfach darin gelassen. Ich hatte, Unangenehmes ahnend, flink vor ihm das Boot verlassen und, während er es vertäute, das Haus aufgeschlossen und den Schlüssel an seinen gewohnten Platz gelegt. Dass sie sich in die Hundehütte verkrochen hatte, schrieb er ihrer Angst vor Gewittern zu. In Panik handeln Menschen unüberlegt. Sich in der Hütte zu verkriechen, war ziemlich dumm von ihr, so fand er. Wir sprachen nie wieder über sie. Ich hatte Vaters ganze Aufmerksamkeit wieder für mich allein. Da die Asiatin illegal in Schweden war, fiel ihr Verschwinden niemandem auf. Genau genommen war sie ja auch nicht verschwunden. Sie war die gesamte Zeit über auf der Insel. Bis die neugierige Mutter meines Freundes ihre Ruhe gestört hat. Ich weiß nicht, welche Strafe mir bevorsteht. Mein Vater war es doch, der sie auf der Insel zurückgelassen hat. Von der Sache mit dem Schlüssel weiß niemand. Womöglich habe ich gegen das Bestattungsgesetz verstoßen. Aber eigentlich hat sie ja niemand bestattet. Vater lebt seit drei Jahren in einem Heim, ich besuche ihn, sooft es mir möglich ist. Ihn zu befragen, ist für die Polis zwecklos. Er ist an Demenz erkrankt. Egal, was die ihn fragen, er wird sich an nichts erinnern können. Oft erkennt er nicht einmal mich, wo wir uns doch so nahestehen. Ich fühle trotzdem noch die enge Verbindung zu ihm. Diese Asiatin war lediglich eine kurze Episode, eine Art Verirrung. Sie hat nicht zu unserer Familie gehört. Ob die Polis mir glauben wird, wenn ich behaupte, ich habe von alldem nichts gewusst? Keiner kann mir das Gegenteil beweisen.*

*

»Was ist mit Frida, Julian? Du trennst dich hoffentlich von ihr!« Edelgard ordnete die Pflanzen, die sie mehr oder minder gegen den Willen ihres Sohnes erworben hatte, auf dem Balkon. »Nach diesem grausigen Fund.« Sie zog eine Grimasse, um ihr Missfallen zu unterstreichen.

»Mom, ich weiß es nicht. Es ist zu viel auf einmal für mich. Immerhin hat sie niemanden umgebracht und vergraben.«

»Auf ihrer Insel saß eine Leiche! Schon vergessen?« Edelgards Stimme überschlug sich beinahe vor Entrüstung.

Norbert rief aus dem Wohnzimmer: »Sie zu vergraben, ging ja auch schlecht. Die Schäreninseln sind aus Granit. Sie hätte einen Presslufthammer gebraucht!«

»Das ist nichts, worüber man Witze macht. Ich habe sie schließlich gefunden. Das war weiß Gott kein schöner Anblick. Ich hatte mir unseren Ausflug auf die Insel anders vorgestellt und mich sogar richtig darauf gefreut. Die Schäreninseln sind wirklich toll.«

»Lass erst mal die Polis ihre Arbeit machen. Soweit ich informiert bin, befragen sie Frida eingehend. Nach diesem Vorfall hat sie sofort Urlaub genommen, aber ich habe mit ihr gesprochen. Für mich klang sie ziemlich überrascht von dieser Angelegenheit. Vielleicht gibt es eine einfache Erklärung für alles.«

»Eine Schiffbrüchige hat sich auf die Insel gerettet?«

»Weshalb nicht?«

»Komm schon, Julian. Diese Frida zieht dich da in etwas hinein. Das gefällt mir nicht. Die Frau ist nichts für dich. Das habe ich im Gefühl. Sie tut dir nicht gut!«

Während Edelgard mit Julian auf dem Balkon diskutierte, fiel ihr auf, dass in der Wohnung der seltsamen Frau gegenüber die Jalousien hochgezogen waren. War die nicht vorhin weggegangen?

Julian folgte ihren Blicken. »Was ist, Mom? Hast du eine weitere Verbrecherin ausgemacht?«

»Mit der Frau, die dort wohnt, stimmt irgendwas nicht.«

»Du liest wirklich zu viele Krimis. Paps hat völlig recht, wenn er das immer wieder sagt.«

»Sie liest sie nicht nur. Sie guckt auch im Fernsehen ständig welche«, ließ sich Norbert von drinnen vernehmen.

»Ich habe ein Fernglas im Koffer.«

»Mom! Wozu das denn?«

»Dein Vater und ich reisen weiter ins Baltikum. Ich möchte an der Ostsee Vögel beobachten.«

»Aha. Vögel.«

Edelgard verschwand kurz im Wohnzimmer, um gleich danach mit dem gesuchten Gegenstand wiederzukommen. Sie setzte die Gläser vor ihre Augen und stellte sie scharf. »Das gibt's doch nicht!«

»Was, Mom?«, fragte Julian gedehnt. »Hat sie ihre Wohnung nicht aufgeräumt? Nein, jetzt weiß ich es: Eine Leiche sitzt an ihrem Esstisch. Halt! Zwei Leichen? Präpariert und mit Gurten an ihren Stühlen befestigt!«

»Ich war mir sicher, die Frau von dort drüben auf dem Aussichtspunkt gesehen zu haben. Du weißt schon, da, wo das deutsche Paar bestohlen wurde.«

»Ja, und? Was bitte ist daran verdächtig?«

»Auf ihrem Tisch liegen unzählige Geldbörsen.«

»Sie macht vielleicht Döstädning.«

»Was soll das bitte sein?«

»Aufräumen. Sie mistet aus, was sie nicht mehr braucht. Womöglich zieht sie bald um und trennt sich von überflüssigen Sachen, die sie seit Jahren nicht in Benutzung hat. Das ist übrigens keine schlechte Idee. Sollte jeder hin und wieder machen. Es sammelt sich derart viel an. Wenn ich da an euren Keller zu Hause denke …«

»Du meinst, sie entrümpelt? Nein, das sieht für mich wirklich gänzlich anders aus. Die Frau ist eine Taschendiebin. Auf dem Tisch liegt ihre Beute. Wir müssen unbedingt die Polis verständigen.«

»Mom! Was denken die, wenn du hier ein Verbrechen nach dem anderen entlarvst?«

»Aber man kann ihr das auf keinen Fall durchgehen lassen! So etwas geht doch nicht.« Edelgard schritt unruhig auf dem Balkon auf und ab. »Jetzt habe ich eine Idee! Ihr habt doch sicherlich einen Hausmeister!«

»Worauf willst du hinaus?«

»Ich habe eben Rauch in der Wohnung gesehen …«

»Da ist aber nichts zu erkennen. Beim besten Willen nicht.«

»Glaub mir einfach. Da war Rauch. Ich finde es dringend notwendig, dass dort jemand nach dem Rechten sieht. Nicht auszudenken, wenn sich dort ein Schwelbrand unbemerkt ausbreitet! Das gefährdet das gesamte Haus! Es könnten Menschen sterben.«

Nur wenige Minuten nach Julians Anruf beim Hausmeister, zu dem ihn seine Mutter mit beharrlichem Drängen nötigte, fuhren Feuerwehr und Polis beim gegenüberliegenden Haus vor.

»Die sichern jetzt die Beweismittel. Die Feuerwehr kriegt die Wohnungstür rasch auf und die Leute von der Polis werden staunen, wenn sie da reingehen. Ich gehe jede Wette ein, dass die Geldbörsen des bestohlenen Paares, das wir auf der Aussichtsplattform getroffen haben, mit den anderen auf dem Tisch liegen. Na, das wird eine Überraschung für die Dame, wenn sie nach Hause kommt! Ich glaube, die ist vorhin weggegangen.«

»Könnte man so sehen. Mit *der* Begrüßung rechnet sie bestimmt nicht.«

»Julian, wie bist du dieser Frau eigentlich nähergekommen?«

»Äh … der dort drüben? Die kenne ich überhaupt nicht.«

Seine Mutter gab ihm scherzhaft einen leichten Klaps auf den Arm. »Du weißt schon, wen ich meine. Natürlich Frida. Erzähle mir von ihr. Mir ist klar, dass ihr zusammen arbeitet. Aber wie seid ihr ein Paar geworden? Hast du sie nach Dienstschluss auf einen Kaffee eingeladen?«

»Nicht jetzt, Mom. Mir ist momentan nicht danach. Aber was ist das eigentlich für eine Plumpsklo-Geschichte, die Paps auf der Insel angedeutet hat? Von der habe ich noch nie gehört!«

»Oh, mein Gott! Also wirklich, daran werde ich nicht so gerne erinnert. Ich erzähle dir ein anderes Mal davon.«

DAME MIT SCHIRM
[SANKT PETERSBURG, RUSSLAND]

»Versprich mir, keine Alleingänge zu machen.« Oliver hielt sie im Arm.

»Klar, Schatz. Ich besuche lediglich meine Freundin. Du kennst Isa doch auch.«

»Aber von Sankt Petersburg fliegst du weiter nach Tallinn für eine Recherche.«

»Buchmanns werden bei mir sein. Ich schwöre, ich mache keinen Schritt ohne die beiden!«

»Wirklich?« Er ließ sie immer noch nicht los.

»Sicher.« Marja drückte ihrem Mann einen Kuss auf den Mund und löste sich aus seiner Umarmung. »Jetzt muss ich aber ans Gate, sonst fliegt die Maschine ohne mich.«

»Guten Flug! Viel Spaß mit Isa. Grüß sie von mir.«

»Ich schreibe dir sofort nach der Landung.« Sie tippte auf die Hosentasche ihrer Jeans, wo ihr Smartphone steckte, winkte und verschwand im Gewühl der Menschen.

Oliver verlor sie trotz ihrer bunt karierten Bluse rasch aus den Augen. Er gönnte Marja die Tage mit ihrer Freundin in der russischen Stadt. Etwas Abwechslung tat ihr sicher gut. Er hoffte, sie würde unterwegs nicht auf etwas stoßen, was ihre Freude am investigativen Journalismus weckte. Er wusste ganz genau, dass es für sie dann kein Halten mehr gab, egal, was immer sie ihm soeben versprochen hatte. Viele Themen lagen quasi einfach auf der Straße. Marja hatte ein traumwandlerisches Gespür dafür, sie aufzustöbern.

Er schlug den Weg zum Parkhaus ein. Waren es nicht gerade diese Neugier und ihre Spontaneität gewesen, die ihn dazu gebracht hatten, sich in sie zu verlieben? »Mit der Frau wird es dir nie langweilig werden«, hatte sein bester Freund beim Polterabend neidvoll gesagt. Dem konnte er aus jetziger Sicht unumschränkt zustimmen. Marja war neugierig wie eh und je. Manchmal beschlich ihn die Sorge, er selbst könne neben seiner Frau etwas farblos wirken. Was wäre, wenn sie unterwegs auf jemanden träfe, der genauso energiegeladen war wie sie? Würde sie das anziehen? Wie sicher konnte er sein, dass Marja bei ihm blieb und ihn mit der Zeit nicht als langweilig empfand? Er hatte die Telefonnummer von Frau Buchmann. Ob er sie anrufen und bitten sollte, ein Auge auf Marja zu haben, sobald sie sie in Tallinn trafen? Natürlich mit dem Hinweis auf Verschwiegenheit. Marja würde diesen Anruf nicht zu schätzen wissen. So viel war ihm klar.

Marja verließ nach dem kurzen Flug die Maschine. Am Rollband wartete sie ungeduldig auf ihren Koffer. Sie hatte ihn extra mit einem bunten Aufkleber versehen, um ihn möglichst rasch zu erkennen. Sie schrieb eine SMS an Isa. Danach wurde ihr eine kleine Geduldsprobe abverlangt. Ihr Koffer kam nämlich als Letzter angefahren, nachdem alle anderen schon vom Band genommen worden waren. Marja griff hastig nach ihm. Nun konnte sie endlich zu Isa eilen.

Die fiel der Freundin zur Begrüßung um den Hals. »So toll, dass du mich besuchen kommst. Echt!«

Sie tauschten Wangenküsse.

»Klar! Sankt Peterburg! Das nehme ich doch mit! Wo ich bei dir kostenlos übernachten kann.« Marja lachte. »Da wäre ich schön blöd!«

»Beides? Schön und blöd? Welch eine explosive Mischung!«

Marja boxte sie leicht auf den Arm. »Doof! Setzen, sechs.«

»Gewöhn dir gleich an, Piter zu sagen. So nennen die Einheimischen ihre Stadt.« Isas dunkle Haare fielen ihr bis über die Schultern. Sie trug einen schmalen grünen Rock und eine senffarbene Bluse. Dazu bequeme Sneaker.

»Verstehe. Niemand wird mich als Touristin erkennen.« Marja lachte.

»Never! Schon gar nicht, wenn du Deutsch sprichst.« Isa stimmte fröhlich ein. »Was sagt denn dein Oliver dazu, jetzt ganz alleine zu sein?«

»Pah! Alleine! Von wegen. Der sitzt täglich in seinem Büro, da hat er genügend Kolleginnen und Kollegen um sich! Wenn ich nicht da bin, bleibt er abends bestimmt länger als ohnehin schon immer. Dabei schiebt er in seiner Kanzlei bereits total viele Überstunden vor sich her.«

»Ah, Kolleginnen! Und mit denen lässt du ihn einfach so die Abende verbringen?« Isa hakte sich bei Marja ein und zog sie mit. »Hast du da überhaupt keine Bedenken, dass die ihm näherkommen?«

»Auf Oliver ist absolut Verlass. Da bin ich mir sicher. Aber was ist mit dir? Hast du dir hier jemanden geangelt?«

»Vielleicht. Vielleicht auch nicht.«

»Madame gibt sich geheimnisvoll!«

»Finde es heraus! Du bist doch die investigative Journalistin.«

Kichernd erreichten die beiden ihren Bus. »Mit dem fahren wir zur Metro. Insgesamt ist es nicht weit. Eine knappe halbe Stunde.«

»Vielen Dank noch mal, dass ich bei dir wohnen kann und kein Geld fürs Hotel ausgeben muss.« Marja setzte sich neben Isa, die bereits am Fenster Platz genommen hatte, und stellte ihren Koffer in dem Durchgang ab. »Deine Vermieterin, die alte Dame, ist einverstanden?«

»Der macht es nichts aus, wenn du in der Datscha mit

übernachtest. Sie selbst wohnt in der Innenstadt und kommt kaum mehr dazu, ihren Garten zu besuchen. Das ist ihr zu beschwerlich geworden.«

»Weshalb gibt sie ihn nicht auf?«

»Sie hängt daran. Außerdem will sie ihn für ihre Enkelin erhalten, die momentan im Ausland lebt, aber wieder zurückkommen will. Sie vermietet das Häuschen immer an Leute, die als Gast an der Uni arbeiten. So wie ich.«

»Wie laufen deine Kurse?«

»Gut! Ausgebucht. Und niemand abgesprungen. Bislang zumindest.«

»Wow! Wer belegt denn eigentlich deine Konversationskurse?«

»Studierende, die nach Deutschland gehen wollen. Entweder während des Studiums für ein Auslandssemester oder auch, um sich bei einer deutschen Firma zu bewerben. Jedenfalls macht es mir total viel Spaß. Die Leute sind so motiviert! Echt jetzt. Ich hätte nicht vermutet, dass die derart begeistert bei der Sache sind.«

»Ich bitte dich! Ein Konversationskurs bei Frau Dr. Burke! Klar gehen da alle hin. Bleibst du länger hier? Auch wenn dein Kurs vorbei ist?«

Isa schüttelte ihren Kopf. »Nein, ich lasse mich dann wieder zu Hause blicken.« Sie lächelte versonnen.

»Ah! Gibt es also jemanden. Alter! Lass dir nicht alles derart aus der Nase ziehen. Erzähl endlich!«

»Er hat mich hier besucht. Es hat sich alles ergeben, kurz bevor ich hierhergegangen bin. Da stand schon alles fest! Seitdem führen wir eine Fernbeziehung. Ganz schön schwierig, wenn man erst kurz davor zusammengekommen ist. Wir telefonieren beinahe täglich.«

»Kenne ich ihn?«

»Nicht, dass ich wüsste.«

»Zeig mal ein Foto.«

»Gleich, erst mal müssen wir umsteigen.«

Als sie in der Metro saßen, griff Marja das Thema erneut auf. »Jetzt haben wir ein paar Minuten. Nun kannst du mir ein Foto von ihm zeigen.«

Isa zog ihr Smartphone aus der Hosentasche und wischte über das Display.

»Der sieht total süß aus!«, rief Marja begeistert aus.

Isa grinste. »Ist er auch. Wenn du dich nicht angekündigt hättest, wäre er jetzt nochmals hergeflogen.«

»Wegen mir kommt er nicht? Hättest du halt was gesagt!«

»Ist schon okay. Mädelszeit nur für uns. Außerdem muss er seine Habilitation beenden.« Isa drückte Marjas Hand. »Und dein Oliver? Alles gut mit ihm?«

»Schon. Ein wenig zu fürsorglich. Er macht sich schnell Sorgen um mich.«

»Hallo! Schon vergessen, wie du auf dem Schulhof vom Baum gefallen bist? Du bist vom Klassenzimmer aus ins Geäst geklettert. Im dritten Stock! Du wolltest durch das Fenster in den darunterliegenden abgeschlossenen Physiksaal gucken. Kurz bevor du unten angekommen bist, hast du den Halt verloren und bist gestürzt. Dabei hast du dir den Arm ganz schön verstaucht! Und im Schwimmbad! Erinnerst du dich an den heißen Sommer?«

»Jetzt reicht es aber mit ollen Kamellen.« Marja knuffte Isa in die Seite. »Wo müssen wir denn raus?«

»Du wolltest allen zeigen, dass du dich vom Fünfer zu springen traust.«

»Hab ich ja dann auch.«

»Deine Mutter hat sich fürchterlich aufgeregt.« Kaum war ihr die Bemerkung herausgerutscht, biss Isa sich auf die Unterlippe. Marjas Mutter war vor einiger Zeit ermordet worden. Es hatte gedauert, bis der Täter gefasst wurde, der Fall war zwischendurch zu einem Cold Case geworden. Marja hatte selbst nach dem Mörder ihrer Mutter gesucht und dabei das Ehepaar kennengelernt, das sie in Tallinn zu treffen vorhatte. Isa guckte betreten. »Tut mir leid, das wollte ich nicht sagen. Ist mir so rausgerutscht.«

»Schon okay. Es gibt nicht nur diesen einen Punkt. Damit meine ich ihren Tod. Sie hatte ein Leben davor. Sie war eine tolle Mutter. Wir haben viel Quatsch zusammen gemacht. Und sie hat immer an mich geglaubt. Als ich sieben Jahre alt war, habe ich verkündet, Ingenieurin werden zu wollen. Andere Mütter hätten vielleicht gelacht und gesagt: ›Mädchen und Mathematik.‹ Aber meine Mutter meinte: ›Wenn das dein Wunsch ist, dann mach es. Du kannst lernen, was immer du willst. Ich unterstütze dich bei allem. Egal, was du werden willst.‹« Marja wischte eine Träne weg, die über ihre Wange rollte. »Da habe ich selbst daran geglaubt, dass mir alles offen steht. Verstehst du, dass ich wirklich *alles* machen kann.«

Isa legte den Arm um ihre Freundin. »Ich war immer gerne bei euch. Deine Mutter war eine ganz tolle Frau.«

Marja nickte bedächtig. Ihr Blick schien in die Ferne zu gleiten. »Sie war wirklich etwas ganz Besonderes. Ich wünschte, sie wäre bei mir. Oliver kennt sie gar nicht. Das ist total seltsam für mich. Jemand, der mir so nahesteht und sie nie erlebt hat.«

»Wir müssen aussteigen! Noch zwei Stationen mit dem Bus, dann sind wir angekommen.«

In Gedanken versunken folgte Marja ihrer Freundin.

»Es ist zwar außerhalb, dafür aber total schön. Findest du nicht auch?«

Die Siedlung am äußeren Stadtrand von Sankt Petersburg bestand aus kleinen, farbenfroh angestrichenen Holzhäusern inmitten von großen Gärten. Isa führte sie auf einem Kiesweg an mehreren davon vorbei. Meist waren sie zweistöckig und liebevoll mit geschnitzten Holzornamenten verziert. Auf den Beeten gediehen Kohl, Rote Bete, Karotten und andere Gemüsesorten. An kleinwüchsigen Bäumen hingen Früchte. Nah an den Häusern befanden sich bunte Blumenbeete. An der Pforte zu einem blau angestrichenen Häuschen hielt sie inne. Stockrosen in verschiedenen Rottönen blühten direkt am Haus um die Wette. »Voilà. Meine Villa Kunterbunt.«

»Die ist reizend! Die hast du ganz für dich alleine?« Marja war entzückt von dem Anblick. »Wer würde da nicht gerne wohnen wollen?«

Isa nickte. »Günstig ist sie auch noch. Dafür muss ich mich um den Garten kümmern und der alten Dame das Gemüse bringen, sobald es erntefähig ist.«

»Woher kannst du gärtnern? Das ist mir völlig neu.«

»Wir hatten eine Nachbarin mit einem Schrebergarten. Von der weiß ich einiges.«

»Sag bloß. Wer war das denn? Kenne ich die?«

»Die Wilhelmine Kuhnert. Aus dem vierten Stock.«

»Ah! Jetzt, wo du es sagst, fällt es mir wieder ein. Zur Rhabarberzeit hat sie alle im Haus damit eingedeckt. Außerdem mit Zucchini. Von denen hatte sie immer einen Wahnsinns-Überschuss. Meine Mutter hat die in alles Mögliche reingeraspelt, sogar in Reiberdatschi. Und mir dann immer versichert, wie gesund sie seien. Du warst bei der im Garten?«

Isa kicherte, während sie in ihrer Tasche nach dem Schlüssel kramte und die Haustür aufschloss. »Habe ich zumindest behauptet. Immerhin waren Gartenkenntnisse Voraussetzung, um dieses Träumchen hier zu mieten. Kannst du etwas für dich behalten?«

»Immer! Ehrenwort!«

»Mein grüner Daumen stammt aus dem Internet. Dort findet man alles. Sogar, wie man Läuse ohne Chemie bekämpft.«

»Ach was. Wie denn?«

»Na, mit Brennessellauge natürlich!« Sie schüttelte übertrieben ihren Kopf und wedelte mit den Händen, bevor sie mit hartem Akzent von sich gab: »Habe gelernt von alter Frau! Bin immer mit in Garten, habe geholfen. War gute Schule. Viel Arbeit, aber immer gut zu essen gehabt! Immer satt!« Lachend ging sie voraus und ließ sich auf das Sofa in der Küche plumpsen. »Du schläfst übrigens hier. Mein Bett ist ziemlich schmal.« Sie zeigte mit dem Finger in Richtung Decke. Rund um die dort aufgehängte Lampe blätterte Farbe ab. »Es steht da oben.«

»Lerne ich deine Vermieterin kennen?«

»Davon kannst du ausgehen. Die Zucchini explodieren grade. Wenn wir die nicht abliefern, wachsen sie ins Haus.« Sie öffnete das verglaste Türchen eines hölzernen Büffets und förderte zwei Gläser zutage. »Ich habe zur Feier unseres Wiedersehens Sekt kalt gestellt.«

Sie betrachtete sich im Spiegel des Badezimmers, das neben der Toilette lediglich ein Waschbecken aufwies. Plötzlich ein Knall wie von einem Schuss. Die Scheibe des Fensters zerbarst. Splitter stoben durch den Raum. Instinktiv schloss sie die Augen und hob ihren Arm schützend vor das Gesicht. Schon vernahm sie am Rücken etwas Tastendes, Suchendes. Noch während sie fieberhaft überlegte, was das sein könnte, fühlte sie, wie ihre Taille eng umschlungen wurde. Sie nahm die Hand vom Gesicht. Etwas Grünes, mit kleinen Härchen Besetztes umklammerte sie mit festem Griff. Über ihre Schulter kroch eine weitere zentimeterdicke Ranke. Direkt vor ihrem Gesicht entfaltete sich eine trichterförmige gelbe Blüte, die sich im Zeitraffertempo in einen übergroßen Zucchino verwandelte. Jemand packte ihren Arm und rüttelte sie kräftig.

»Marja, wach auf!«

Schlaftrunken streifte sie den Traum ab. »Was ist los?«

»Da war jemand auf dem Dach.«

»Du hast geträumt. Ich …«

»Habe ich nicht! Da waren Schritte. Eindeutig.« Isa huschte ans Fenster und zog die Gardine ein wenig zur Seite.

»Siehst du was?«

Sie schüttelte den Kopf. »Nein. Außer Pflanzen nichts.«

»Siehste. Meine Rede. Da ist keiner. Wie spät ist es eigentlich? Schon Zeit zum Aufstehen?«

»Ja, schon. Willst du frühstücken? Ich habe russischen Zupfkuchen gebacken.«

»Du wirst hier zur richtigen Hausfrau!«, zog Marja sie auf.

»Quatsch. ›Selbstversorgerin‹ ist das passende Wort. Ich bin viel unabhängiger geworden. In Deutschland renne ich jeden zweiten Tag zum Discounter und hole Nachschub. Hier vielleicht einmal pro Woche. Die Zutaten für den Kuchen habe ich in einem kleinen Laden gekauft, der nicht weit von hier ist. Die Frau dort weiß sogar meinen Namen. Ansonsten ernähre ich mich tatsächlich vom Gemüse im Garten. Ich brühe Kaffee auf, okay?«

»Aufbrühen? Hast du keine Maschine dafür?«

»Iwo. Du bekommst einen richtig guten Kaffee wie früher.« Isa zauberte aus dem Büffet einen Porzellanrichter heraus.

»Wie bei Tante Melitta?«

»Genau.«

»Ey, so einen hatte ich schon seit ewigen Zeiten nicht mehr.«

»Du hast als Kind schon Kaffee getrunken?«

»Klar. Mit ganz viel Milch. Also eher Milch mit einem Schuss Kaffee.«

»Ich habe heute übrigens frei. Den ganzen Tag. Es steht Sightseeing auf unserem Plan.«

»Cool! Ich wäre aber auch total gerne in deinen Konversationskurs mitgekommen. Ich bin ziemlich neugierig auf deine Studierenden. Wie die sind und so. Ob die anders ticken als die Leute bei uns.«

»Die lernst du sowieso kennen.«

»Wie denn?«

»Mascha, eine der Studentinnen, gibt eine Party. Die Petersburger feiern viel und gerne. Ich habe ihr von dir erzählt und sie meinte, ich solle dich unbedingt mitbringen.«

»So einfach geht das?«

»Klar. Die sind hier sehr gastfreundlich.«

»Voll cool! So eine Gelegenheit hätte ich als normale Touristin gar nicht.«

»Nun mal halblang. Hier hat niemand behauptet, du wärst normal!«

Marja sprang auf, griff nach einem der Kissen auf der Couch und warf es nach ihrer Freundin.

Die fing es auf und legte es ab. »Keine Kissenschlacht, bittä sähr! Ich will bei meiner Abreise das Geschirr in ganzen Stücken zurücklassen.«

Am Newski-Prospekt angekommen, staunte Marja. »Wow! Das ist …«

»… überwältigend?«

»Irgendwie schon, ja.«

»Geht mir immer noch so. Obwohl ich jetzt schon eine Weile hier bin.«

»Wo ist denn das Gostiny Dwor? Da will ich unbedingt rein.«

»Klar machen wir das. Hast du deine Kreditkarte eingesteckt? In dieser Shopping Mall kriegst du beinahe alles, was das Herz begehrt.«

»Los geht's! Was ist mit der Eremitage?«

»Da können wir morgen hin!«

»Was feiert Mascha heute eigentlich?«

»Keine Ahnung. Petersburger feiern einfach gerne. Da braucht man nicht unbedingt einen Anlass.«

»Dann bringe ich aber auch was mit. Ein Gastgeschenk.«

»Wie wäre es mit Zucchini?«

»Blöde Idee.«

»War doch nur Spaß. Wir kaufen zwei Flaschen Wein. Dann hat jede von uns ein Mitbringsel.«

Ein junger Mann in stylischen Jeans und T-Shirt öffnete ihnen am Abend. Die Wohnung bestand aus einem einzigen Raum, in dessen Mitte ein langer Tisch stand. Dazu ein Kleiderschrank, ein Sofa und eine wuchtige Kommode. Marja zählte schnell durch und kam zu dem Ergebnis, es mussten sich mindestens 15 Menschen hier aufhalten. Für ihr Empfinden war der Raum dafür eindeutig zu klein.

»Isa!«

Eine Frau in einem rosafarbenen T-Shirt und einer blauen kurzen Hose sprang von ihrem Sitz hoch und umarmte Isa herzlich, wobei sich die beiden, so empfand es Marja zumindest, umschlungen eine Minute im Gleichtakt hin- und herwogen.

»Du hast deine Freundin dabei!«

»Mascha – Marja.« Isa machte die beiden miteinander bekannt.

»Wie schön. Sucht euch einen Platz.« Sie nahm die von Isa und Marja dargebotenen Flaschen. »Ihr habt was mitgebracht, spasibo, danke.«

Marja empfand die Aufforderung, sich in dem vollen Raum einen Platz zu suchen, als schier unlösbare Aufgabe und zwängte sich unter entschuldigendem Gemurmel durch bis zur Couch, die mit ihrer Gobelin-Bespannung wie das

Erbstück von einer Großmutter aussah. Eventuell auch von einer Urgroßmutter. Auf dem langen Tisch standen Teller und Schüsseln mit Speisen in vielen Variationen. Dazwischen gab es zahlreiche Schälchen mit Salzgurken und eingelegten Pilzen.

Marja sollte schnell herausfinden, wofür die vielen sauren Häppchen bereitlagen. Mascha goss ihr Glas mit Wodka voll und hob es in die Höhe. »Auf meine Freundin Isa!« Sie atmete aus, leerte ihr Glas, schob einen Gurkenhappen in ihren Mund und atmete erst jetzt sichtbar wieder ein.

Marja hatte nicht mitgetrunken. Hochprozentiges lag ihr nicht. Sie nahm einen der Teller und häufte Salat darauf: Rote Bete mit Walnüssen, Kartoffeln mit Erbsen und Zwiebeln. Isa, die ihr Glas wie die anderen Gäste ganz geleert hatte, stupste sie an und flüsterte ihr zu: »Du musst unbedingt trinken, wenn alle trinken. Es ist unhöflich, wenn du das nicht machst.«

»Jedes Mal?«

»Vergiss nicht, genügend dazu zu essen. Vor allem Saures.« Isa erhob sich. Wie von Zauberhand war ihr Glas neu gefüllt worden. Sie drückte Marja ebenfalls eines in die Hand. Die klare Flüssigkeit schwappte ein wenig über und tropfte auf Marjas blaues Kleid. »Darauf, dass wir alle zusammen sind!«, rief Isa in die fröhliche Runde. Alle blickten zu ihr, lachten und hoben ihre Gläser.

»Na, dann also.« Marja nippte ein wenig an der scharfen Flüssigkeit.

»Das geht so nicht! Du musst es leer trinken. Halt die Luft an. Und gleich darauf schiebst du dir einen Bissen Salzgurke in den Mund. Bevor du wieder einatmest. Guck, ich mache es dir vor.«

Marja staunte über die Trinkfestigkeit ihrer Freundin.

»Wichtig ist wie gesagt, dass du genügend dazu isst«, mahnte Isa noch einmal.

»Ihr könnt unbesorgt trinken. Den Wodka hat Joscha im Duty Free gekauft. Kein Selbstgebrannter!« Mascha hatte sich zu ihnen durchgezwängt. Sie lachte und zeigte auf ihre Augen.

»Was meint sie damit?« Marja flüsterte Isa zu.

»Wenn bei der Herstellung etwas schiefläuft, entsteht Methanol. Davon kann man erblinden.«

Marjas ohnehin geringe Lust auf Alkohol wurde durch diesen Hinweis nicht gerade verstärkt. »Aha.«

Mittlerweile waren drei weitere Gäste gekommen. Auch sie hatten Getränke als Gastgeschenk dabei. Zwei drängten sich zu ihnen auf die Couch. Sie saßen so dicht, dass kein Blatt Papier zwischen die Körper gepasst hätte. Marja war diese Nähe zu Fremden unangenehm. Im gesamten Raum war jedoch nirgends mehr Platz zur Verfügung, alle saßen eng gedrängt aneinander. Die Temperatur im Zimmer stieg für Marjas Empfinden im Sekundentakt an, ebenso wie die Geräuschkulisse. Vor der Kommode standen drei Leute und lehnten sich daran. Sie überlegte, wo Mascha wohl schlief. Dafür kam nur die Couch infrage. Das Bettzeug musste sie weggeräumt haben.

Marja beherzigte Isas Ratschlag, viel zu essen. Zum Glück stand ja genügend zur Verfügung. Vor allem viel Fleisch. »Vegetarier haben es hier auch nicht leicht«, murmelte sie vor sich hin.

Ein junges Mädchen legte ihr ein Häppchen auf den Teller. »Musst du unbedingt probieren. Die Prjaniki habe ich mitgebracht.« Sie sprach auf Deutsch gegen den Lärmpegel an.

»Danke.« Marja kostete einen Bissen und versuchte, ihren Zuckerschock zu vertuschen. »Wie heißt du?«

»Irina.«

Sie zeigte auf sich. »Marja. Ich besuche Isa.«

Irina strahlte. »Isa ist so toll. Sie bringt uns so viel bei.«

»Weshalb lernst du Deutsch?«

»Ich will in Heidelberg weiterstudieren. Jura.«

»Schöne Stadt. Dort wird es dir gefallen.«

»Ich hoffe es. Eine meiner Freundinnen hat auch dort studiert.«

»Und was macht sie jetzt?«

»Sie unterstützt deutsche Firmen, die in Piter Niederlassungen haben.«

»Ah, verstehe.«

Eine Flasche Wodka wurde weitergereicht, die Gläser gefüllt. Randvoll, wie Marja erneut feststellte.

Irina hob ihres. »Auf unsere deutschen Freundinnen!«

Marja fühlte sich beobachtet, als sie ihr Glas an den Mund führte. Sollte sie wirklich ein ganzes Glas Wodka auf einen Satz leer trinken? Bei allen Bemühungen, sich als Gast richtig zu verhalten, überstieg dies bei Weitem das Maß, welches von ihr zu erwarten war. Sie hielt das Glas so, dass es von ihrer Hand verdeckt wurde und täuschte vor, es in einem Zug auszutrinken. Sie lächelte Irina an und zwängte sich an zwei Typen vorbei zum Badezimmer. Nachdem sie die Tür hinter sich abgeschlossen hatte, goss sie den Wodka ins Waschbecken und füllte ihr Glas mit Wasser auf. Zumindest auf die nächste Runde war sie vorbereitet. Durch die Tür hörte sie, wie die Gäste lautstark ein Lied anstimmten.

Als Marja zurückkam, war Isa in ein Gespräch mit einem Mann vertieft. Deshalb witterte sie die passende Gelegenheit, endlich selbst einen Trinkspruch loszuwerden und dabei demonstrativ ihr Glas restlos zu leeren. Zumindest hatte sie den Eindruck, dass dies von ihr erwartet wurde. Also hob sie ihr Wasser und rief in die Runde »Auf die Gastgeberin!« Flugs wurden auch die anderen Gläser gehoben.

Bei den Speisen wurde eifrig zugegriffen. Auf der Kommode stapelten sich bereits etliche leer geräumte Teller. Marja schnappte sich ein saures Gurkenhäppchen und steckte es sich rasch in den Mund. Sie war gerade dabei, sich hinter einem Stuhl vorbei zurück zum Sofa zu quetschen, als der Typ, der darauf saß, sich umdrehte und ihren Arm festhielt. »Woher kommst du? Ich bin Pjotr.« Sein Blick verweilte auf ihrem Ausschnitt. Er hob sein Glas. »Auf die Brüste schöner Frauen!« Er stürzte den Inhalt hinunter und schnappte sich einen der eingelegten Pilze.

Während er damit beschäftigt war, ihn genussvoll zu zerkauen, drängte Marja sich zu Isa durch. »Ich möchte jetzt gehen.« Als Isa unschlüssig guckte, setzte sie nach: »Echt jetzt. Es ist mir zu eng hier.«

»Eigentlich ist es unhöflich, eine Feier so früh zu verlassen.«

»Meine Güte, dann ist mir halt schlecht. Ich muss an die frische Luft. Dringend.« Marja schenkte Isa einen flehenden Blick, den diese schließlich mit einem Nicken quittierte.

Mascha verabschiedete die beiden wortreich und mit einer langen Umarmung, währenddessen schon der nächste Trinkspruch erklang. Jemand hatte die Musik lauter gedreht.

»Puh, so eine volle Party habe ich noch nicht erlebt. Das war echt eine Premiere für mich.« Marja holte tief Luft, als sie endlich an der frischen Luft waren. »Sag mal, wie viel Wodka hast du eigentlich getrunken?«

Isa lachte. »Ich habe nicht mitgezählt, aber man gewöhnt sich daran. Übung macht die Meisterin.«

»Das kann nicht gesund sein!«

»Gesund leben kann ich zu Hause wieder. Außerdem – das viele Gemüse aus dem Garten! Schon vergessen? Ich esse hier sehr vitaminreich.«

Marja prustete los. »Zucchini mit Wodkasoße?«

»Klingt lecker. Sollten wir gleich morgen ausprobieren. Apropos morgen. Wir müssen ganz dringend Gemüse ernten und bei meiner Vermieterin abgeben.«

»Hoffentlich bist du bis dahin ausgenüchtert.«

Isa knuffte sie mit gespielter Empörung in die Seite. Inzwischen waren sie in der Rubinstein-Straße angelangt. Aus einer der Bars kam eine junge Frau.

»Sieht teuer aus, was die trägt«, bemerkte Marja. »Aber ziemlich eng. Gab's das nicht in ihrer Größe?«

»Wie willst du dir einen reichen Mann angeln, wenn du im Rollkragenpullover herumläufst?«

»Echt? Sind die so drauf?«

»Nicht alle. Aber es gibt schon welche, die denken, mit einer Heirat hätten sie ausgesorgt.«

»Wie schafft die es bloß, sich in diesen Mörder-High-Heels fortzubewegen? Ich hätte ja schon Mühe, in denen überhaupt zu stehen.«

»Dort vorne kommt die Erklärung.«

Marja staunte nicht schlecht, als im nächtlichen Sankt Petersburg Huftritte erklangen.

»Wenn man zu den Schuhen das richtige Portemonnaie hat, dann gibt es für alles eine Lösung. Nicht billig, aber praktisch.«

»Dann braucht die gar keinen reichen Mann mehr?«

Der Führer des Rappen hob die sehr dünne Frau mit geübtem Griff in den Sattel. Staunend blickte Marja ihnen hinterher. »Wo bringt der die hin?«

»Vermutlich in die nächste Bar. Der Abend ist noch nicht zu Ende. An Wochenenden wird gefeiert bis zum Morgen.«

»Echt was los hier.«

»Hast du Lust auf eine Keller-Bar? Dort finden abgefahrene Konzerte statt.« Isa zog ihr Smartphone hervor. »Ich könnte gucken, wo was geht. Das wird meist kurzfristig verkündet. Es gibt total angesagte Punk-Bands mit politischer Botschaft, meist ziemlich regimekritisch.«

»Ist das nicht gefährlich?«

»Schon. Die trauen sich echt was. Hättest du Lust auf so ein Konzert? Da ist eine total geile Atmosphäre. Dort geht was ab.«

»Englisch?«

»Nö. Russisch.«

Marja gähnte. »Das verstehe ich doch eh nicht. Ich glaube außerdem, 30 ist das neue 50. Oder so. Ich jedenfalls bin total müde! Lass uns zur Metro gehen.«

»Wie wäre es mit einem kleinen Absacker?« Isa griff, als sie zu Hause angekommen waren, nach der Tür des Kühlschranks.

»Nee, danke. Für heute hatte ich genug Alkohol.«

»Lieber ein Wasser?«

»Gerne.«

Isa legte ihren Kopf schräg und lauschte. »Hörst du das auch?«

»Das Trapsen?«

»Da ist jemand auf dem Dach.«

»Aber weshalb sollte jemand auf dem Dach herumturnen?«

»Weiß ich's? Ich habe das schon heute früh gehört. Da hast du gesagt, es wäre ein Traum gewesen. Nun hörst du es selbst! Es ist real! Was machen wir jetzt?«

»Es gibt bestimmt eine plausible Erklärung dafür. Ein Marder. Oder ein Waschbär. Die können ganz schön laut sein.«

Isa zog die Vorhänge zu. Beinahe wieder am Tisch, huschte sie jedoch kurz entschlossen zurück ans Fenster, bog den Stoff ein klein wenig zur Seite und lugte hinaus. Sie schrie auf und sprang zurück. Polternd fiel einer der Stühle um.

Marja fasste sie am Arm. »Beruhige dich. Was hast du gesehen?«

Isa zitterte. »Ein Gesicht direkt hinterm Fenster.«

Marja huschte an die Scheibe und schob vorsichtig die Gardine zur Seite. Gerade so viel, dass sie ebenfalls einen

Blick nach draußen erhaschen konnte. Schnell ließ sie ihre Hand sinken, der Vorhang verdeckte das Fenster. »Mist. Da ist tatsächlich einer.«

»Der kommt mir bekannt vor. Das ist …«

»Mir auch. Den haben wir irgendwo gesehen.«

»Der Typ, der die Tussi mit den Mörder-High-Heels aufs Pferd gehievt hat, um sie von Bar zu Bar zu führen!«

»Wie kommt der so schnell hierher? Der war vorhin noch in der Stadt.«

»Geritten?«

»Gibt es im Haus irgendetwas, womit ich ihn in die Flucht schlagen kann?«

»Bist du verrückt? Du willst da raus? Auf keinen Fall! Das lasse ich nicht zu. Du bleibst hier drin.«

»Wir können auch von oben durchs Fenster irgendwas auf ihn kippen.«

»Um ihn zu ärgern? Was meinst du, was der dann machen wird? Das Schloss an der Tür ist nicht sonderlich stabil.«

»Dann rufen wir die Polizei.«

»Die brauchen viel zu lange, bis die hier sind.«

Marja lugte erneut durch den Vorhangschlitz. »Ich sehe ihn nicht mehr. Er ist weg.« Sie setzte sich. »Kennst du den von irgendwoher?«

»Nein.«

»Was kann der von uns wollen?«

»Keine Ahnung. Echt nicht.«

»Im Flur steht eine Kommode. Die schieben wir zur Sicherheit vor die Haustür.«

»Kannst du oben bei mir pennen?«

Marja nickte. »Aber da steht doch nur dieses schmale Bett.«

»Unterm Sofa liegen Auflagen für die Gartenstühle. Daraus basteln wir eine Unterlage zum Schlafen.«

Am nächsten Tag, bei Sonnenlicht betrachtet, fand Marja das Vorgefallene nicht mehr ganz so schlimm. »Das war nur irgendein Idiot, der sich einen Spaß erlaubt hat.«

»Hahaha. So spaßig fand ich das jetzt nicht.«

»Irgendwie ist es ein Dummejungenstreich.«

»Wir müssen Zucchini ernten und zu Frau Markowa bringen.« Isa holte aus der Schublade des Büfetts zwei kurze Gemüsemesser.

»Und wie transportieren wir die dann?«

»Im Garten stehen zwei Körbe. Die nehmen wir.«

Als Isa nach ihrer Ernte die Haustür abgeschlossen hatte, rief sie: »Warte, ich pflücke noch schnell ein paar Blumen. Puh, das hätte ich beinahe vergessen.« Sie stellte in Windeseile einen prächtigen Blumenstrauß mit Rittersporn, Margeriten, Ringel- und kleinen Sonnenblumen zusammen.

»Frau Markowa spricht Russisch.«

»Dachte ich mir schon. In Russland redet man so.«

Isa gab Marja einen Stups.

»Priwjet?«

»Oh, hast du dir ein paar Brocken angeeignet?«

»Klar!«

Das Mehrparteienhaus sah bei Weitem nicht so malerisch aus wie die Datscha von Frau Markowa. Marja zählte schnell die Klingelschilder und kam auf 16.

»Dritter Stock.«

»Lass mich raten. Es gibt keinen Aufzug.«

»100 Punkte!«

Marja nahm entschlossen ihren Korb, den sie kurz abgestellt hatte, wieder hoch. »Auffi muass i, auffi muass i!«

»Was ist das denn für ein Spruch?«

»Hast du nie mit deiner Oma die Luis-Trenker-Filme geguckt?«

»Nö. Habe ich da was verpasst?«

Marja lachte. »Nicht wirklich. Ich habe währenddessen immer gelesen. Aber diesen einen Spruch, den habe ich trotzdem gehört. Der war sein Markenzeichen.«

»Wo musste der Herr auffi? Wohnte der ebenfalls in einem Haus ohne Lift?«

»Alter! Der war Bergsteiger!«

Sie waren an der Tür von Frau Markowa angelangt. Isa drückte auf die Klingel. Kurz darauf war ein Schlurfen zu vernehmen. Die Frau, die öffnete, sah so ganz anders aus als die russische Babuschka, welche Marja ihrer Vorstellung nach erwartet hatte. Vor ihnen stand eine schlanke, elegant gekleidete Frau, die sich mit der rechten Hand auf einen Gehstock stützte. Auf ihrem Kopf trug sie einen leichten bunten Turban. Sie hatte sogar Lippenstift aufgelegt. Ihre hellblauen Augen musterten Marja lebhaft und mit Interesse. Das Alter dieser Frau war für sie schwer zu schätzen. Auf jeden Fall war sie sehr schön. Zur Begrüßung nahm sie Isa in ihre Arme und gab ihr Wangenküsse.

»Ah, Sie haben also Ihre Freundin mitgebracht! Wie schön. Es ist gut, Freunde zu haben. So viele Blumen! Wunderbar. Tragen Sie sie bitte in die Küche. Dort steht eine Vase.«

Isa übersetzte jeweils für die beiden Frauen. »Die Zucchini sind reif. Die wuchern und wuchern.«

»Sehr schön. Die verteile ich im gesamten Haus. Dafür putzen die Nachbarn für mich den Flur mit und tragen meine Einkäufe hoch.«

»Wir konnten nicht alle auf einmal mitnehmen, wir kommen morgen noch mal.«

»Wunderbar!« Frau Markowa schlurfte in die Küche. Auf einer Kommode stand ein uralter Samowar, aus dem es zischte. »Darf ich Ihnen Tee anbieten?«

Isa nickte. »Gerne.«

Die beiden jungen Frauen stellten ihre Körbe ab.

»Kann ich helfen?« Isa entnahm einem Büfett drei zierliche Tassen und stellte sie auf den Tisch.

»Zucker nicht vergessen!«, wies Frau Markowa sie an. »Wie sieht mein Garten aus?«

»Prächtig. Alles gedeiht wunderbar. Dieser Tage hörte ich sogar eine Nachtigall.«

»Meine Enkelin kommt nächstes Jahr nach Russland zurück.« Die Alte lächelte versonnen. »Sie wird in der Datscha wohnen.«

»Wo im Ausland ist sie denn?« Marja gab die Frage an Isa weiter, die sie übersetzte.

»Anna ist in London. Sie hat dort ein Engagement als Sängerin. Davor war sie in New York. Aber nächstes Jahr singt sie in Piter. Ich selbst war Tänzerin, aber immer hier in unserer Stadt. Ich wollte nicht weg. Sie ist anders, als ich es war. Sie will die Welt sehen. Nun, wo meine Erkrankung immer schlimmer wird, hat sie Pläne, zurückzukommen, um in meiner Nähe zu sein.« Sie entnahm der kleinen weißen Porzellandose mit einer filigranen Zange drei Stück Würfelzucker und gab sie in ihren Tee. Während sie sorgfältig umrührte, sprach sie weiter. »Ein Mann war da. Er will meine Datscha kaufen.«

»Aber die steht nicht zum Verkauf?«

»Natürlich nicht. Anna wird die Datscha bekommen, wenn sie zurückkehrt nach Piter. Sie wird mich öfter holen, dann kann ich auch wieder dort sein, zumindest zeitweise. Es ist so schön da und nicht so laut wie hier in der Stadt. Aber dauerhaft dort wohnen könnte ich nicht, der Weg zum Arzt wäre zu weit.«

Marja hatte bereits bemerkt, dass die Hände der Alten unkontrolliert zitterten.

»Krankheit ist blöd. Braucht niemand. Aber was soll man machen? Man muss es nehmen, wie es kommt. Ist halt Schicksal.«

»Was hat der Mann Ihnen für die Datscha geboten?«

»Lächerlich. Er kann so viel bieten, wie er will, er bekommt sie nicht.«

»Weshalb will er sie denn so unbedingt?«

»Er will sie für die Tochter seines Chefs kaufen. Die ist aus Moskau hierhergekommen, weil sie hier irgendwas studieren soll. Es ist Mode unter jungen Leuten in gewissen Kreisen, in Datschas Feste zu feiern.«

»Davon habe ich schon gehört.«

»Aber ich verkaufe sie nicht. Auf gar keinen Fall. Ich habe es Anna am Telefon erzählt. Sie hat gesagt, ich soll vorsichtig sein und auf mich achten. Aber jetzt reden wir von etwas anderem.« Sie zupfte an dem Blumenstrauß. »Ist alles in Ordnung? Wasser läuft, Strom funktioniert auch?«

»Ja, alles bestens.«

Marja hatte Isa unter dem Tisch ans Schienbein gestupst. Isa reagierte nicht darauf. Jetzt sagte Marja: »Das kann mit dem Mann zusammenhängen, der uns einen ›Besuch‹ abgestattet hat. Vielleicht wollen die so erreichen, dass die Datscha verkauft wird. Das könnte ich mir wirklich vorstellen. Wer weiß, was als Nächstes kommt. Erst hat er uns lediglich ein klein wenig erschreckt … Aber was ist, wenn er wiederkommt?«

»Du witterst eine Story für dich dahinter? Denkst du an Verkauf wegen Drangsalieren?«

»Quatsch. In solch einem Milieu möchte ich wirklich nicht recherchieren. Das ist mir viel zu gefährlich. Jetzt ist wichtig, an unsere Sicherheit zu denken.«

»Was sagt Ihre Freundin?« Frau Markowa forderte die Übersetzung ein.

Marja verstand nicht, was Isa übersetzte, ahnte jedoch, dass es nicht das war, was sie tatsächlich gesagt hatte. »Du erzählst ihr aber schon, was passiert ist?«

»Und dann? Sie regt sich nur auf und braucht sofort einen Arzt.« Isa verlieh ihren Worten einen beiläufigen Tonfall, als würde sie übers Wetter plaudern. »Sie ist ziemlich krank. Sie hat Parkinson. Willst du provozieren, dass sie einen neuen Schub bekommt? Das möchte ich ihr durch unser Gerede nicht antun.«

Wieder draußen, empörte sich Marja. »Ich möchte wetten, dass das Ganze zusammenhängt. Sie sagte, der Typ wolle die Datscha für die Tochter seines Chefs! Das passt ins Bild! Das Mädel, das er aufs Pferd gehievt hat – das ist eine verwöhnte Party-Maus. Die sieht nach total viel Kohle aus! Ist bestimmt so eine stinkreiche Oligarchen-Tochter. Weil Frau Markowa nicht verkaufen will, versucht der Vater, dich einzuschüchtern, damit du ihr Druck machst und sie überredest.«

»Arbeitest du bei deiner Zeitung neuerdings im Ressort Kriminalität, oder wie? Echt, ich finde, du übertreibst. Das klingt doch nach einem Film, in dem der Mafiaboss seiner geliebten Tochter alle Wünsche erfüllt. Du hast was Wichtiges vergessen! Sein Angestellter ist in die Tochter verknallt. Unsterblich und heimlich natürlich. Denn der Boss würde dieser Verbindung nie zustimmen. So behält er seine Liebe für sich und steigert sich in die Verehrung für sie regelrecht hinein. Bis zur Selbstaufgabe. Logisch. Der Typ ist blöd vor Liebe. Oder sagt man blind?« Sie grinste. »Wie findest du das? Wir können gemeinsam ein Drehbuch für eine Soap schreiben!«

»Mir ist nicht nach Scherzen zumute, Isa. Ich denke, da ist was dran.«

»Magst du trotzdem zum Katharinenpalast fahren? Er liegt ein wenig außerhalb.«

»Klar. Vielleicht fällt uns unterwegs etwas ein, wie wir uns verhalten, wenn der Mann anfängt, deine Vermieterin zu bedrohen.«

»Vielleicht hilft deine Kombinationsgabe auch dabei, endlich das gestohlene Bernsteinzimmer zu finden?« Isa wich geschickt aus, als ihr Marja einen Knuff in die Seite verpassen wollte.

*

Ich habe nach ihrem Anruf sofort den nächsten Flug genommen, denn ich bin in höchstem Ausmaß alarmiert. Solchen Menschen, wie sie sie mir geschildert hat, ist alles zuzutrauen. Sie sind menschlich verworfen und schrecken vor keiner Bosheit zurück. Babuschka hängt an ihrer Datscha. Ich werde sie, da sie selbst so schlimm erkrankt ist, um ihretwillen übernehmen und deshalb auch bald zurück nach Piter gehen. Die Chancen für ein Engagement sind ziemlich hoch. Sie hat mich aufgezogen, als meine Eltern verunglückten. Ohne sie wäre ich nichts. Sie hat mir Mut gegeben, die schlimmen Zeiten durchzustehen, obwohl sie selbst ihren Sohn und ihre Schwiegertochter verloren hat. Ich bewundere sie sehr. Und jetzt lasse ich sie auf keinen Fall alleine. Sie weiß nichts von meiner Reise. Sie wird völlig überrascht sein, mich zu sehen. Und sich natürlich freuen. So wie sie immer vor Herzlichkeit überschäumt, wenn sie mich sieht. Sie ist wirklich die beste Babuschka der ganzen Welt. Die Metro ist voll, obwohl es schon spät ist. Bummler in der Nacht, die Lust haben zu feiern. Ich habe Toffees dabei, die mag sie so gerne. Dabei hält sie noch immer ihre Figur. Man sieht ihr die Tänzerin auch jetzt noch an, trotz der Erkrankung. Ich hoffe, es liegen noch einige Jahre vor ihr und ich kann sie ganz oft in ihren geliebten Garten bringen.

Ich lasse mich mit dem Schwarm von Menschen aus der U-Bahn-Station nach oben spülen. Die Nacht ist lau. Es ist schön, hier zu sein, wo ich aufgewachsen bin. Nach einem kleinen Fußweg bin ich an dem großen Haus angekommen, in dem sie wohnt. »Markowa« steht auf der Klingel. So heiße auch ich selbst. Nina Markowa. Ich trete ein paar Schritte zurück auf die Straße und blicke hoch zu ihren Fenstern. Wie ich vermutet habe, brennt dort Licht. Sicher sitzt sie in ihrem bequemen Sessel und liest. Das macht sie jeden Abend.

Ich nehme Hufgetrappel wahr. Ein Pferd? In der Stadt, um diese Uhrzeit? Ich verberge mich instinktiv in einem nebenan liegenden Hauseingang. Jetzt ist das Geräusch näher gekommen und ich kann sehen, worum es sich handelt. Es ist tatsächlich ein Pferd, das von einem Mann geführt wird. Auf dem Rappen sitzt eine sehr dünne Frau in einem Hauch von Kleid, das mehr zeigt, als es verbirgt. Um ihren Hals glitzert es golden. »Es soll vor die Tür kacken. Möglichst so, dass sie morgen hineintritt. Und danach stattest du der Datscha nochmals einen Besuch ab. Dieses Mal brichst du die Tür auf und räumst da drinnen ein wenig auf. Die sollen sehen, mit wem sie es zu tun haben. Zwei meiner Freundinnen besitzen schon eine Datscha. Wie sieht das denn aus, wenn ich keine habe? Als ob sich mein Vater keine leisten könnte!« Sie schnalzt mit der Zunge. Das Pferd macht einen schnellen Schritt. Der Mann weicht aus, behält dabei aber den Führstrick in der Hand.

»Ist die Haustür offen? Du kannst in ihren Briefkasten pinkeln.«

Schon hat er die Hand auf der Klinke. Die Tür ist jedoch abgeschlossen und gibt nicht nach. Der Rappe hebt seinen Schweif und äppelt ab.

Zufrieden begutachtet die Reiterin die dampfenden Pferdeäpfel. »Bring mich zur nächsten Bar. Danach reitest du zur Datscha und machst dort ein wenig Unordnung. Die Alte wird bald einknicken. Das hoffe ich für sie, bevor du andere Saiten aufziehst. Du hast im Dienst meines Vaters schon öfter gezeigt, dass du mit einer Knarre umgehen kannst. So ein kleiner Schrecken lässt sie sicher umdenken. Ein Schuss ins Knie vielleicht? Das wirst du für mich tun, nicht wahr?« Sie zeigt ein wahres Engelsgesicht. »Mach es! Und zwar bald. Ich will nicht ewig warten.«

Der Mann nickt entschlossen und geht weiter. Der Rappe trottet mit seiner Reiterin im Schritt hinterdrein.

Das Gehörte und Erlebte lässt mich kochen vor Wut. Es erscheint mir wie ein schlechter Film, in dem ich nicht mitspielen will. Und dennoch werde ich es tun und aktiv in die Handlung eingreifen! Dabei lasse ich den beiden bebend einen Vorsprung. Es ist nicht gut, wenn etwas vor Babuschkas Haus passiert. Es darf keinerlei Zusammenhang mit ihr geben.

Als sie weit genug weg sind, hole ich sie in einer menschenleeren Seitenstraße ein. In London hat es geregnet, als ich mit dem Bus zum Flughafen fuhr. Deshalb trage ich noch immer meinen bunten Taschenschirm bei mir. Ich ziehe ihn heraus und löse das Band, welches ihn zusammenhält. Pferde sind Fluchttiere und ziemlich ängstlich. Der Flügelschlag eines Vogels vermag sie in Panik zu versetzen. Das weiß ich von einer Kollegin, die am Rande des Hyde Parks eines stehen hat. Die erzählt oft davon, was ihren Gaul alles aufregt und wie gefährlich das große Tier in so einem Fall werden kann. Reiter brauchen starke Nerven und müssen stets die Ruhe bewahren. Ich überhole das seltsame Gespann, drehe mich spontan um, recke dem Pferd den Schirm vor die Nüstern und drücke auf den Knopf, damit er sich entfaltet. Im selben Moment springe ich zurück. Wie von mir erhofft, steigt das Tier in Panik auf. Ich rolle mich wie eine Karatekämpferin ab. Das habe ich so in einem Spielfilm gesehen. Was ich dabei nicht bedacht habe, ist die schmerzhafte Prellung der Schulter. Das Pferd steht auf seinen Hinterbeinen und tänzelt. Alles geht so schnell. Es erwischt seinen überraschten Führer mit einem seiner Vorderhufe mit Wucht an der Schläfe. Der fällt hin. Sein Schädel knackt. Die Reiterin, die es wohl lediglich gewohnt ist, auf dem Pferd im Schritt geführt zu werden, geht ebenfalls zu Boden. Das Pferd rennt weg. Ist die Frau verletzt? Mir bleibt keine Zeit, nach ihr zu sehen. Die

beiden wollten meiner geliebten Babuschka schaden. Die-
ser Satz hämmert in meinem Kopf, während ich vorsorglich
meine Schuhe abstreife, flink nach meinem Schirm greife und
auf nackten Sohlen lautlos davonlaufe.

*

»Die Nachbarin von unten hat mir eine Tüte mit Brötchen
gebracht. Sie hat erzählt, beim Bäcker haben sie alle von einem
Unfall erzählt. Ein paar Straßen weiter ist das passiert. Ein
Mann ist dabei gestorben und eine junge Frau wurde verletzt. Sie hat eine Amnesie und kann sich an nichts erinnern,
so haben sie gesagt. Sie bringen sie nach Moskau, zu ihren
Eltern. Gesehen hat niemand etwas. Nach der Art der Ver-
letzungen wird vermutet, dass der Mann die Frau auf einem
Pferd geführt hat. Er hatte nämlich einen zertrümmerten
Schädel, der von einem Pferdehuf herrührt. Ein herrenloses
Tier wurde am Stadtrand eingefangen. Es soll einen besonders
teuren Sattel getragen haben. Ist denn die ganze Welt verrückt
geworden? Mit dem Pferd durch Piter zu reiten? Pferde gehören auf Weiden auf dem Land. Sie sind nicht für das Stadtle-
ben gemacht. Übrigens, das ist meine Enkelin Anna. Sie hat
mich mit ihrem Besuch überrascht. Ist das nicht zauberhaft?
Sie hat drei Tage frei, und da besucht sie mich! Was bin ich
für ein glücklicher Mensch, so eine Enkeltochter zu haben!«
Frau Markowa schenkte der Frau, die soeben ins Zimmer
gekommen war, ein warmes Großmutterlächeln.

Isa und Marja saßen bereits. Sie hatten erneut Zucchini
abgeliefert. Es war ein gutes Jahr. Die Gemüsepflanzen wuchsen enorm und produzierten ohne absehbares Ende Früchte.

»Schön, Sie kennenzulernen.« Die Gesichtszüge der groß
gewachsenen jungen Frau ähnelten denen ihrer Großmutter sehr, stellte Marja bei sich fest. Auch ihre Bewegungen

strahlten eine ebensolche natürliche Eleganz aus. Ihre Augen jedoch waren von einem undurchdringlichen Grau. Ein Sonnenstrahl fiel ins Zimmer und streifte ihr Gesicht. Marja entdeckte grüne Einsprengsel in ihrer Iris, während sie ihr die Hand gab.

Anna nahm ihre Tasche vom letzten freien Stuhl, um sie auf dem Boden abzustellen. Sie hatte sie heute Nacht, nachdem sie so überraschend bei ihrer Babuschka geklingelt hatte, dort abgestellt. Ein kleiner bunter Schirm fiel aus der offenen Tasche heraus und polterte auf den Boden.

»Den hättest du ruhig in London lassen können, Liebes. In Piter scheint die Sonne. Du brauchst hier keinen Schirm!«

Anna widersprach nicht und stimmte mit einem warmen Sopran in das Lachen der drei Frauen ein.

VOLLGETANKT
(TALLINN, ESTLAND)

Edelgard lehnte an der Reling der riesigen Fähre. Sie wäre gerne länger bei ihrem Sohn in Stockholm geblieben, um ihm beizustehen, wie sie ihm gegenüber mehrfach beteuerte. Julian beharrte aber darauf, alleine mit der Situation klarzukommen. Über Frida würde er ihr zu einem späteren Zeitpunkt mehr erzählen. Wie es überhaupt zu der Beziehung mit dieser in Edelgards Augen ungewöhnlichen Frau gekommen war. Sie tat ihrem Sohn nicht gut. Das spürte Edelgard deutlich. Sie hätte gerne, dass sich ihr einziges Kind von dieser Person trennte. Nicht auszudenken, wenn sie von der Frau ein Enkelkind bekam! Dabei freute sie sich schon sehr auf diesen Lebensabschnitt. Sie stellte sich als Mutter ihrer Enkel eine sympathische Schwiegertochter vor, die sie unumschränkt in ihr Herz schließen konnte. Eine, mit der sie lachen und fröhlich sein konnte, mit der sie plauschen und Kaffee trinken würde. Solch unbeschwerte Momente waren für sie mit dieser Frida undenkbar. Die stellte sie sich, nach dem, was sie von ihr bislang wusste, so eiskalt wie das Gefrierfach eines Kühlschranks vor. Außerdem hatte sich auf ihrer Schäreninsel eindeutig eine Leiche befunden. Diese Frau musste doch etwas davon gewusst haben! Sie hoffte inständig, dass die Polis Frida nicht abkaufen würde, dass da etwas hinter ihrem Rücken passiert war. Aber leider musste sie die Ermittlungen komplett den schwedischen Ordnungshütern überlassen. Edelgard wollte sich gar nicht erst bemühen, an dieser Person irgendetwas Nettes festzustellen. Selbst langes Suchen würde ergebnislos bleiben, da war sie sicher. Was fand ihr Sohn an dieser Frau bloß anziehend? Hatte sie als Mutter etwas falsch gemacht?

Norbert hatte sie in Stockholm davor bewahrt, dies ihrem Sohn allzu deutlich zu sagen: »Julian ist erwachsen. Er muss selbst wissen, was er tut. Du kannst ihm nicht reinreden. Beruhige dich, bitte.«

»Diese Person ist nicht gut für ihn!«

»Edelgard! Das muss er selbst merken. Vertrau ihm doch! Er ist nicht dumm. Aber je mehr du ihn drängst, desto weniger hat er das Gefühl, aus eigenem Antrieb zu handeln. Lass ihn. Er wird wissen, was er tut. Alt genug dafür ist er.«

Schweren Herzens hatte Edelgard der Weiterreise zugestimmt. Auch weil sie in Tallinn Marja treffen wollten. Es war leicht bewölkt, aber die hellen Wolken gaben ihr Nass nicht frei. Ansonsten war der Himmel freundlich blau. Die Motoren des Schiffes brummten. Der gesamte Koloss vibrierte ganz leicht. Ein Kribbeln erfasste Edelgards Körper. Sie schob die Gedanken an Frida mit aller Macht weg. Diese Frau sollte ihr nicht das Vergnügen an der Schifffahrt verderben. Es war pure Freude für Edelgard, an Bord zu sein. Sie reckte ihre Nase in die leicht salzig riechende Luft und fühlte sich auf eine ganz besondere Art lebendig. Sie würde heute zum ersten Mal in ihrem Leben die Ostsee überqueren, deren Oberfläche silbern glänzte. Sie fuhren von Skandinavien ins Baltikum. Das Wasser wischte Grenzen hinweg. Sie war neugierig auf die Menschen auf der anderen Seite des Meeres. Abgesehen von Frida und der klauenden Nachbarin hatten ihr die Leute in Stockholm zugesagt. Sie waren so höflich und von einer großartigen Gelassenheit, die ihr sehr gut gefiel.

»Die Fähre ist so viel größer als die Flusskreuzfahrtschiffe während unserer letzten Reisen.«

»Irgendwie kommt sie mir wie ein riesiger Bus vor.«

»Ein Bus?«

»Nun ja. Sie bringt uns von der einen Seite der Ostsee auf die andere. Sie ist eigentlich ein Verkehrsmittel.« Norbert legte seinen Arm um Edelgards Hüfte. »Hauptsache, ich muss nicht fliegen.« Er schüttelte sich kurz. »So schnell steige ich in kein Flugzeug mehr ein. Diese Enge ist mir ein Graus.«

Edelgard unterließ es wohlweislich, ihren Mann an den Untergang der »Estonia« zu erinnern, jenem gesunkenen Fährschiff, welches im Jahr 1994 auf dem Weg von Tallinn nach Stockholm während eines Sturms sank. Auf genau der Route, die sie jetzt fuhren, lediglich in entgegengesetzter Richtung. Das Unglück hatte 852 Menschen das Leben gekostet. Ob Norbert das wirklich vergessen hatte? Jedenfalls fand sie es nicht klug, es jetzt zu erwähnen. Wenn er auf Fähren ähnliche Angstzustände wie in Flugzeugen entwickelte, waren weitere Reisen für sie in Zukunft infrage gestellt. Dieses Risiko wollte sie unbedingt vermeiden.

Edelgard wies mit der Hand auf die zahlreichen steinernen Inseln, an welchen die Fähre vorbeiglitt. »Der Schärengarten. Traumhaft schön.«

Der Wind strich durch ihr dunkelblondes Haar. Sie lehnte sich an ihren Mann und griff nach seiner Hand. Irgendwie war Norbert gar nicht so übel. Immerhin war er verlässlich. Er hatte sie nie betrogen. Da war sie sich absolut sicher. Ihre früheren Pläne, ihn im Urlaub loszuwerden, hatte sie im Moment ad acta gelegt. In seinen neuen Kleidern sah er bei Weitem nicht mehr so plump aus wie in den letzten Jahren. Der modische Haarschnitt stand ihm gut. Und seine Mutti hielt sich endlich auch zurück! Ihr einen Gentleman zur Seite zu stellen, hatte sich als genialer Schachzug erwiesen, zu dem Edelgard sich insgeheim beglückwünschte. 100 Punkte für sie!

»Wann kommen wir an?«

»Wir fahren die ganze Nacht durch. So gegen 10 Uhr werden wir in Tallinn eintreffen.«

»Marja holt uns am Fährhafen ab?«

»Das hat sie mir geschrieben, ja. Sie hat bereits ein Mietauto übernommen, gleich nach ihrer Landung gestern. Sie ist von Sankt Petersburg nach Tallinn geflogen. Dort war sie bei einer Freundin und hat ein paar Tage Urlaub gemacht.«

»So genau ist bei mir nicht angekommen, wonach sie eigentlich im Baltikum sucht.«

»Sie ist an einer wirklich spannenden Geschichte dran.«

»Das ist sie doch immer. Ich erinnere mich an die Sache mit dem exzentrischen Koch auf dem Flusskreuzfahrtschiff! Das war ganz schön gefährlich für sie. Gut, dass du sie rechtzeitig gefunden hast. Sie bringt sich hoffentlich nicht nochmals in solch eine Gefahr! So wie in den Sonntagabendkrimis. Da ziehen die eine Viertelstunde vor dem Ende des Films wider besseres Wissen auch immer alleine los und dann wird es brenzlig.«

»Dieses Mal ist es etwas ganz anderes. Eine alte Frau in ihrer Nachbarschaft ist an Demenz erkrankt. Sie lebt im Heim und ihre Pflegerinnen erzählten Marja bei einem ihrer Besuche, dass die Dame häufig ein Lied summt, das allen völlig unbekannt ist. Außerdem behauptet sie plötzlich, einen anderen Namen zu tragen, nämlich Rebekka. Und sie sagt, sie will endlich nach Hause gebracht werden, zu ihren Eltern.«

»Das ist doch häufig so bei Demenzkranken. Ich habe schon oft gehört, dass Betroffene sich hauptsächlich an ihre frühe Kindheit erinnern und von ihren Eltern sprechen, als wären die noch am Leben. Ihr Erwachsenendasein vergessen sie komplett. Sie verstehen nicht, warum ihre Eltern nicht bei ihnen sind. Es ist völlig normal, dass die Patienten in ihr

Elternhaus zurückwollen, dorthin, wo sie aufgewachsen sind, zu Menschen, die sie früher kannten. Absolut nichts Ungewöhnliches! Vielleicht haben ihre Eltern sie anders genannt, als sie klein war. Eine Art Kosename.«

»Das ist eben das Besondere an dieser Geschichte. Nicht nur, dass sie einen völlig anderen Vornamen angibt, die alte Dame will plötzlich nach Tallinn.«

»Was meint Marja dazu?«

»Du kennst sie. Sie wittert natürlich eine Story dahinter.«

»Was ist die Verbindung nach Tallinn?«

»Die alte Dame wiederholt hartnäckig den Namen einer Freundin. Eine Spur zu diesem Namen führt tatsächlich in die estnische Hauptstadt. Marja will vor Ort nach der Frau suchen. Außerdem geht es in den Erzählungen um einen großbürgerlichen Haushalt. Sie erzählt von Personal und einem richtig prächtigen Haus. Dabei ist sie ganz anders aufgewachsen, soweit dies bekannt ist. Nämlich in einfachen Verhältnissen.«

»Wollen wir in das Bord-Restaurant gehen, Edelgard?« Norbert strich sich mit der flachen Hand über den Bauch.

»Ans Büfett?«

»Warum nicht? Klingt gut. All inclusive. Sogar die Getränke. Dafür finde ich den Preis, den sie nehmen, angemessen.«

»Hoffentlich haben die kein Surströmming.«

»Meinem Kollegen werde ich was erzählen, wenn wir wieder daheim sind! Mich derart hochzunehmen! Der kann sich auf was freuen.«

»Wir sollten ihm eine Dose mitbringen.«

»Nee, lass das besser bleiben. Am Ende öffnet er die im Büro …«

Im Treppenhaus fiel Edelgard ein beinahe zwei Meter großer Mann auf. Der blonde Mittdreißiger hielt sich, während er die Stufen hinunterging, mit beiden Händen am Geländer fest.

»Hier an Bord ist der Alkohol günstig«, raunte sie ihrem Gatten zu.

»Na, der hat schon ziemlich getankt.« Auch Norbert war auf den Angetrunkenen aufmerksam geworden.

»Chocolat«, murmelte der Mann vor sich hin.

»Das wäre auf jeden Fall bekömmlicher für ihn«, sagte Edelgard, als sie den Mann auf der Treppe überholten.

Nachdem sie sich am Büfett gütlich getan hatten – Norbert wie üblich weitaus eifriger als seine Frau – begaben sie sich auf den Weg zur groß auf Plakaten angekündigten Unterhaltungsshow. Wie sie selbst waren die meisten der anderen Passagiere ebenfalls auf der Fähre unterwegs, um sich in den Restaurants und Bars zu vergnügen. Eine Gruppe junger Männer, die dem Anschein nach den Junggesellenabschied eines Kumpels feierten, kam ihnen fröhlich grölend in Pippi-Langstrumpf-Kostümen entgegen. Sie trugen orangerote Zopfperücken. Edelgard machte ihnen Platz, nachdem sie unsanft angerempelt worden war.

Sie betraten einen großen Theaterraum. Für die Zuschauer standen dunkelrote Klubsessel bereit. Auf der Bühne spielte eine Band bekannte Schlager aus Edelgards Jugendzeit. Die paillettenbesetzten Kostüme der Künstler glänzten im Scheinwerferlicht bei jeder Bewegung. Die Augen der anwesenden Damen waren auf den Hauptsänger gerichtet, dessen Anzug hauteng war. Als sie »Dancing Queen« von ABBA spielten und lauthals um eine Zugabe gebeten wurden, griff Norbert nach Edelgards Hand und hielt sie fest. Auf die Musikshow folgte eine Zirkus-Einlage mit ausgefeilter Körperakrobatik.

»Lass uns in die Kabine gehen, Norbert. Wenn wir morgen hier auf dem Schiff frühstücken wollen, sollten wir rechtzeitig aufstehen. So gegen 10 Uhr legt das Schiff an. Wir müssen pünktlich von Bord.«

Sie tasteten sich im Halbdunkeln durch die Sitzreihen. Norbert trat einer Frau versehentlich auf den Fuß und entschuldigte sich wortreich, was die Dame mit einer auf Russisch gezischten Antwort quittierte. Norbert hob beschwichtigend die Hand. »Pardon, gnä' Frau.«

Edelgard gluckste. »Die versteht dich nicht.«

Die Flure waren trotz der späten Uhrzeit ziemlich bevölkert.

Aus einer der Bars kamen ihnen zwei Frauen, beide etwa Mitte 30, entgegen. Die Extrovertiertere von beiden zögerte, betrachtete Edelgard, überlegte kurz und sprach sie an. »Sind Sie Frau Buchmann?«

Edelgard war ihr Gegenüber mit den braunen kurzen Haaren gänzlich unbekannt. Vielleicht war die Frau mal Zuhörerin gewesen, als sie mit ihrem Chor aufgetreten war? Sie unternahmen nämlich Konzertreisen und gaben gut besuchte Gastspiele in Kirchen anderer Orte. Sie selbst konnte sich unmöglich an das Publikum erinnern. War sie wirklich als Mitglied des Chores jemandem derart aufgefallen, dass sie jetzt wiedererkannt wurde? Immerhin war sie keine Solistin, auch wenn ihr das sehr gefallen hätte. Aber die Chorleiterin blieb trotz mehrfacher Versuche unnachgiebig und behauptete, ihre Stimme sei dazu nicht geeignet. Was Edelgard überhaupt nicht nachvollziehen konnte. Sobald es ihre Zeit erlaubte, würde sie ein paar private Gesangsstunden nehmen, um sich für einen Solo-Auftritt zu qualifizieren. Eines Tages würde ihre Stimme kraftvoll in der Kirche erklingen, während sie umjubelt die Erste Stimme sang. Davon war sie felsenfest überzeugt. Es war für sie lediglich eine Frage der Zeit, bis es so weit war.

»Ich habe Ihren Blog gelesen. Über die Flusskreuzfahrten. Da war ein Foto von Ihnen zu sehen. Ich habe Sie sofort erkannt.« Die Frau wandte sich an ihre Begleiterin. »Die Texte haben uns gut gefallen, gell, Tamara?«

Die Angesprochene nickte. »So unterhaltsam. Wiebke und

ich haben oft gesagt, beim Lesen glaubt man, selbst dabei gewesen zu sein.«

Norbert lächelte stolz. Elf Reisen waren es, die sie gemeinsam unternommen hatten. Die Journalistin Marja hatte das Angebot eines Reiseveranstalters an sie weitergegeben, über die Reisen auf Flusskreuzfahrtschiffen, die sie im Gegenzug beinahe zum Nulltarif absolvieren durften, zu schreiben. Sie selbst war für diesen Job nicht infrage gekommen, weil sie seekrank wurde, sobald ein Schiff auch nur ablegte.

»Sind Sie wieder auf Rechercherreise?«, fragte die, die offenbar Tamara hieß.

Edelgard winkte ab. »Wir haben unseren Sohn in Stockholm besucht und bereisen ein paar Tage das Baltikum. Das mit dem Blog war eine einmalige Sache.«

»Schade. Wir haben den so gerne gelesen und würden uns sehr über eine Fortsetzung freuen. Melden Sie sich doch, wenn Sie in Heidelberg sind. Wir betreiben dort eine Buchhandlung. Mit Café. Wir laden Sie auf ein Stück Kuchen ein.«

»Reizend!« Edelgard lächelte.

»Vielleicht sieht man sich ja noch mal während der Reise. Wir sind mit dem Auto unterwegs und fahren in Etappen zurück nach Deutschland. Dabei haben wir allerdings nichts Festes gebucht und lassen uns einfach treiben. Unsere Buchhandlung haben wir für drei Wochen geschlossen.«

Norbert nickte den beiden zu und zog Edelgard weiter. »Ich bin echt müde. Lass uns in die Kabine gehen.«

Kaum dass sie auf ihren Betten lagen, die wider Erwarten ziemlich bequem waren, rumpelte es in der Nachbarskabine.

»Findet da eine Privatfeier statt?« Norbert setzte sich auf.

»Wenn das der Junggesellenabschied mit den roten Perücken ist, kann das lange gehen. Die haben sich womöglich im Duty-free-Shop mit Getränken eingedeckt und feiern.«

»Hoffentlich ist die Hochzeit nicht schon morgen. Bei

der Promillekonzentration im Blut des Bräutigams wird die Unterschrift nicht gültig sein.«

Edelgard kramte in ihrem Koffer nach den Ohrstöpseln, die sie in weiser Voraussicht eingepackt hatte.

»Gute Idee«, brummte Norbert und nahm seine dankbar entgegen.

Als die beiden am Morgen ihre Kabine verließen, kam aus der Nachbarstür der junge Mann, der ihnen am Vorabend angetrunken auf der Treppe entgegengetorkelt war.

»Der nimmt sicher das Katerfrühstück«, bemerkte Edelgard. »Sauren Rollmops mit Salzgurken.«

Das Büfett war üppig ausgestattet, was Norbert zu der Bemerkung veranlasste: »Da kriegt man was fürs Geld. Edelgard, greif zu, bezahlt ist bezahlt! Du hast hoffentlich nicht vor, dich mit zwei Knäckebrotscheiben und einem Klecks Marmelade zu begnügen.«

Nachdem er sich reichlich an gebratenem Speck und Eiern gütlich getan hatte, drängte ihn Edelgard, ihre Koffer aus der Kabine zu holen. »Marja kommt bestimmt pünktlich, um uns abzuholen. Ich möchte sie nicht unnötig warten lassen. Wenn wir in der Schlange zu weit hinten stehen, dauert es eine Ewigkeit, bis wir von Bord kommen.«

Auf dem Weg zurück zur Kabine begegneten sie neben anderen Passagieren einer blassen jungen Frau. Sie stützte sich an der mit Holz verkleideten Wand ab, während sie sich langsam vorantastete.

»Ist Ihnen nicht gut?« Edelgard trat besorgt näher.

Die Frau antwortete etwas Unverständliches. Zwei Worte, gemurmelt. Sie strich ihr braunes Haar zurück und beachtete Edelgard nicht weiter, während sie voranschlich und die Tür zur Toilette aufdrückte.

»Sie sieht nicht gesund aus«, wandte Edelgard sich ihrem Mann zu.

Der nickte zustimmend. »Seekrank. Muss sich bestimmt erst mal übergeben. Mich wundert ja, dass ich selbst diese Fahrt so gut vertrage.«

»Du warst noch nie seekrank!«

»Eben. Genau das wundert mich. Wo mein Magen derart empfindlich ist.«

Das war Edelgard gänzlich neu. Sie unterdrückte nur mit Mühe einen Lachanfall. Bei den Unmengen, die ihr Norbert jeweils verschlang, musste sein Magen ziemlich robust sein. Sie vermied jedoch eine Bemerkung bezüglich seines Essverhaltens. Solange es ihm schmeckte, sollte er ihrer Meinung nach zu sich nehmen, was er wollte. Es war ihre Schwester Hilde, die seit etlicher Zeit vergeblich versuchte, Norbert von einer ihrer Ansicht nach gesünderen Lebensweise zu überzeugen. Sie versuchte ihm einzureden, seine Cholesterinwerte wären zu hoch, und bestimmt wäre er auch anfällig dafür, an Diabetes zu erkranken. Deshalb achtete er bei Familienfeiern immer akribisch darauf, möglichst weit entfernt von ihr zu sitzen. Mit einem geradezu missionarischen Eifer redete ihm Hilde jedes Mal, wenn sie ihn traf, ins Gewissen, endlich seine Ernährung umzustellen. Am liebsten wäre es ihr, ihr Schwager und ihre gesamte Familie würden sich vegan ernähren, so wie sie selbst. Edelgard staunte über die uferlose Ausdauer, die ihre Schwester bei ihren ergebnislosen Überredungsversuchen an den Tag legte. Es hatte sie nicht besonders gewundert, als Hildes Beziehung mit Kevin in die Brüche gegangen war. Kevin mochte es wie ihr eigener Mann bei Tisch gerne deftig. Als sie gemeinsam mit Norbert ihre Mutter zuletzt in Memmingen anlässlich eines Klassentreffens besucht hatten, hatte die davon erzählt. Auch, dass Hilde überlege, wieder bei ihr einzuziehen, Kevin behalte die gemeinsamen Möbel. Platz genug wäre bei ihr und Hilde könne ihr zur Hand gehen, wenn sie Hilfe brauche. Edelgard neigte nicht zu Illusionen. Sobald ihre lebensfrohe Schwester einen neuen Lover an Land gezogen hätte, würde sie ihm folgen und Mutter wohnte wieder alleine. Hilde war nie lange Single gewesen und auch jetzt würde diese Phase, da war sie sich sicher, lediglich von kurzer Dauer sein.

Marja wartete tatsächlich schon, als sie an Land gingen. Sie machte kurz mit der Hupe auf sich aufmerksam, was überflüssig war, da Norbert bereits zielstrebig auf das rote Auto zusteuerte, aus dem heraus die junge Journalistin eifrig winkte. Nun öffnete sie die Tür und sprang heraus.

»Frau und Herr Buchmann! Das hat ja prima geklappt!«

Ihre Herzlichkeit war wie immer ansteckend und die drei tauschten Wangenküsse zur Begrüßung aus. Edelgard stellte fest, dass Marja ziemlich fit aussah und den zurückliegenden Angriff auf sie offenbar gut überwunden hatte. Marja hatte sie und Norbert bei einem exquisiten Essen auf einem im Hafen liegenden Kreuzfahrtschiff begleitet. Der Koch, der vorgegeben hatte, die Speisen speziell aufgrund von Blutwerten für seine Gäste zuzubereiten, hatte versucht, sie außer Gefecht zu setzen. Marja war ihm bei ihrer investigativen Recherche auf die Spur und deutlich zu nahe gekommen. Edelgard hatte sie grade noch rechtzeitig gefunden und einen Arzt informiert.

»Schaltgetriebe. Muss ich mich erst dran gewöhnen.« Marja deutete auf das Auto, ging nach hinten und öffnete den Kofferraum. »Die hatten leider keinen anderen Wagen zur Verfügung. Es blieb mir nichts übrig, als mit dieser Kiste vom Hof zu fahren. Lieber Himmel, ich fahre seit Jahren nur noch mit Automatik, das ist eine ganz schöne Umstellung. Dabei habe ich meine Fahrstunden auch mit Schaltung absolviert. Na ja, wird schon irgendwie gehen.«

»Was haben Sie für eine Police bekommen? Sind wir auch als Fahrer eingetragen? Dann könnten wir uns abwechseln«, gab sich Norbert generös.

Edelgard verkniff sich ein Grinsen, da sie genau wusste, dass ihr Gatte sich nicht allzu sehr darum riss, in einem fremden Land ein Auto zu steuern.

»Ich konnte zwei Fahrer eintragen«, sie tätschelte das Auto, »mich und Sie, Herr Buchmann.«

»Zum Glück ist es ja noch nicht so lange her, dass Sie ihren Führerschein gemacht haben.« Er spielte den Charmeur.

Marja lachte. »Die paar Jährchen!«

»Die neue Frisur steht Ihnen ausgezeichnet.« Edelgard war sofort aufgefallen, dass Marjas blonde Haare ein wenig dunkler waren. Sie trug sie beinahe schulterlang.

»Danke. Das ist näher an meiner natürlichen Haarfarbe. Ein wenig optische Veränderung wirkt manchmal Wunder.« Marjas Blick fiel anerkennend auf Norberts neue Kleidung. Heute trug er zu einer schwarzen Jeans ein rotes Sweatshirt. Sie kannte ihn bislang nur in seinen ausgeleierten beigen Breitcordhosen. Anstatt in braunen Lederschuhen mit Lochmuster steckten seine Füße in modischen Sneakers.

Edelgard lächelte wissend. Sie persönlich fand, solch kleine Veränderungen konnten Wunder wirken. Es hatte sie weiß Gott einiges an Überredungskunst gekostet, das Erscheinungsbild ihres Gatten nach ihrem Geschmack aufzumöbeln.

Um vor Marja das Gesicht zu wahren, hievte Norbert neben seinem eigenen auch noch zusätzlich Edelgards Koffer ins Auto. Obwohl er das früher immer gerne seiner Frau überlassen hatte. Wie selbstverständlich nahm er daraufhin neben der jungen Frau auf dem Beifahrersitz Platz.

»Schöne Grüße von Julian«, bemerkte Edelgard vom Rücksitz aus. »Unbekannterweise.«

»Wie war es in Stockholm, als Sie Ihren Sohn besuchten?«

»Meine Frau hat natürlich prompt eine Leiche entdeckt.«

»Ich habe Ihren Humor sehr vermisst, Herr Buchmann. Gefällt es Ihrem Sohn im Venedig des Nordens?«

»Ziemlich gut sogar.«

»Hat er Anschluss gefunden? Die Skandinavier gelten als eher zurückhaltend.«

»Er hat sogar eine Freundin.« Norbert blickte über die Schulter zu Edelgard.

»Nichts Festes«, beeilte die sich anzumerken. »Das hat sich ja geändert. Heute ist man nicht gleich für sein restliches Leben zusammen, nur weil man einige Male miteinander ausgeht.«

Norbert schwieg dazu. Stattdessen fragte er Marja, wie es ihr in Sankt Petersburg gefallen habe.

»Eine großartige Stadt! Meine Freundin hat Glück, dort eine Weile zu arbeiten.«

»Will sie denn wieder nach Deutschland zurück?«

»Ihre Stelle an der Uni ist zeitlich begrenzt. Sie könnte, wenn sie wollte, verlängern. Aber ich habe den Eindruck, da gibt es jemanden zu Hause, der sich freut, wenn sie zurückkommt. Ist Julians Stelle eigentlich ebenfalls befristet?«

Norbert verneinte.

Als sie vom Parkplatz fuhren, bemerkte Edelgard die junge Frau, die ihnen auf der Fähre vor ihrer Kabine begegnet war. Sie hatte keinen Koffer, noch nicht einmal eine Reisetasche bei sich. Seltsam. Hatte sie in ihren Kleidern übernachtet? Immerhin schien es ihr, jetzt, wo sie wieder festen Boden unter den Füßen hatte, bereits besser zu gehen. Sie schlich nicht mehr so kraftlos dahin wie vorhin auf dem Schiff.

»Wie war die Fahrt mit der Fähre?«

»Fabelhaft. Es gefiel mir ganz außerordentlich. Kein Vergleich mit einem Flug, bei dem man sich in die Obhut eines Piloten begibt.« Norbert lächelte. »Alles war so sauber. Die Kabine, die Betten, wirklich tipptopp.«

»Wie in einem guten Hotel.«

Norbert ignorierte galant den Hüpfer, zu dem Marja das Auto soeben provoziert hatte. Die Umstellung von Automatik auf Schaltgetriebe war ihr nicht wirklich gelungen. Um ein Haar wäre er mit dem Kopf gegen die Decke gestoßen. Sie schaltete hart und nahm den Fuß zu schnell von der Kupplung. Der Motor revanchierte sich mit lauten Geräuschen.

»Haben Sie schon etwas von Tallinn gesehen?«

»Um ehrlich zu sein: Nein. Ich bin gestern Abend angereist, habe das Auto übernommen und bin damit zum Hotel gefahren.«

Gehopst, dachte Norbert bei sich, sprach es aber nicht aus.

»Wir wohnen übrigens in unmittelbarer Nähe zur Altstadt. Wir können also zu Fuß dorthin gehen.«

»Nicht schlecht.« Norbert bemühte sich, seine Mimik nicht in Erleichterung abgleiten zu lassen. Solange er zu Fuß ging, blieb er von Marjas Fahrkünsten mit diesem Mietauto verschont. Zur Not konnten sie nach der Besichtigungstour mit dem Taxi ins Hotel zurückfahren.

Wenig später, schlendernd durch die Altstadt Tallinns, staunten sie über den mittelalterlichen Kern der Stadt. Der war nämlich außerordentlich gut erhalten. Die gepflasterten Straßen und Gassen wurden von hervorragend restaurierten Fassaden gesäumt, die dem Aussehen nach dem Mittelalter oder immerhin der Frühen Neuzeit zuzuordnen waren. Sie begegneten einer Gruppe in mittelalterlichen Kostümen, die Werbung für eine Veranstaltung machte.

»Deutschordensritter«, kam es von Marja.

»Die waren hier sehr präsent.« Norberts Lieblingsfach in der Schule war Geschichte gewesen. Wann immer es ging, glänzte er mit seinen Kenntnissen. »Die Stadt hieß auf Deutsch ›Reval‹. Es gibt natürlich Spuren dieser Vergangenheit.« Er zeigte auf das Wort »Peppersack« an einer mittelalterlichen Fassade. »Aus sowjetischer Zeit hingegen findet sich wenig. Erst 1990 erlangte das gesamte Baltikum seine Freiheit.«

Bevor er weiterparlieren konnte, lenkte Edelgard in Befürchtung eines ausufernden Monologes das Gespräch um. »Was wir für ein Glück mit dem Wetter haben!«

»In der Tat! Gestern, als ich mit dem Flieger landete, hat es hier genieselt. Bis abends!«

An einer besonders schönen Stelle der Stadtmauer, von der aus im Hintergrund der Hafen und einige sehr große Schiffe zu sehen waren, stellte sich Edelgard in Positur. »Machst du ein Foto von mir?«, bat sie ihren Mann.

Bevor Norbert den Auslöser seines Smartphones betätigen konnte, drängte eine fremde Frau Edelgard grob zur Seite und stellte sich auf ihren Platz. »It's my place!«

»Bitte?«

»It's my place.« Die Frau änderte wie auf Knopfdruck ihren unfreundlichen Gesichtsausdruck und lächelte ihrer Begleitung, die gerade dabei war, sie abzulichten, honigsüß entgegen.

»Das gibt's doch nicht«, empörte sich Edelgard. »Ein Benimmkurs war im Paket dieser Rudelreise offenbar nicht enthalten.«

Nachdem die energische Frau endlich den begehrten Platz frei gemacht hatte, rückte Marja neben Edelgard und drückte Norbert ihr eigenes Smartphone in die Hand. »Machen Sie für mich bitte auch eines von uns beiden?«

Später saßen sie im ältesten Kaffeehaus von Tallinn. Edelgard bestaunte die Einrichtung.

»Seit 1864 existiert dieses Café schon. Auf Deutsch heißt es ›Leckermaul‹«, wusste Norbert.

»Berühmt ist es für sein Marzipan«, ergänzte Edelgard. »Angeblich wurde es hier erfunden. Aber das nehmen die Lübecker ebenfalls für sich in Anspruch.« Ihr Mann sollte nicht denken, dass sie nicht auch den Reiseführer gelesen hatte. Dann wandte sie sich an Marja: »Die Frau, nach der Sie suchen, soll in Tallinn leben?«

»Zumindest der bruchstückhaften Erzählung meiner alten ehemaligen Nachbarin nach. Sie erwähnte in den letzten Wochen immer wieder eine Freundin, mit der sie angeblich gespielt habe. Ich werde mich nach dem Cafébesuch deshalb auch für heute von Ihnen verabschieden und eine Kontaktperson treffen. Eigentlich müsste es in alten Kirchenbüchern Aufzeichnungen von früheren Bewohnern der Stadt geben.«

»Wenn Sie die Freundin der Frau gefunden haben – was erwarten Sie?«

»Ich hoffe, dass sie noch lebt. Immerhin ist meine Nachbarin schon ziemlich alt. Es könnte sein, dass sie bereits verstorben ist. Oder ebenfalls dement und sie zu fragen nichts bringt.«

»Sie haben nur den Namen und diese Stadt hier, sonst nichts?«

Marja nickte. »Das ist alles an Anhaltspunkten.«

»Was denken Sie, welche Geschichte sich dahinter verbirgt?«

»Nun ja …« Marjas Smartphone machte sich bemerkbar. »Entschuldigen Sie bitte.« Sie zog es heraus und nahm den Anruf entgegen. Sie sprach englisch. Als sie aufgelegt hatte, schnappte sie sich ihre Tasche. »Wird wohl nichts mit dem Kuchen für mich. Ich muss sofort los. Wir sehen uns heute Abend im Hotel.«

»Aber wo fahren Sie hin? Wollen Sie uns nicht die Adresse geben, zu Ihrer Absicherung? Wenn Sie sich bis zu einer bestimmten Uhrzeit nicht wieder melden, kommen wir Ihnen mit einem Taxi hinterher.« Edelgard fasste sie am Arm.

Marja winkte ab. »Ich treffe mich mit einem Priester!«

Schon war sie weg.

»Hoffentlich weiß sie, was sie tut.« Norbert stach die Gabel in sein Stück Torte. Während er genüsslich den Bissen im

Mund schmelzen ließ, griff er nach Marjas Teller. »Wäre doch schade, wenn das stehen bleibt.«

Edelgard nippte an ihrem Tee. »Da machen wir uns beide dieselben Sorgen. Priester ist ein Beruf, hinter dem sich lediglich ein Mensch verbirgt. Auch in dieser Sparte tun sich mitunter Abgründe auf, denk nur an die schrecklichen Missbrauchsskandale.«

»Mord, Totschlag … Deine Fantasie geht mal wieder mit dir durch. Hast du vor dem Einschlafen wie üblich einen deiner Krimis gelesen?«

Edelgard nahm die Zuckerzange vom Tisch auf und spielte damit. »Ich hoffe, wir sehen Marja heil wieder.«

Sie trafen sich abends in einem der zahlreichen gemütlichen Restaurants der Altstadt. Zu Edelgards Erleichterung war Marja ziemlich vital und zeigte keine Spuren von erlittener Gewalt. Ganz im Gegenteil sprühte sie geradezu vor guter Laune.

»Ihre Sorge war völlig unbegründet«, berichtete sie eifrig. »Der Priester, der mir Einblick in die Kirchenbücher gewährte, war ein herzensguter Mensch. So einer, von dem man denkt, der hat genau den richtigen Job für sich gewählt. Für den ist das, was er macht, seine Berufung.«

»Haben Sie etwas herausgefunden?«

»Den Namen der Freundin der alten Dame habe ich mit seiner Hilfe tatsächlich finden können. Ihren eigenen Namen jedoch nicht. Ich war dann bei der angegebenen Adresse, in der – zugegebenermaßen geringen – Hoffnung, dass die angebliche Freundin aus Kindertagen dort noch zu treffen ist.«

»Nach so langer Zeit soll sie immer noch am selben Ort wohnen?«

»Wieso nicht? Auch bei uns gibt es welche, die an ihrem Geburtsort sterben, den sie zeitlebens nicht verlassen haben, und in das Grab kommen, welches seit Jahrzehnten für sie reserviert ist. Die kommen nie heraus aus ihrem Dorf oder ihrem Stadtteil. So in etwa waren meine Gedanken, als ich dorthin aufbrach. Aber Fehlanzeige! Immerhin habe ich jemanden getroffen, der sich an den Namen erinnerte. Die Familie sei vor langer Zeit nach Riga umgezogen und Dana habe geheiratet.«

»Riga! Da wollen wir sowieso hinfahren.«

»Ganz genau. Wenn wir dort sind, sehe ich weiter. Ich entscheide mich heute für Pizza. Und Sie?«

»Wenn wir schon mal hier sind … Ich weiß nicht. Pizza kann ich auch zu Hause essen.« Norbert tippte auf die Karte. »Hasenleber mit Pilzen. Ich denke, das nehme ich.«

»Leber?«

»Die hat mir Mutti oft gebraten. Bei dir krieg ich so was ja nie.«

»Das gesamte Haus riecht danach, wenn man die macht. Tagelang.« Edelgard rümpfte die Nase. »Der Geruch ist beinahe so penetrant wie der, wenn man Schweinebauch für Schmalz auskocht.«

»Dann passt es doch super, wenn ich die hier im Restaurant esse. Dann muss ich immerhin nicht frieren, weil du sämtliche Fenster aufreißt. Genauso, wie du es immer tust, wenn ich an Aschermittwoch Schnecken in Butter esse. Da beschwerst du dich auch jedes Jahr. Dabei ist das dort, wo wir zur Schule gegangen sind, eine Tradition. Mutti hat mir zu Beginn der Fastenzeit immer Schnecken angeboten. Seit wir verheiratet sind, muss ich mir die nach Muttis Anleitung per Telefon selbst zubereiten, weil du dich weigerst, es zu tun.«

»Lüften ist gut für das Raumklima! Außerdem muss man nicht alles essen, nur weil es irgendwo angeblich so üblich ist. Nie im Leben würde ich Schnecken essen. Genauso wenig wie Würmer!« Edelgard schüttelte sich demonstrativ.

»Apropos Telefon. Mutti ruft kaum noch an. Fällt dir das nicht ebenfalls auf, Edelgard? Sie wird hoffentlich nicht krank sein? Ob du vielleicht mal bei ihrer Nachbarin anrufen solltest, um sie zu bitten, nach ihr zu sehen?«

Edelgard unterdrückte mit Mühe ein wissendes Lächeln. »Mach dir keine Sorgen. Wie ich erst kürzlich von ihr erfahren habe, war sie beim Gesundheitscheck. Sie hat Topwerte! Deine Mutti wird mindestens 100 Jahre alt. Dann kannst du ihr Foto in der Zeitung bewundern, wie der Bürgermeister ihr die Hand schüttelt und einen Blumenstrauß überreicht. Mit etwas Glück darfst du dich vielleicht dazugesellen und den Geschenkkorb halten. Dann kommst du auch endlich mal in die Presse.«

»Du telefonierst mit Mutti?«

»Hin und wieder, ja. Wir tauschen Rezepte aus. Schließlich sollst du dich bei mir mindestens so wohlfühlen wie bei ihr.«

Marja grinste. »Also, meine Schwiegermutter ist echt toll. Die mischt sich überhaupt nicht in die Beziehung zu meinem Mann ein. Allerdings hat sie insgesamt vier Kinder. Der jüngste Sohn wohnt sogar noch bei ihr. Ich habe den Eindruck, sie wäre ganz froh, wenn der auch endlich aus dem Haus wäre und sie wieder mehr Zeit für sich selbst hätte. Wenn er nicht bald von selbst geht, kriegt er vermutlich einen kleinen Schubs, damit er sein Hotel Mama verlässt.«

Edelgards Ansicht nach hatten sie sich nun genug über ihre Schwiegermütter ausgetauscht. Sie wechselte das Thema. »Übrigens, Marja, wir sind heute an den Drei Schwestern vorbeigekommen. Wenn wir in Riga sind, möchte ich die Drei Brüder anschauen.«

»Drei Schwestern, drei Brüder?«

Endlich konnte Edelgard mit etwas glänzen, das Marja nicht kannte. »Drei Schwestern, das ist ein über 500 Jahre altes Häuserensemble in der Altstadt von Tallinn. Heute ist ein Fünf-Sterne-Hotel darin untergebracht.«

»Verstehe.« Marja nickte. »Dann sind die Drei Brüder sicher auch ein Gebäudekomplex.«

Edelgard nickte ebenfalls.

»Wie viele Sterne hat eigentlich unsere Unterkunft?«, wollte Norbert wissen.

»Drei. Das ist gediegen. Wir wollen schließlich Geld übrig haben, um schön essen zu gehen, nicht wahr, mein Schatz?« Edelgard tippte auf die Karte. »Ich nehme Pizza, so wie Marja. Mit Käse und Rucola. Bestellst du mir eine mit, Norbert? Ich verschwinde mal kurz.«

Sie erhob sich von ihrem dunkel gebeizten Stuhl, der mit mehreren anderen um einen runden Tisch stand. Der Weg zur Toilette, entlang rau verputzter Wände, führte Edelgard an der Küche vorbei. Die Tür war nur angelehnt. Sie vernahm die Stimmen zweier Frauen.

»Lass uns Deutsch sprechen, dann verstehen uns Piret und Maie nicht.«

»Was sollen sie denn nicht mithören?«

»Ich war auf der Fähre …«

»Das weiß ich. Du hast deine Schwester besucht. Wie geht es ihr?«

»Sie hat eine gute Stelle gefunden.«

»Aber dich bedrückt doch etwas? Das bemerke ich schon den ganzen Abend über. Was ist los mit dir?«

»An Bord habe ich an einer der Bars einen Mann kennengelernt.«

»Deinem Gesichtsausdruck nach war es aber keine schöne Begegnung?«

»Ich schwöre dir bei der Muttergottes, dass ich etwas darum geben würde, ihn nicht getroffen zu haben. Das kannst du mir glauben.«

»Wieso? Was ist passiert?«

»Er hat mich …«

»Sorry!« Eine mollige Frau drängte sich an Edelgard vorbei und rempelte sie an.

Edelgards Wangen färbten sich rot, während sie den Weg frei machte. Die Frau hatte sie prompt beim Lauschen erwischt. Wie peinlich!

Der Frau folgte eine weitere. Zu zweit drängten sie in den Toilettenvorraum, wo sie sich auf Englisch unterhielten. Ihrer Aussprache nach handelte es sich um zwei Urlauberinnen aus Amerika. Edelgard hoffte, sie nahmen es – genauso wie ihr vormaliger Präsident, der Wurzeln in Deutschland hatte – mit Umgangsformen nicht so genau und fanden ihr Verhalten nicht merkwürdig.

Edelgard sah sich rasch um, ob sich noch weitere Gäste auf dem Gang befanden, und hoffte, nicht bereits etwas Wichtiges von dem Gespräch in der Küche verpasst zu haben. Sie horchte erneut an der nur angelehnten Tür.

»Das hat sich längst verflüchtigt. Diese Tropfen wirken nur ein paar Stunden. Man kann nichts mehr nachweisen. Das liest man immer wieder, wenn über so etwas berichtet wird.«

»Und sonst?«

»Du meinst, ob ich blaue Flecken habe?«

»Er wird … nun ja, Spuren hinterlassen haben. Du weißt, was ich meine.«

»Was ist, wenn er ein Kondom benutzt hat? Ich kann mich doch an nichts erinnern! Aber ich gehe davon aus, dass er eins benutzt hat. Jedenfalls gibt es dann keine Spuren. Außerdem habe ich gründlich geduscht, als ich zu Hause war.«

»Was wirst du tun?«

»Das Schwein soll büßen. Überlässt du mir seinen Tisch?«

»Was hast du vor?«

»Frag nicht. Je weniger du weißt, umso besser für dich. Glaub mir.«

Es folgte das Geräusch von Schritten.

Edelgard verdrückte sich schnell in den Toilettenvorraum, wo eine der beiden Damen, die sich vorhin an ihr vorbeigepresst hatten, sich die Hände wusch.

»Where do you come from?« Sie lächelte dem Spiegelbild der Frau zu, während sie ihr über die Schulter blickte.

»Michigan. We are doing Europe.«

»Oh, that's nice. Are you driving to Heidelberg as well?«

»Heidelbööörg! Yes! We will see it the day after tomorrow.«

Die zweite Amerikanerin kam aus der Toilette.

»Nice to meet you.«

Edelgard betrat die Toiletten-Kabine. Es war ihr ziemlich unangenehm, von den beiden vorhin beim Lauschen erwischt worden zu sein. Durch die kleine Konversation eben war es ihr, so hoffte sie, gelungen, einen positiven Eindruck bei den Frauen zu hinterlassen.

Als kurz danach die Bedienung an ihren Tisch kam, erkannte sie die junge Frau von der Fähre, die auf sie und ihren Mann seekrank gewirkt hatte.

»Sie können auf Deutsch bestellen, wenn Sie mögen.«

»Sie sprechen unsere Sprache hervorragend!«

»Ich habe ein paar Jahre in Deutschland gearbeitet. In einem Restaurant. Etliche hier bei uns sprechen Deutsch.«

»Wo haben Sie denn gelebt?«

»In Rostock. Es war eine gute Zeit. Aber jetzt bin ich wieder hier.« Sie wirkte fahrig, als sie das sagte. So, als ob sie mit ihren Gedanken nicht wirklich bei dem Gespräch wäre.

Als sie sich von ihrem Tisch entfernte, hörte Edelgard, wie die andere Frau, deren Stimme sie belauscht hatte und die jetzt hinter der Theke stand, fragte: »Hast du alle Lämpchen aufgefüllt? Das Ethanol ist nämlich leer. Komisch. Ich dachte, ich hätte erst welches eingekauft …«

»Vielleicht irrst du dich.«

Norbert hatte auf der Speisekarte eine weitere Spezialität entdeckt und wollte sie unbedingt probieren. Die beiden
Frauen schlossen sich neugierig an diese kulinarische Beson-
derheit seiner Bestellung an. Eine kalte Rote-Bete-Suppe, serviert mit einem Klecks Sauerrahm und einer heißen Kartoffel.

Edelgard überschlug den Kaloriengehalt des Gerichtes
und kam auf ein erträgliches Maß. »Gerne. Ich finde ebenfalls, das klingt so, als ob sie sehr gut munden könnte. Was
meinen Sie, Marja?«

Aber Marja war in Gedanken schon wieder bei ihrer aktu-
ellen Recherche. »Es wäre famos, die alte Frau anzutreffen.
Hoffentlich ist sie noch am Leben. Und ansprechbar. Also,
ich meine damit, nicht dement. Dass sie noch versteht, was
ich zu ihr sage, und sich an früher erinnert.«

Edelgard nickte. Norbert bestellte sich ein weiteres Bier.
»Man könnte glauben, die hätten die Kunst des Brauens hier
erfunden! Süffig, süffig. Vor allem das dunkle Bier!«

Die Wartezeit nutzte er, um nun seinerseits auf die Toilette
zu gehen. Als er zurückkam, beschwerte er sich. »Im Wasch-
raum liegt ein Mann. Sturzbetrunken. Ich musste regelrecht
über ihn drübersteigen, um in die Kabine zu gelangen. Der
weicht keinen Millimeter zur Seite.«

»So voll ist der?«

»Sternhagelvoll. Zu viel getankt.«

»Komisch, hier gibt es doch nur Bier und Wein an Alkoho-
lika. Wird man davon derart betrunken? Während der kurzen
Zeit, die man für ein Abendessen benötigt? Da muss man schon
eine ordentliche Menge konsumieren. Sollten wir nicht jemandem Bescheid sagen? Womöglich braucht der Mann Hilfe.«

»Du hast natürlich recht, Edelgard. Sicherheitshalber sollten wir nach ihm sehen.«

Marja war bereits aufgestanden. Bei den Toiletten angekommen, riss sie die Tür auf. »Wir müssen ihn in die stabile

Seitenlage hieven. Falls er sich übergibt. Damit er nicht an seinem Erbrochen erstickt«, erklärte sie Norbert, der ihr gefolgt war. Sie gab ihm genaue Anweisungen, was er zu tun hatte.

Norbert mühte sich ziemlich ab in dem Bestreben, alles richtig zu machen, und kam dabei ins Schwitzen. Der Mann war mindestens 1,90 groß. Stabil gebaut war der obendrein. Norberts Wangen röteten sich vor Anstrengung, er atmete schwer. »Sollten wir nicht lieber einen Arzt holen?«

»Am besten, wir geben der Bedienung Bescheid, damit sie einen ruft! Mann, der ist echt total zu. Als ob er in ein Fass mit Bier gefallen ist. Welche Menge muss man eigentlich trinken, um so hackedicht zu werden? Bei der Größe und dem Gewicht?« Marja wunderte sich.

Edelgard, die inzwischen ebenfalls die Toilettenräume erreicht hatte, erkannte den Mann. »Der war mit uns auf der Fähre. Dort ist er mir auch schon aufgefallen, weil er sich am Geländer festhalten musste. Es gibt Leute, die wissen einfach nicht, wann sie genug haben.« Sie drehte den Wasserhahn auf, ließ kaltes Wasser in ihre hohle Hand laufen und schüttete es dem auf dem Boden Liegenden ins Gesicht. Dies wiederholte sie mehrmals.

Schließlich öffnete der Fremde die Augen, rappelte sich hoch und blickte erstaunt auf die drei Menschen, die ihn umringten. Nachdem er sich mühsam in Sitzhaltung gebracht hatte, umklammerte er mit beiden Händen den Rand des Waschbeckens und zog sich langsam daran hoch. Er lehnte sich stöhnend an die Wand.

Als Edelgard ihre Hand auf seinen Arm legte, schlug er sie grob weg.

»Hallo? Geht's noch? Wir wollen Ihnen helfen!«

Der Mann presste ein Wort zwischen seinen Zähnen hervor.

»Ist das Russisch?« Edelgard wandte sich an Marja.

»Keine Ahnung. Jedenfalls handelt es sich dem Tonfall

nach nicht um Freundlichkeiten. Estnisch ist es, glaube ich, nicht. Das soll ja dem Finnischen sehr ähnlich klingen.«

Der Mann straffte sich, atmete tief ein, blickte sich aggressiv um und zog dann langsam, allerdings mit ziemlich unsicheren Schritten, von dannen.

»Sollen wir jetzt noch einen Arzt rufen?«, fragte Edelgard.

»Iwo. Der schläft seinen Rausch irgendwo aus, dann ist der wieder fit.«

»Wahrscheinlich muss er mehrere Tage durchschlafen, bis seine Leber sich regeneriert.«

»Nicht nur die Leber. Bei zu viel Alkoholgenuss gehen auch mächtig viel Gehirnzellen flöten.«

Die drei nahmen wieder Platz an ihrem runden Tisch. Edelgard bemerkte, dass die junge Frau, die ihr bereits auf der Fähre aufgefallen war, mit entschlossenen Schritten nach draußen eilte. Sollte sie mit Marja und Norbert über das, was sie vorhin mitgehört hatte, reden? Vielleicht war es besser, es vorerst für sich zu behalten.

Am nächsten Morgen checkten die drei nach dem Frühstück aus ihrem Hotel aus. Sie würden nach Riga weiterreisen, das ebenfalls direkt an der Ostsee lag. Als sie an Tallinns Hafen vorbeifuhren, waren Marja und Norbert gerade damit beschäftigt, das Ziel ins Navigationsgerät einzugeben und die beste Route zu besprechen. Edelgard blickte derweil aus dem Fenster und bemerkte zu ihrem Erstaunen einige Taucher, die dabei waren, sich umzukleiden. In einen danebenstehenden Krankenwagen wurde gerade eine Tragbahre geschoben. Die Person darauf war bis über den Kopf hinweg mit einem weißen Laken bedeckt. Dem Anschein nach war sie ziemlich groß, so an die zwei Meter lang, schätzte Edelgard. Vermutlich war da einer alkoholisiert ins Hafenbecken gefallen und ertrunken. So etwas kam immer wieder vor, auch bei ihnen in Deutschland. Edelgard lehnte sich zurück. Sie dachte an die Frau auf der Fähre und an das belauschte Gespräch im Restaurant. Sie beschloss spontan, dass es Situationen im Leben gab, in denen es angemessen war, gewisse Dinge für sich zu behalten.

VON EINER, DIE AUSZOG, IHR GLÜCK ZU SUCHEN
(RIGA, LETTLAND)

»Die Spur führt nach Riga?«

»Genau, in die lettische Hauptstadt. Dieser nette Priester hatte mir eine alte Adresse herausgesucht und dort bekam ich von ehemaligen Nachbarn eine Anschrift in Riga genannt.«

»Wie haben Sie sich mit denen verständigt?«, wollte Norbert wissen.

»Auf Englisch.«

»Die Adresse ist direkt in der Stadt?«

»Ja. Riga ist übrigens die größte Stadt im Baltikum.«

»Hoffentlich haben Sie Glück und finden die Frau.«

Norbert saß wie üblich vorne auf dem Beifahrersitz. Er verzog keine Miene mehr über Marjas Fahrstil. Zumindest ließ er sich nichts anmerken und blieb gelassen, wenn das Auto während des Schaltvorgangs beim Kuppeln einen winzig kleinen Sprung nach vorne machte. Immerhin schaltete sie jetzt früher und fuhr nicht mehr so oft zu hochtourig. Im Vergleich zu den Einheimischen verhielt sie sich sehr defensiv. Die gut ausgebaute Straße lag parallel zur Küste der Ostsee. Sie fuhren an satten Wiesen mit Schaumkraut und Feldern mit Raps und Getreide entlang. Vereinzelt standen schlanke Birken.

»Wie schnell darf man hier eigentlich fahren? Ich habe gänzlich vergessen, nachzuschauen.«

Norbert kramte nach seinem Reiseführer und blätterte darin. Er schielte nach dem Tacho. »Sie fahren genau richtig. So schnell, wie Sie jetzt fahren, ist die Höchstgeschwindigkeit.«

»Na, dann! Oliver, mein Mann, sagt immer, ich habe Benzin im Blut.«

Hierzu schwieg Norbert diplomatisch.

»Wieso ist er eigentlich nicht mitgekommen?«, fragte Edelgard auf der Rückbank, die Norberts Schweigen mit einem innerlichen Grinsen quittierte.

»Das hier ist weniger Urlaub für mich, sondern eine Recherchereise. Zu solchen begleitet mein Mann mich grundsätzlich nicht. Sobald ich im Hotelzimmer bin, tippe ich auf meinem Laptop und habe keine Zeit für ihn. Urlaub stellt er sich, glaube ich, anders vor. In Sankt Petersburg, meiner ersten Station, war ich bei meiner Freundin, da wollte er bei unserem Mädelszusammensein nicht das dritte Rad am Wagen geben. Zum Ausgleich verreist er hin und wieder ohne mich mit Freunden aus seiner Studienzeit. Zu einem Fußballspiel oder so. Das ist nicht wirklich mein Ding. Ganz ehrlich, ich finde es für ein Paar nicht schlecht, mal alleine loszuziehen. Oliver freut sich richtig darauf, wenn ich wieder bei ihm bin. Glauben Sie mir, das bringt frischen Wind in das Beziehungsleben!«

Edelgard sagte nichts dazu. Sie und ihr Mann verreisten immer zu zweit. Sogar bei den Fahrten ihres Chores begleitete er sie. Bei früheren Reisen hatte sie sich ausgemalt, wie es wäre, Norbert loszuwerden und als Witwe nach Hause zurückzukehren. Derzeit hatte sie diesen Vorsatz ad acta gelegt. Aber wer wusste schon, was man sich morgen wünschte? Das Leben war unberechenbar und unvorhersehbar, so viel war Edelgard mittlerweile klar. Denn frei nach Brecht brachte das viele Pläneschmieden ohnehin nichts, meist kam es völlig anders, als man selbst dachte. Es gab Faktoren, die konnte man nicht beeinflussen, denen war man schicksalhaft ausgeliefert. Von daher war es komplett überflüssig, allzu viel im Voraus zu planen. Es konnten sich völlig neue Szenarien ergeben, die neue Strategien erforderten. Wie hatte einst einer ihrer Lehrer an der Schule gesagt? Man müsse sein Leben so planen, als würde man 80 Jahre alt werden, aber trotzdem dabei stets im Hinterkopf behalten, dass es auch früher enden oder die Rahmenbedingungen sich plötzlich ändern könnten.

Als Norbert anmeldete, austreten zu müssen, lenkte Marja das Auto auf den Parkplatz der nächsten Tankstelle. Während die beiden Frauen auf ihn warteten, fuhr ein Motorrad mit der Aufschrift »Politsei« auf den Platz. Da Marja auf ihrem Smartphone daddelte, nutzte Edelgard die Minuten, um sich ein wenig die Beine außerhalb des Autos zu vertreten. Der Polizist holte eine Styroporbox mit Fastfood aus der Tankstelle. Als er zurückkam, hatten zwei weitere Motorradfahrer ihre Maschine auf dem Parkplatz abgestellt. Sie interessierten sich für sein Gefährt und er erläuterte auskunftsfreudig die Funktionen seines Equipments. Unter anderem führte er das Einlegen eines Tablets auf der Lenkeinrichtung vor, mit dem er verschiedene Aufgaben von unterwegs aus erledigen konnte. Edelgard guckte ihm neugierig über die Schulter.

Norbert kehrte zurück. »Edelgard, sei nicht derart aufdringlich. Am Ende verhaftet dich der Herr noch.«

Der Polizist hob beschwichtigend die Hände und lächelte. Es wirkte so, als habe er verstanden, was Norbert meinte. Edelgard lächelte zurück. Ihr Faible für Krimis weckte auch ihr Interesse an der Polizei und ihrer Arbeit. Sie stellte sich ihre Aufgaben aufregend vor. Am liebsten hätte sie dem Mann selbst ein paar Fragen gestellt. So hätte sie zum Beispiel gern gewusst, ob er von unterwegs aus auch Halterabfragen machen konnte und Adressen mitgeteilt bekam.

»Komm schon, lass uns weiterfahren.« Norbert hielt ihr die Tür auf, wobei er auf die Straße blickte und begeistert ausrief: »Seht ihr die tollen Oldtimer?«

»Da waren vorher schon einige. Ich habe den Text ihrer extravaganten Aufkleber soeben in eine Suchmaschine eingegeben. Sogar hier haben wir Zugang zum Netz! Das gesamte Baltikum ist in puncto Digitalisierung viel weiter als Deutschland. Bei uns gibt es leider noch viel zu viele Gegenden, in denen man kein Internet hat. Oder nur schleichend langsames.«

»Haben Sie etwas herausgefunden über die Oldtimer?«, wollte Norbert wissen.

»Ja, habe ich. Es scheint eine Rallye mit alten Autos stattzufinden. Die Teilnehmer fahren eine Strecke nach, die genau so 1907 absolviert wurde. Insgesamt dauert das 36 Tage.«

»Tollkühn.« Norbert war sichtlich beeindruckt, als er mit anerkennendem Blick die nächsten zwei besonders schönen Oldtimer ausmachte.

»Na denn, wenn wieder alle an Bord sind, fahren wir weiter.« Marja steckte ihr Smartphone wieder weg.

Edelgard entdeckte am Straßenrand Schilder, die vor dem Überqueren durch Elche warnten. »Wie in Schweden!«

»Aber nicht in Stockholm, wo Sie waren, oder? Es laufen ja sicher keine Elche durch die Stadt«, entgegnete Marja.

»Nein, dort nicht. Aber diese Schilder kann man überall kaufen. Auch in Stockholms Altstadt, Gamla Stan. Dort reiht sich ein Souvenirshop an den nächsten. Übrigens, ich habe mir da einen tollen Hut gekauft! Habe ich völlig vergessen, ihn zu zeigen.«

»Sagenhaft toll. Meine Frau sieht damit aus …«

Edelgard bohrte ihrem Mann mit dem Zeigefinger ins Schulterblatt. »Bloß weil du dich in Modedingen nicht auskennst, berechtigt dich das nicht, über meinen Hut zu lästern.«

Norbert ging darauf nicht ein, sondern strich sich mit der flachen Hand über seine Wangen. »Allmählich fühle ich mich wie ein Kaktus. Seit wir aus Stockholm abgereist sind, habe ich mich nicht mehr rasiert.«

»Ihr Dreitagebart ist mir schon aufgefallen.«

»Mein Ladekabel für den Rasierer fehlt! Dabei bin ich mir sicher, es eingesteckt zu haben. In Stockholm habe ich den Apparat meines Sohnes benutzt.«

Edelgard guckte mit vorgetäuschtem Desinteresse aus dem Fenster. Sie wusste nämlich ganz genau, wo das Ladegerät lag. Schließlich hatte sie selbst es aus Norberts Kulturbeutel genommen, bevor er ihn in den Koffer gesteckt hatte.

»Ich habe in meinem ganzen Leben keinen Bart getragen!«, nörgelte Norbert.

»Also, wenn ich Ihnen das sagen darf, ich finde, er steht Ihnen. Ziemlich gut sogar.«

Norbert klappte die Sonnenblende herunter und besah sich im Spiegel. »Finden Sie? Wirklich?« Er wirkte verunsichert.

»Ehrlich. Das macht Ihr Aussehen markanter.«

Edelgard sog die Luft ein und hielt kurz den Atem an. Genau das fand sie nämlich auch. Bildete sie sich das ein oder wirkte Norbert sogar im Sitzen plötzlich zwei Zentimeter größer? Marjas Kompliment ging ihm offensichtlich runter wie Öl.

»Echt? Edelgard, dann lassen wir das mit dem Kauf eines neuen Ladekabels. Zu Hause kann ich mir immer noch überlegen, ob ich mich rasiere oder den Bart weiter trage.«

»Sie sollten ihn mit Bartöl pflegen. Das macht mein Mann auch.«

Bei ihrer Ankunft in Riga regnete es ein wenig. Der Himmel war mit grauen Wolken verhangen und wirkte auf eine besondere Art tragisch. Edelgard mochte diese Stimmung bei leichtem Nieselregen. Alles war möglich und der Ausgang offen: Es konnte aufhören zu regnen, es konnte aber auch ein Unwetter aufziehen. Es lag so etwas Unbestimmtes, nicht Vorhersehbares in der Luft. Und dann passierte genau nichts. Das Wetter schwenkte plötzlich um, die Wolken verzogen sich. Der Himmel war wie zuvor wieder heiter. Als ob es nie anders gewesen wäre, als ob nie ein möglicher Umschwung deutlich spürbar in der Luft gehangen hätte. Manches Mal glaubte man, Veränderungen zu erahnen, die dann nicht eintraten. Das Wetter kam ihr vor wie das Leben an sich. Es war in seinem Verlauf letztendlich nicht planbar.

Marja fuhr sogleich zu der Adresse, die sie in Tallinn ausfindig gemacht hatte. Sie lag am Rand von Riga.

Die drei verließen den Wagen.

»Was ist mit unserem Gepäck? Sollen wir das einfach so im Auto lassen?« Edelgard war verunsichert, da sie bei einer ihrer Reisen ihren Koffer eingebüßt hatte. Die Polizei hatte ihr wenig Hoffnung gemacht, ihn wiederzuerlangen, und genau so war es gekommen. Der Koffer blieb für immer verschwunden.

»Ach, kommen Sie. Es ist helllichter Tag!« Marja eilte bereits auf das Haus zu.

»Das war es beim letzten Mal auch!«

»Jetzt sehen Sie nicht derart schwarz. Ihr negatives Erlebnis muss sich doch nicht wiederholen. Den Hausnummern nach muss es das Hinterhaus sein.«

Seufzend kam ihr Edelgard hinterher. Norbert war bereits in dem Durchgang zwischen zwei Häusern mit Jugendstilfassade verschwunden.

Die drei betraten einen Hof, dessen Boden aus gestampftem Lehm bestand. Hier hinten war nicht alles so vorzeigbar renoviert wie auf der Vorderseite. Rundherum war der schätzungsweise 70 Quadratmeter große Platz von Häusern umsäumt. In die unteren Etagen konnte zu keiner Tageszeit Licht gelangen, wie sie schnell feststellten. Die Fenster im

Erdgeschoss waren vergittert. Sofort tippte Edelgard darauf, dass es hierfür sicherlich einen triftigen Grund gab, und hoffte, ihren Koffer bei der Rückkehr zum Auto noch vorzufinden. Bestimmt war hier schon des Öfteren eingebrochen worden. Rein aus Jux vergitterte wohl niemand seine Fenster und betrachtete das Treiben draußen lieber durch Eisenstäbe.

Marja ging auf die Klingelleiste des Hinterhauses zu und studierte die Namen. Sie wurde jedoch nicht fündig. Sie ließ ihren rechten Zeigefinger über den Klingelknöpfen kreisen und drückte schließlich einen beliebigen. Es dauerte eine Weile, dann kam aus der Haustür eine rundliche Frau in einem eleganten Kleid und mit Hochsteckfrisur. Was sie sagte, verstanden die drei nicht. »Sprechen Sie Deutsch?«, fragte sie, nachdem sie dies offenbar bemerkt hatte.

»Sie auch?« Edelgard war verblüfft.

»Ich war Lehrerin für die deutsche Sprache. So eine schöne Sprache! Ich liebe sie. Seit ich im Ruhestand bin, unternehme ich Führungen durch unsere Stadt. Viele unserer Besucher sind aus Deutschland. Wären Sie früher gekommen, hätten Sie teilnehmen können. Das hätte mich sehr gefreut! Vor einer Stunde war meine heutige Führung zu Ende. Leider habe ich jetzt keine Zeit mehr. Ich fahre in mein Ferienhaus auf dem Land, davor gilt es noch einiges zu erledigen. Es ist herrlich. Und das Licht!« Sie wies auf die ebenerdigen Fenster. »Dort habe ich es den ganzen Tag über hell. Und einen eigenen Garten! Alles, was ich brauche, baue ich dort selbst an. So eine Freude, Deutsche zu treffen! Ich höre so gerne Deutsch, müssen Sie wissen.« Sie strahlte.

Marja ergriff das Wort. »Wohnt hier eine Frau, die Dana heißt? Sie ist vor vielen Jahren aus Tallinn weggezogen.«

»Wie ist ihr Familienname?«

»Nach ihrem Umzug hat sie geheiratet. Wie sie seitdem heißt, weiß ich nicht. Sie muss heute schon über 80 Jahre alt sein.«

»Über 80! Ein stolzes Alter. Warten Sie, ich muss überlegen. Wolka wohnt hier schon sehr lange. Im Vorderhaus.« Sie rief zu einem der Fenster hoch. »Wolka! Wolka?«

Sie wandte sich an Marja. »Warten Sie hier. Sie hört ein wenig schlecht. Wahrscheinlich hat sie ihr Hörgerät abgelegt. Oder nicht ins Ohr gesteckt. Das traue ich ihr zu. Sie mag die Dinger nämlich nicht besonders, das hat sie mir schon oft gesagt. Ich gehe hoch zu ihr und frage sie. Laufen Sie nicht weg! Es wird einen Moment dauern, weil mich das Treppensteigen anstrengt.«

Ohne eine Antwort der drei Besucher abzuwarten, verschwand sie im Hinterausgang des Vorderhauses. Die Tür war morsch. Daneben befand sich eine schräge Luke, durch die man Vorräte in den Keller befördern konnte. Auf der lädierten Holzabdeckung lag eine Katze, die verschlafen schielte. Von ihrem linken Ohr fehlte ein Stück. Durch eines der gekippten Fenster im Obergeschoss waren bald zwei sehr laute Frauenstimmen zu vernehmen.

Es dauerte einige Minuten, dann kam die freundliche Frau zurück zu ihnen in den Hof. Sie hustete ein wenig. »Stellen Sie sich vor! Wolka erinnert sich an eine Dana. Sie war mit ihr befreundet, sagt sie. Aber wissen Sie, Wolka ist mit jedem gleich gut Freund. Sie ist so eine nette Person!« Die Frau lachte herzlich. »Also, Wolka sagt, diese Dana sei vor zehn Jahren hier weggezogen. Wissen Sie, es ist so: Man wird alt und dann kann man vielleicht nicht mehr alles so machen, wie man möchte und es gewohnt war. Die Menschen sind verschieden! Wolka hört zwar schlecht, aber sie versorgt sich immer noch selbst. Der Mann aus dem ersten Stock kauft die schweren Sachen für sie ein und trägt sie ihr hoch. Das funktioniert wunderbar. Also sie sagt, Dana sei zu ihrer Tochter gezogen. Anfangs hat sie ein paarmal geschrieben, dann nicht mehr. Wie das halt so ist, wenn man sich eine Weile nicht mehr gesehen hat.«

»Weiß Ihre Nachbarin, wo die Tochter wohnt?«

Die Frau nickte. »Zumindest, wo sie gewohnt hat, als ihre Mutter zu ihr gezogen ist. Habe es aufgeschrieben. Steht auf diesem Zettel.« Sie gab Marja die Notiz und winkte hoch zu Wolka, die ihre Unterarme auf ein Kissen gestützt hatte, das ihren Fensterrahmen ausfüllte.

Marjas Dank war echt. »Welch ein Glück, Sie hier zu treffen. Vielen Dank für Ihre Hilfe. Ich hätte mich gar nicht verständigen können.« Sie winkte ebenfalls nach oben.

Die Fremde umarmte sie. »Dazu sind wir Menschen schließlich da, um einander zu helfen. Wie würden wir sonst bloß immer alles überstehen? Wir in Riga wissen das, das können Sie mir glauben. Gehen Sie in das ›Eckhaus‹ hier in unserer Stadt, wenn Sie Zeit dafür haben. Dort ist im Okkupationsmuseum dokumentiert, wie uns der KGB jahrelang drangsaliert hat. Viel Glück für Sie drei!«

Marja kramte in ihrer Tasche und fischte eine Karte heraus. »Ich gebe Ihnen meine Kontaktdaten, für alle Fälle. Ich bin Journalistin und interessiere mich für alles. Deshalb suche ich auch nach Dana, wegen einer Geschichte, auf die ich in Deutschland gestoßen bin.«

»Sie meinen, Dana war in Deutschland?« Die Frau machte große Augen.

»Nein, sie selbst nicht. Aber vielleicht jemand, der sie kennt. Und wegen dieser Person würde ich gerne mit Dana reden.«

»Ah, so ist das. Verstehe.«

Marja reichte ihr zum Abschied die Hand. »Ihre Adresse«, sie zeigte zur Haustür, »kenne ich ja.«

»Inga. So heiße ich. Wenn ich mich bei Ihnen melde, wissen Sie, dass ich das bin.«

»Alles noch da«, stellte Edelgard fest, als sie bei ihrem Auto ankamen und einstiegen. Sie ignorierte, dass Norbert eine gespielt genervte Grimasse zog. »Was steht denn auf dem Zettel, den Ihnen die Frau gegeben hat? Also, die war ja wirklich außergewöhnlich nett.«

»Vilnius.«

»Ist das weit zu fahren?«

»Circa 300 Kilometer. Es ist die Hauptstadt von Litauen.«

»Es soll ganz toll dort sein«, schaltete Norbert sich ein.

Marja seufzte. »Überredet. Aber jetzt lassen Sie uns in das Hotel fahren, welches wir hier in Riga gebucht haben.«

Die Unterkunft war schnell erreicht und machte von außen einen hübschen Eindruck. Die Jugendstilfassade mit ihrem bemerkenswerten Bauschmuck wirkte aufwendig renoviert.

»In das Restaurant nebenan können wir abends essen gehen. Da müssen wir nicht so weit laufen und jeder von uns kann sich ein Bier genehmigen«, befand Norbert. »Meinetwegen auch zwei.«

»Nach dem Einchecken können wir erst mal die Stadt erkunden. Ganz in Ruhe, es hetzt uns ja niemand. Was halten Sie davon?« Marja parkte den Wagen am Straßenrand hinter einem staubigen Auto.

Einparken konnte sie wirklich gut, stellte Norbert bei sich fest. Es war ein dummes Klischee, dass Frauen das angeblich nicht beherrschten.

»Herder hat hier gelebt? Der große Denker Johann Gottfried Herder?« Norbert beäugte das Denkmal. »Ich hatte den der Stadt Weimar zugeordnet.«

»Da hat er ebenfalls gewirkt. Aber eben auch in Riga. Herder wurde in Ostpreußen geboren. Unter anderem beeinflussten ihn die Werke Martin Luthers. Riga trägt übrigens seit wenigen Jahren den Ehrentitel ›Reformationsstadt Europas‹.« Marja hatte sich einiges an Wissen über die Stadt angelesen und gab es nun zum Besten.

»Interessant.« Norbert stieg über das eher symbolische

Zäunchen und postierte sich vor der Büste. »Edelgard, machst du ein Foto?«

Ein Paar blickte missbilligend, was Norbert jedoch ignorierte. »Johann Gottfried. Einer der Wegbegleiter Goethes.«

Edelgard zückte ihr Smartphone und lichtete ihren Gatten ab. »Das sende ich gleich an Julian. Damit er sieht, was wir hier so erleben.«

»Wir sollten unbedingt zur Lettischen Nationalbibliothek. Zur Eröffnung wurden etliche der Bücher in einer Menschenkette von Hand zu Hand aus der alten in die neue Bibliothek weitergereicht.« Marja war sichtlich begeistert von der Buchaffinität der lettischen Bevölkerung.

»Das war bestimmt ein tolles Event! Schade, dass ich nicht dabei war. Ich hätte mich prompt beteiligt. Ich liebe Bücher ebenfalls sehr«, erklärte Edelgard schwärmerisch.

»Dann gehen wir jetzt bei den Drei Brüdern vorbei, das ist ein besonderes Häuserensemble im historischen Zentrum. Eines der Häuser ist das älteste der Stadt. Wir müssen über den Fluss, um zur Lettischen Nationalbibliothek zu gelangen. Sie soll, wenn auf unseren Reiseführer Verlass ist, architektonisch sehr beeindruckend sein. Zum Bahnhof müssen wir ebenfalls unbedingt. Dort ist der große Markt. Zum Teil im Freien, aber auch in Hallen untergebracht.«

»Hast du schon wieder Hunger, Norbert?«

»Wieso ich? *Du* wolltest Beeren kaufen. Heidelbeeren und Himbeeren. Die liebst du doch so.« Er tätschelte ihre Hand.

»Stimmt. Vielleicht auch Honig? Das ist so ein praktisches Souvenir. Man freut sich zu Hause darüber und schwelgt in Urlaubserinnerungen. Dabei stellt man sich nichts ins Regal, was verstaubt, weil man nämlich das Mitbringsel aufisst und dann ist es weg. Da fällt mir ein, ich muss etwas für die Nachbarin besorgen, die während unserer Abwesenheit unsere Blumen gießt. Ich weiß, dass sie Honig liebt.«

»Auf geht's! Dann haben wir heute ein straffes Programm vor uns.«

Die Markthallen waren jeweils thematisch geordnet. Nachdem sie an Ständen vorbeigeschlendert waren, die überbordend mit Obst und Gemüse gefüllt waren, fand Edelgard die Verkaufsstände mit Honig. Sie entschied sich für eine dunkle Sorte und erwarb drei Gläser. Norbert erstand bei einem Händler mit Kosmetikartikeln Bartöl, wozu ihn Marja ermutigt hatte. Sie bummelten weiter in die Halle mit den gastronomischen Einrichtungen. Als sie Platz genommen hatten, kam eine Frau auf sie zu. Es war Inga, die sie erst heute kennengelernt hatten. Sie wirkte ein wenig außer Atem und schleppte eine volle Tasche mit sich.

»So ein Zufall! Dass wir uns noch mal treffen!« Sie lächelte. »Ich habe so viel zu erledigen! Ich kann nun heute doch nicht wie von mir geplant in mein Haus auf dem Land fahren. Meine Tochter kommt überraschend zurück. So eine Freude. Ich hatte heute gar nicht mit ihr gerechnet.«

»Setzen Sie sich bitte zu uns.« Edelgard bot ihr einen der freien Stühle bei ihnen am Tisch an. »Dürfen wir Sie auf einen Kaffee einladen?« Sie winkte nach der Service-Kraft.

»Danke schön, gerne, das ist sehr nett von Ihnen.« Sie nahm schnaufend Platz. »Ich habe so gute Töchter«, geriet sie sofort wieder ins Schwärmen. »Wirklich, ich könnte mir keine besseren wünschen. Ich habe mit beiden großes Glück gehabt.«

»Sie haben zwei Töchter?«, fragte Edelgard nach.

Inga nickte. »Die ältere von beiden ist vor einigen Jahren nach Kanada gezogen. Sie ist Malerin.« Sie lächelte versonnen. »Und wirklich gut in dem, was sie macht. Sie lebt bei Toronto und hat dort sogar eine eigene Galerie, in der sie auch andere Künstlerinnen ausstellt. Ich habe sie noch nie besucht. Dabei würde ich so gerne einmal sehen, wie sie lebt.

Wenn sie auch Kinder haben, wissen Sie selbst, Mutter bleibt man ein Leben lang. Aber meine Erkrankung«, sie klopfte mit der flachen Hand auf ihren Brustkorb, »ist teuer. Stellen Sie sich vor, ich habe in meinem ganzen Leben nicht eine einzige Zigarette geraucht und ausgerechnet ich bekomme diese Lungenerkrankung! Sie ist chronisch und heißt COPD. Vielleicht haben Sie schon einmal davon gehört.«

Marja nickte. »Eine Nachbarin von mir leidet ebenfalls darunter. Sie steht jeden Morgen auf dem Balkon und hustet sich die Seele aus dem Leib.« Schnell bereute sie ihre vorschnell ausgesprochenen Worte. Sie kamen ihr, kaum dass sie ihrem Mund entschlüpft waren, taktlos vor. Hastig schob sie hinterher: »Nicht, dass es mich stören würde. Die Frau tut mir nur leid, wenn ich mitbekomme, wie sie sich derart quälen muss.«

»Der Husten ist schlimm, das stimmt. Vor allem morgens, gleich nach dem Aufstehen. Da muss man abhusten, das tut richtig weh, dann ist es ein wenig besser, zumindest für den Moment. Aber das ist es nicht, wovon ich ihnen erzählen wollte. Es ist so, dass man eine ganze Weile mit dieser Erkrankung leben kann, wenn man regelmäßig Medikamente nimmt und es nicht schlechter wird. Wer von uns ist schon in der Lage, in die Zukunft zu sehen? Niemand hat eine Kristallkugel. Auch wenn wir uns das oftmals wünschen würden. Vielleicht werde ich übermorgen von einem Auto überrollt. Dann ist es gleichgültig, ob ich diese COPD hatte oder nicht. Es spielt in diesem Moment einfach keine Rolle.«

»Wenn man vorsichtig lebt …«, warf Marja ein.

»Ich weiß, was Sie meinen. Was ich eigentlich sagen will, ist jedoch dies: Meine jüngere Tochter will es mir unbedingt ermöglichen, ihre Schwester Halina in Kanada zu besuchen. Am besten wäre natürlich für mich, wenn sie mitkäme und ich nicht alleine reisen muss.«

»Dürfen Sie mit Ihrer Erkrankung fliegen?«

Sie nickte. »Ja, das darf ich. Ich muss vorher Bescheid sagen, damit sie an Bord ein Sauerstoffgerät bereithalten, falls ich gesundheitliche Probleme bekomme. Weil die Luft dort oben dünner ist.« Sie wies mit ihrer Hand Richtung Himmel. Unwillkürlich folgten ihr die drei mit ihrem Blick.

»Verstehe. Worin liegt dann das Problem?«

»Ich kann mir die Reise nicht leisten, denn sie ist ziemlich teuer für meine Verhältnisse. Nun stellen Sie sich vor, was passiert ist! Agneta, so heißt meine jüngere Tochter, hat eine Stelle in Deutschland angenommen. Bei einem Ehepaar.«

Marja hatte spontan eine Vermutung. »Als Pflegerin?«

Die Frau winkte ab. »Nein, nein, sie pflegt niemanden. Das Ehepaar ist Mitte 50. Die beiden haben keine eigenen Kinder und wollen nicht immer alleine sein. Agneta ist so etwas Ähnliches wie eine Haustochter für sie. Sagt man das so? Sie organisiert dort den Haushalt, so kann man das nennen. Die haben nämlich ein ziemlich großes Haus mit ganz vielen Zimmern und einem riesigen Garten. Und sie sind ziemlich vermögend. Womit sie reich geworden sind, weiß ich nicht. Dass ist eigentlich auch egal, nicht wahr.«

»Waren Sie in Deutschland?«

»Nein. Aber sie haben Fotos geschickt, bevor Agneta aufgebrochen ist. Also an die Agentur, die sie vermittelt hat. Dort hatte sie wegen eines Jobs angefragt. Natürlich hat sie erst gedacht, die vermitteln nur Leute, die jemanden pflegen oder auf Kinder aufpassen. Es sind so viele aus unserem Land, die in Deutschland ihr Glück versuchen. Ein paar Jahre lang Geld verdienen, um dann wieder zurückzukommen und hier zu leben. Eine Wohnung kaufen, ein Stück Land. Ein Geschäft aufmachen. So etwas in der Art. Meine Tochter hat es gut getroffen mit diesen Leuten. Es sind gute Menschen. Richtig gute Menschen.« Sie führte ihre rechte Hand zunächst an die Stirn und dann an ihren Busen, um sich dreimal zu bekreuzigen. »Ich danke Gott dafür, dass er Agneta zu solchen Menschen geführt hat. Sie geben ihr viel Geld und nehmen sie mit auf große Reisen. Wir werden nicht nur gemeinsam nach Kanada fliegen, nein, es ist noch viel besser. Agneta wird ganz zurückkommen und sich hier eine Existenz aufbauen. Sie will Klavierunterricht geben und davon leben.« Inga strahlte.

»Das klingt gut. Freut mich für sie beide.« Marja griff nach dem Arm der Frau und tätschelte ihn. »Da haben Sie und Ihre Tochter richtig Glück.«

»Das kann man sagen! Ich trinke noch eben meinen Kaffee aus, dann mache ich die restlichen Besorgungen. Es ist eine Überraschung, dass Agneta heute zu Besuch kommt. Sie wird schon bald hier sein. Welch eine Freude!«

»Reist sie mit dem Flieger?«, fragte Marja.

»Sie hat eine Mitfahrgelegenheit gefunden. Ein Lkw. Der fährt durch von Hamburg bis hierher. Das kostet nicht viel. Agneta legt alles Geld für ihren Traum auf die Seite und würde nichts für einen Flug ausgeben. Aber jetzt muss ich weiter, damit ich alles schaffe, bis meine Kleine kommt. So ein Zufall aber auch, dass wir uns hier nochmals getroffen haben. Glauben Sie an Schicksal? Das hat bestimmt etwas zu bedeuten. Kann gut sein, nicht wahr? Ich wünsche Ihnen alles Gute! Auf Wiedersehen!« Die Freude, die sie bei diesen Worten ausstrahlte, war durch und durch echt. Sie griff nach ihrer prall gefüllten Einkaufstasche und erhob sich. Als sie ein paar Meter gegangen war, drehte sie sich nochmals um und winkte.

»Ich muss unbedingt zwei dieser Holzpuppen kaufen!« Marja tippte sich, als sie auf dem Gehweg neben der Straße standen, mit dem Finger an den Kopf. »Das darf ich auf keinen Fall vergessen! Die, bei denen mehrere ineinanderstecken.«

»Matrjoschka heißen die. Ich will ebenfalls eine.«

»Als Mitbringsel?«

Edelgard stutzte. »Das ist eine gute Idee! Eigentlich hatte ich vor, nur eine für mich zu kaufen. Aber meine Chefin freut sich sicher auch darüber. Obwohl ich ihr sonst immer gerne ein Tuch aus dem Urlaub mitbringe.«

»Ein Tuch? Fürs Geschirr?«

Norbert grinste. »Nein, eines für um den Hals. Meine Frau besitzt selbst bereits eine umfängliche Sammlung.«

»Tücher kann man nie genug haben. Davon verstehst du nichts«, versetzte Edelgard.

Norbert nickte ergeben. »Du hast in diesem Urlaub noch gar keines erworben.«

»Stimmt! Zeit, es nachzuholen.«

Zurück in der Unterkunft, machte sich Marjas Smartphone bemerkbar. Dem Tonfall der Anruferin nach war diese ziemlich verzweifelt.

»Hier spricht Inga. Bitte, Sie müssen kommen und mir helfen. Agneta hat Schmerzen und ich weiß überhaupt nicht, was ich machen soll. Sie erlaubt mir nicht, einen Arzt zu holen. Sie war schon so merkwürdig blass, als sie hier ankam. Der Lkw-Fahrer hat sie direkt in unserer Straße abgesetzt. Zum Glück musste sie nicht weit laufen. Da Sie aus Deutschland sind, wo Agneta bei den guten Leuten arbeitet, hört sie vielleicht auf Sie.«

Marja versprach, sich gleich auf den Weg zu machen, und klopfte an der Tür nebenan, die zu Edelgards und Norberts Zimmer gehörte. »Entschuldigen Sie bitte, dass ich Sie jetzt störe, aber würden Sie mich bitte begleiten? Unsere neue Bekannte Inga hat große Sorgen. Ihre Tochter ist krank und will nicht, dass ihre Mutter einen Arzt holt. Inga hofft, wir könnten sie dazu überreden.«

Marja sah beim ersten Blick auf die zierliche junge Frau, dass es ihr ziemlich schlecht ging. Inga hatte sie ins Wohnzimmer geführt, wo ihre Tochter auf einer Couch lag. Ihr bleiches Gesicht hob sich deutlich von den dunklen Haaren ab.

»Sie brauchen unbedingt einen Arzt«, sagte Marja sanft zu der jungen Patientin.

Edelgard nickte zustimmend.

»Keinen Arzt«, wehrte Agneta ab. Ihre Stimme klang leise und die Mühe, die ihr das Sprechen bereitete, war ihr deutlich anzumerken.

»Das sagt sie schon die ganze Zeit. Ich verstehe einfach nicht, wovor sie Angst hat.« Die Mutter wirkte hilflos. Ihre vor wenigen Stunden noch so lebhaften Augen waren dunkel vor Sorge. Dicke Ringe lagen darunter. Dem Anschein nach hatte sie geweint. »Was soll ich machen?«

Marja legte ihre Hand auf Agnetas Stirn. »Sie glühen richtig. Und Sie sind mit dem Lkw hergekommen?«

Ein Nicken war die Antwort.

»Ihre Arbeitgeber haben Sie in diesem Zustand alleine reisen lassen? Unglaublich.« Norbert schüttelte verständnislos den Kopf.

»Sind gute Leute. Soll ich Wadenwickel machen?« Inga wollte irgendetwas tun, womit sie der Tochter helfen konnte.

»Lassen Sie mal. Bei der Temperatur, die ihre Tochter hat, sind Medikamente angesagt.« Marja beugte sich über die junge Frau und strich ihr das verschwitzte Haar aus der Stirn. »Hören Sie, es geht nicht anders. Sie gefährden sich selbst, wenn Sie einen Arzt verweigern.«

»Aber …« Agneta besann sich und schwieg.

»Kommen Sie.« Die Alte bedeutete Marja, mit ihr hinauszukommen. »Wenn ich etwas gegen ihren Willen mache, wird sie sehr böse. Sie kann stur sein wie eine ganze Herde Esel«, sagte sie, als sie die Tür hinter sich geschlossen hatte. »Ich danke Ihnen trotzdem, dass Sie gekommen sind.«

»Wenn sie das hier überlebt hat, wird sie Ihren Einsatz zu schätzen wissen. Ich halte ihre Lage für absolut bedenklich.«

Während Inga und Marja ihre Unterredung im Flur der Hinterhof-Wohnung, in die so gut wie kein Sonnenlicht drang, fortführten, versuchte Agneta im Wohnzimmer, sich aufzusetzen.

»Bleiben Sie bitte liegen!« Edelgard nahm die Decke auf, die zu Boden geglitten war.

Agneta drehte sich auf die Seite und stützte sich gleichzeitig mit ihrem Arm ab, um besser hochzukommen. Dabei verrutschte ihr Nachthemd und gab einen Blick auf ihren unteren Rücken frei. Dort, wo der Slip endete, entdeckte Edelgard eine lange hellrote Narbe, die wie ein Peitschenhieb auf dem schlanken Körper der jungen Frau wirkte.

»Was …«

Agneta winkte unwirsch ab und zog ihr Nachthemd zurecht. »Da ist nichts. Machen Sie meiner Mutter klar, dass ich keinen Arzt sehen will. Auf gar keinen Fall.« Sie sank auf das Sofa zurück. Der vergebliche Versuch des Aufrichtens hatte ihr viel Mühe abverlangt. Das Gesicht war schweißbedeckt, ihre Stirnhaare verklebt.

»Bleibst du bei ihr?« Edelgard suchte Norberts Blick und verließ dann das Zimmer.

Auf dem Flur nahm sie Inga und Marja am Arm und zog sie mit sich in die Küche. Es roch nach dem Willkommensessen, das Inga für ihre Tochter zubereitet hatte. Es lag unberührt auf den Tellern.

»Reden wir hier, damit sie uns nicht hört.« Edelgard versuchte, ihre Aufregung zu unterdrücken. »Inga, hatte Agneta kürzlich einen Unfall?«

Inga blickte erschrocken. »Einen Unfall? Davon hat sie mir nichts erzählt. Weshalb fragen Sie das?«

»Ihre Tochter hat eine Narbe auf dem Rücken. Ziemlich lang. Auf Höhe der Nieren. Sieht für mich ganz frisch aus.«

»Ich weiß nichts davon.«

»Eine Narbe? Auf Höhe der Nieren?« Edelgard kannte diesen Gesichtsausdruck bei Marja. Den hatte sie immer, wenn sie plötzlich eine Fährte aufnahm. Wie bei einem Spürhund, der plötzlich einen gewissen Geruch in die Nase bekam. Marja witterte etwas, so viel war klar.

Edelgard nickte bestätigend.

Marja schlug sich mit der flachen Hand gegen die Stirn. »Das kann nicht sein …«

Inga setzte sich auf einen der hölzernen Stühle, die um einen quadratischen Tisch standen. Er war mit einem blassgrünen Wachstuch bedeckt. »Woran denken Sie? Was kann nicht sein?«

Marjas Körper straffte sich. »Ich habe kürzlich eine Reportage gelesen … Ich muss mit Ihrer Tochter reden.«

Inga erhob sich prompt. Marja legte ihr eine Hand auf die Schulter. »Lassen Sie mich alleine mit ihr reden. Bitte.«

Edelgard rief nach Norbert, er solle in die Küche kommen. Der betrachtete mit Bedauern das Fleischgericht auf dem Tisch, das ungeachtet der Situation verführerisch duftete. Inga, die seine Blicke bemerkte, schob ihm ihren unangetasteten Teller hin. »Möchten Sie? Es ist leider schon kalt. Soll ich es aufwärmen?«

Als Norbert nickte, nahm sie aus dem Büfett einen silberfarbenen Kochtopf, gab das Essen vorsichtig hinein und stellte ihn auf den Herd. »Gleich ist es fertig. Warm schmeckt es besser. Wissen Sie, ich habe keinen Bissen hinunterbekommen, als ich gesehen habe, wie schlecht es meiner Tochter geht. Agneta will auch nichts, dabei würde es ihr helfen, wieder zu Kräften zu kommen. Essen stärkt Körper und Seele. So sagt man immer, nicht wahr?« Während sie sich mit dem Aufwärmen der Speise abzulenken versuchte, kullerten Tränen über ihre Wangen. Sie nahm einen hölzernen Kochlöffel aus einer der Küchenschubladen und rührte mit Bedacht im Topf. Durch die Wärme verstärkte sich der Duft.

Norbert nahm dankend den erneut gefüllten Teller entgegen sowie das dargebotene Besteck.

»Also, Norbert, echt, dass du jetzt was essen kannst!«

»Wieso denn nicht, Edelgard? Es wäre jammerschade, wenn das umkommen würde. Wirklich.« Er schob sich einen klein geschnittenen Bissen in den Mund. »Ganz vorzüglich! Möchtest du kosten?«

»Nein danke. Ich habe grade keinen Appetit.«

»Ich bin so eine schlechte Gastgeberin. Verzeihen Sie bitte. Ich habe Ihnen gar nichts zu trinken angeboten.«

»Machen Sie sich keine Mühe. Wenn mein Sohn da drinnen so krank läge, könnte ich auch an nichts anderes denken.«

»Mütter verstehen sich, nicht wahr?« Inga wischte mit dem Ärmel ihres Kleides über ihre geschlossenen Augen. Edelgard legte ihr einen Arm um die Schultern. »Es gibt nichts Schlimmeres, als das eigene Kind leiden zu sehen.«

Da kam Marja in die Küche zurück. »Sie ist jetzt damit einverstanden, einen Arzt zu rufen.« Irritiert blickte sie auf den essenden Norbert, um jedoch sofort wieder zur Sache zu kommen. »Inga, übernehmen Sie das bitte? Sofort. Er sollte wirklich rasch kommen.«

Inga eilte in den Flur, wo sie ihr Mobiltelefon abgelegt hatte. Sie tippte eine Nummer und sprach laut und hektisch. Dann ging sie zu ihrer Tochter ins Wohnzimmer.

»Hoffentlich braucht er nicht zu lange.« Marja setzte sich erschöpft an den Tisch.

»Was hat Agneta erzählt? Woher hat sie die Narbe?«

»Kann ich bitte ein Glas Wasser haben? Es ist so unglaublich …«

Edelgard öffnete eine der oberen Türen der Anrichte, in die Fenster eingelassen waren. Sie entnahm daraus ein Glas und aus dem Kühlschrank eine Flasche Mineralwasser. »Bitte sehr. Inga hat sicher nichts dagegen.«

»Das denke ich auch.« Marja schenkte das Glas voll und trank mit kleinen Schlucken. »Ich habe ihr meinen Verdacht auf den Kopf zugesagt. Da brach es aus ihr heraus.«

»Was denn?«, fragte Norbert zwischen zwei Bissen.

»Diese ach so guten Menschen, wie Inga beteuert hat, haben Agneta nicht als Hausdame beschäftigt.«

Norbert senkte seine Gabel. »Sondern als was?«

»Dass sie mit ihr gereist sind, stimmt allerdings.«

»Was haben Sie denn dann mit ihr gemacht?« Edelgard goss sich ebenfalls ein Glas ein.

»Sie sind in ein Land geflogen, wo Lebendorganspenden möglich sind.«

»Lebendwas?«

»Lassen Sie es mich auf den Punkt bringen: Das Paar hat Agneta eine ihrer Nieren abgekauft. Die Frau war schwer krank und hat dringend eine neue benötigt. Solche Lebendspenden zwischen Menschen, die nicht miteinander verheiratet oder verwandt sind und bei denen der Spender bestimmt, wer sein Organ erhält, sind in Deutschland nicht erlaubt.« Sie füllte erneut ihr Glas auf und fuhr dann fort. »Ich habe vor einiger Zeit den Artikel einer Kollegin über Flüchtlinge gelesen, die eine ihrer Nieren verkaufen, um ihre Flucht damit zu finanzieren. Oft werden sie nach den Operationen nicht angemessen versorgt. Als Sie vorhin die lange Narbe bei Agneta erwähnten, hat es in meinem Kopf sofort ›klick‹ gemacht.«

»Und Agneta hat es bestätigt? Sie hat eine ihrer Nieren verkauft?« Edelgard schaute ungläubig.

Marja nickte. »Die Summe, die ihr dafür in Aussicht gestellt wurde, hat für ihre Einwilligung gesorgt. Zunächst hatte sie den Eindruck, sie habe alles gut überstanden, genauso wie ihre Chefin. Aber als sie wieder in Deutschland zurück war, bekam sie plötzlich Fieber. Das Paar legte ein paar Scheine obendrauf und forderte sie auf, nach Hause zurückzufahren. Das Arbeitsverhältnis haben sie beendet.«

Es pochte heftig an der Wohnungstür. Edelgard eilte hin und öffnete. Ein groß gewachsener dunkelhaariger Mann im weißen Kittel, begleitet von einem kräftigen Assistenten, stand vor ihr. Sie wies mit der Hand zum Wohnzimmer, woraufhin die beiden Männer mit raschen Schritten hineineilten. Es dauerte nicht lange, da hörten sie den Arzt mit lauter Stimme reden. Er klang ziemlich ungehalten.

»Was sagt er?« Edelgard blickte Marja fragend an.

»Keine Ahnung. Er spricht Lettisch. Inga wird es uns gleich übersetzen.«

Der Assistent des Arztes eilte nach draußen. Durch das Fenster beobachtete Edelgard, wie er eine Trage in den Hinterhof schob.

»Norbert? Das Gestell passt sicherlich nicht in den Hausflur. Agneta muss aus der Wohnung getragen werden.«

»Ich geh ja schon.« Norbert schob seinen leer gegessenen Teller zur Seite und begab sich ins andere Zimmer, wo er gemeinsam mit dem Arzt Agneta hochhob. Zusammen trugen sie sie in den Hof und legten sie auf das mobile Bett. Inga eilte ihnen hinterher. Sie sprach auf den Arzt ein, der energisch den Kopf schüttelte. Sein Helfer schob die Trage aus dem Hof. Kurz darauf kam Inga zurück in die Küche.

»Ich kann nicht mitfahren, sie haben keinen Platz für mich.« Ihr Gesicht war von Tränenspuren benetzt. Ihre Frisur war längst in Unordnung geraten. Sie stand vor ihnen wie ein Häuflein Elend. »Immerhin weiß ich, wo sie sie hinbringen.«

»Was hat der Arzt gesagt?«

Inga antworte nicht auf die Frage. Sie wirkte abwesend, als sie sich auf einen der Stühle niederließ. Ihr Blick war in sich gekehrt. »Das hat sie nicht gewusst, als sie dort hinging. Sie haben es ihr erst in Deutschland angeboten.«

»Warum hat sie sich darauf eingelassen?«

»Das war also die große Reise, die sie gemacht haben. Dort wurde Agneta eine ihrer Nieren entfernt und der Frau eingepflanzt. Das hat sie mir eben erst erzählt. Erst sah es so aus, als wäre bei beiden alles gut gegangen. Bis Agneta das Fieber bekam.«

»Das ist …« Marja fehlten die Worte, was selten vorkam. Diese Fremden hatte die junge Frau als Ersatzteillager missbraucht. Nun war Agneta selbst krank. Es stand in den Sternen, ob sie je wieder gesund werden würde.

Ingas Blick war unendlich traurig. Sie hielt die Hände zum Gebet gefaltet. »Gott schickt uns eine Prüfung.«

»Wo war Agneta in Deutschland? Haben Sie die Adresse?«

Die Frau zog eine Schublade des Küchenschrankes auf. Sie reichte Marja eine aus einer Zeitung ausgeschnittene Anzeige. »Das ist das Inserat. Reiches Unternehmerpaar sucht Haustochter. Es ist die Adresse einer Agentur angegeben, dorthin hat Agneta geantwortet.«

»In welcher Stadt war Agneta?«

»Hamburg.«

»Weiter! Straße?« Marjas Körper war angespannt. Hochkonzentriert lauschte sie.

»Die weiß ich nicht. Ich habe meiner Tochter auf dem Handy geschrieben. Telefoniert haben wir auch oft.«

»Und dabei hat sie Ihnen nichts erzählt? Dass die ihr eine Niere abkaufen wollen?« Marja beugte sich während des Sprechens leicht nach vorne.

Inga betrachtete ihre Hände. Dann hob sie den Blick. »Ich habe nichts davon gewusst. Ich hätte es ihr ausgeredet. Das können Sie mir glauben. Nie hätte ich das geduldet. Für kein Geld der Welt.«

»Fragen Sie Agneta nach der Adresse, wenn Sie morgen zu ihr gehen. Ich hätte gerne den Namen dieser Leute.«

»Und Sie? Wie lange bleiben Sie in Riga?«

Edelgard übernahm die Antwort. »Wir fahren morgen Mittag nach Klaipeda. Ein Abstecher, bevor es nach Vilnius geht.«

»Bis wann sind Sie im Hotel?«

Edelgard blickte zu Norbert, dann zu Marja. »Gegen 12 Uhr brechen wir auf, oder?«

Die beiden nickten.

»Ich schulde Ihnen Dank. Ohne Ihre Hilfe hätte ich Agneta nicht davon überzeugen können, einen Arzt zu holen.«

»Warum eigentlich wollte sie das nicht?« Edelgard konnte es immer noch nicht verstehen.

»Kommen Sie, Frau Buchmann, lassen Sie uns gehen.« Marja verabschiedete sich und ging nach draußen. Mittlerweile war es dämmrig geworden. Die Katze von heute Vormittag strich über den Hof. Auf dem Dach balgten sich Spatzen um irgendetwas, das in der Dachrinne lag.

»Es liegt auf der Hand, weshalb Agneta nicht in die Klinik wollte«, sagte Marja zu Edelgard, als diese mit Norbert ebenfalls draußen angelangt war. »Wir müssen ihre Mutter nicht weiter damit quälen. Die Frau hat, genau wie die Tochter, genügend mitgemacht. Hoffen wir, dass alles gut für sie ausgeht.« Sie schritten durch die Hofeinfahrt. Auf der Straße parkten Autos, einige fuhren vorbei. Menschen bummelten und unterhielten sich. In einigen Fenstern flackerte blaues Licht, verursacht von Fernsehgeräten.

»Und weshalb nicht?«, ließ Edelgard nicht locker.

»Denken Sie nach. Agneta hat von diesen Menschen Geld bekommen. Sie hat aus ihrer Not heraus gehandelt, weil sie ihrer Mutter unbedingt diese Reise nach Kanada spendieren will. Außerdem will sie sie auch sonst unterstützen. Diese Gästeführungen, die Inga macht, strengen sie wegen ihrer

Lungenerkrankung ziemlich an. Agneta möchte es ihrer Mutter ermöglichen, sich ganz zur Ruhe zu setzen. Sie hat einen sehr ausgeprägten Familiensinn.«

»Für den sie beinahe mit ihrem Leben bezahlt hätte. Hat sie womöglich Angst, das Geld zurückgeben zu müssen? In Deutschland ist so ein Handel verboten.«

»Deshalb rückt Inga vermutlich die Adresse nicht heraus. Ich denke, sie weiß genau, bei wem Agneta war. Wer ihrer Tochter eine Niere abgekauft hat.«

»Trinken wir einen Absacker in der Hotelbar?«, fragte Norbert. »Ich zumindest könnte einen gebrauchen. Wie entsetzlich, die finanzielle Not anderer Menschen derart auszunutzen.«

Am nächsten Tag standen sie bereits am Auto und luden ihr Gepäck in den Kofferraum, als Inga um die Ecke kam. Sie war etwas außer Atem und rang hörbar nach Luft. »Welch ein Glück, Sie noch zu erreichen.« Sie hielt Norbert einen Geschenkkorb mit Essbarem entgegen. »Ich war in Sorge, es nicht zu schaffen. Ich danke Ihnen dreien.« Sie lehnte sich an das Auto.

Norbert griff beherzt nach dem Korb. »Das hätte es nicht gebraucht.«

»Wie geht es Ihrer Tochter? Wird sie gesund werden?«, fragte Edelgard.

»Ich war heute als Erstes in der Klinik. Der Arzt hat uns Mut gemacht. Sie hat zwar eine schwere Sepsis, aber er meinte, ihr Körper spricht gut auf die Medikamente, die ihr in hoher Dosis verabreicht werden, an.« Sie wischte eine Träne fort. »Möge Gott Sie schützen. Ich werde Ihnen immer dankbar sein! Ohne Sie hätte sie mir nie gestattet, einen Arzt zu holen. Wenn ich es trotzdem getan hätte, wäre sie schrecklich wütend geworden. Ich war so hilflos und komplett überfordert, bis

Sie kamen und mich unterstützten. Ich habe es nicht geschafft, mich gegen ihren Willen zu stellen. Deshalb ist es gut, dass Sie alle drei ihn in diesem Fall gebrochen haben. Sobald Agneta gesund ist, fliegen wir nach Kanada zu meiner anderen Tochter. Vielleicht bleiben wir dort. Wir werden sehen.«

Edelgard umarmte sie zum Abschied. »Alles Gute für Sie und Ihre Töchter.« Dann stieg sie zusammen mit Norbert und Marja ins Auto.

Inga blieb stehen und winkte, bis der Wagen um die nächste Ecke gebogen war.

»Kann man wirklich auf eine Niere verzichten?«, fragte Edelgard, nachdem sie ebenfalls das Winken durch die Heckscheibe eingestellt hatte.

»Offenbar ist das möglich«, antwortete Marja. »Die Operation sollte jedoch von jemandem durchgeführt werden, der etwas davon versteht. Und die Nachsorge ist immens wichtig.«

»Kann man die Frau, die die Niere gekauft hat, dafür belangen?«

»Das kann ich nicht beantworten. In Deutschland wäre die Operation in dieser Form auf jeden Fall illegal, weil man Fremden nicht direkt Organe spenden darf. Gegen Geld schon gar nicht. Eine Lebendspende ist nur zwischen sich nahestehenden Personen erlaubt wie engen Verwandten oder Lebenspartnern. Wenn man niemanden hat, der als Spender infrage kommt, bleibt einem nur übrig, zu warten, bis man über die Warteliste an ein passendes Organ kommt. Das kann Jahre dauern. Im schlimmsten Fall erleben es die Leute nicht mehr und etliche sterben, bevor sie die lebensrettende Transplantation erhalten. Hier jedoch ist der gesamte Vorgang im Ausland geschehen. Ich weiß nicht, wie die Rechtslage in dem entsprechenden Land ist. Ob die Lebendspende dort ein Straftatbestand ist oder nicht. Da müsste man jemanden fragen, der sich mit der rechtlichen Lage vor Ort auskennt.«

»Geld kennt keine Grenzen«, sagte Norbert. »Dafür machen manche viel. Entweder aus purer Not oder aus Unersättlichkeit. Geld regiert die Welt.«

»Aber hier war jemand krank, das ist doch etwas anderes.«

Norbert drehte sich zu seiner Frau um. »Ich würde dir sofort eine meiner Nieren geben, wenn du eine bräuchtest.«

Edelgard, die auf der Rückbank saß, legte ihre Hand auf Norberts Schulter. Er legte seine auf ihre und hielt sie fest.

»Du und ich, wir hätten aber die beste medizinische Versorgung. Wir würden nicht …«, sie suchte nach dem richtigen Terminus, »als Ersatzteillager für jemanden mit viel Geld dienen.« Edelgard blickte aus dem Autofenster. Am Himmel über der vorbeihuschenden Landschaft hingen wie mit einem riesigen Pinsel hingetupft weiße Wolken. Sie war sich sicher, noch nie in ihrem Leben derart schöne Wolkengebilde gesehen zu haben. Es wirkte auf sie, als ob sie an einem überdimensionierten Gemälde vorbeifuhren. Es gab Augenblicke, so wie jetzt grade, in denen ihr das Elend in der Welt zu viel war und sie aus Selbstschutz weitere Gedanken daran abblockte. Wenn sie nichts zur Lösung eines Problems beitragen konnte, brachte es ihres Erachtens niemandem etwas, wenn sie deswegen in eine depressive Stimmung verfiel. Sie wollte für den Moment an nichts anderes denken als an die Schönheit der Natur, die sie gerade intensiv wahrnahm. Sie hielt Norberts Hand ganz fest. Dankbar spürte sie, wie Norbert ihre Hand sanft drückte.

LINDAS VERSCHWINDEN
(KLAIPEDA, LITAUEN)

»Berg der Kreuze?«

»Eigentlich ist es mehr ein Hügel.«

»Aber warum Kreuze?« Edelgard blickte Marja fragend an. »Davon habe ich noch nie etwas gehört.«

»Man muss ihn unbedingt gesehen haben, wenn man Litauen bereist.« Marja sprach mit Nachdruck.

»Wo liegt der denn?«

Marja tippte mit dem Finger auf ihr Tablet und hielt es Edelgard hin. »Hier.«

»Da sind wir gestern direkt dran vorbeigefahren! Weshalb sollten wir heute wieder zurückfahren?«

»Weil es gestern genieselt hat. Wie soll ich bitte sehr bei Regen fotografieren? Ich brauche schließlich gute Bilder!«

»Was hat es denn genau auf sich, mit diesem Berg der Kreuze?«

»Pilger legen dort ihre Kreuze ab.«

»Verstehe. So etwas wie das bayerische Altötting.«

»Es hat eine andere Bewandtnis mit diesem Hügel. Die Litauer legten dort nach Aufständen Kreuze für ihre Gefallenen ab. Der Hügel wurde mehrere Male von den Sowjets zerstört. Die Bevölkerung legte jedoch weiterhin dort ihre Kreuze ab. Deshalb ist er ein Symbol für den Aufstand.« Marja hatte offenbar bereits recherchiert.

»Seit wann genau ist Litauen unabhängig?«

»1990.«

»Ein Jahr nach dem deutschen Mauerfall.«

»Drei Jahre später besuchte Papst Johannes Paul II. den Kreuzberg. Der Berg ist für Katholiken von großer Bedeutung.«

»Verstehe. Die Bevölkerung im Baltikum ist zum großen Teil katholisch. Im Gegensatz zur anderen Seite der Ostsee. Die skandinavischen Länder hatten sich sehr früh der Reformation angeschlossen. Weil der Berg für die Katholiken von so großer Bedeutung ist, wollen Sie unbedingt ein Foto?« Das kam von Norbert.

»Genau. Es ist ein bedeutender Ort. Ich habe vorhin bei meiner Redaktion angefragt, ob die einen Artikel darüber haben wollen. Dazu brauche ich persönliche Eindrücke. Die ich natürlich illustrieren will.«

Edelgard überlegte. »Sie können mir ja die Fotos heute Abend zeigen. Ich verbringe den Tag in Klaipeda und suche mir ein schönes Café am Hafen. Norbert, was machst du?«

»Also«, er räusperte sich. »Wenn ich ehrlich bin …«

Edelgard verstand auf Anhieb. Nach so vielen Ehejahren wusste sie, ohne dass er es explizit aussprach, was er wollte. Sie nickte. »Schon in Ordnung. Es macht mir nichts aus, einen Tag für mich zu haben. Begleite du ruhig Marja. Ich werde mich zu beschäftigen wissen.«

*

Seit einer Viertelstunde sitze ich in einem der Cafés am Hafen. Der Kellner ignoriert mich. Er tut so, als wäre ich einfach nicht da. Vielleicht bin ich das ja in Wirklichkeit. Einfach nicht mehr da. Und was da sitzt, ist lediglich eine Hülle. Manchmal denke ich, ich bin mir sogar selbst verloren gegangen.

Mir wird es zu blöd, hier auf dem Trockenen zu sitzen, und so erhebe ich mich. Gehe vorbei an den anderen Gästen, die Getränke vor sich auf den Tischen stehen haben. Dahinten ist ein kleiner Laden mit Bernstein. Sie haben einen Ständer vor dem Schaufenster aufgebaut. Ich kaufe dort hin und wieder etwas, auch wenn ich es eigentlich nicht brauche. Als ich auf Höhe der Eingangstür bin, verschwindet die Besitzerin hinter der Tür im Inneren.

Im Supermarkt ist jemand Neues an der Kasse. Die Frau kennt mich nicht. Sie war noch nicht da, als es geschah. Ich bezahle eine Dose kaltes Bier, das sie täglich nur bis 20 Uhr verkaufen, gehe zurück an den Hafen und schaue aufs Wasser. Ich nehme die Fähre rüber zur Kurischen Nehrung. Man fährt nur wenige Minuten damit und sie verkehrt regelmäßig. Es ist so ähnlich wie Busfahren. Quasi ein Wasser-Bus, der in etwa so viel kostet wie eine Tasse Kaffee. Das ist es, was mir geblieben ist. Auf die Nehrung zu fahren, durch den Streifen Wald zu wandern und dann aufs Meer zu blicken. Stundenlang sitze ich dort. Das Meer mit seinen sachten Wellen hat so etwas Beruhigendes an sich. Dabei birgt es viele Geheimnisse. Dinge, von denen man lieber nichts wissen will. Unendlich viele Waffen aus dem letzten Krieg, der so viel Elend in Europa anrichtete. Es wird immer noch weißer Phosphor aus Brandbomben an die Strände geschwemmt. Er ist wegen seines gelblich-durchsichtigen Aussehens mit Bernstein verwechselbar. Am Körper getragen, gerät er durch die Wärme leicht in Brand. Auch ich trage ein Geheimnis mit mir herum. Eines, das das Zeug hat, meine Seele in Brand zu setzen. Deshalb bewahre ich es verborgen in mir. Nicht alles, was an die Oberfläche gewühlt wird, ist dort am richtigen Platz. Genauso wenig wie der Phosphor, der auf den Sand gespült und fälschlicherweise für kostbar gehalten wird. Ein Trugbild und jämmerlicher Irrtum, mit starken Schmerzen bezahlt. Dabei sind seelische Schmerzen oft schlimmer als körperliche. Gegen sie hilft kein Verband. Nur Vergessen. Aber das ist nicht mehr möglich. Es hat mich eingeholt. Nun kann ich es nie mehr ruhen lassen. Nie wieder.

Hinter mir sitzt Erich. Auch er ist vor Jahren hier gestrandet, genau wie ich. Er war auf den Spuren seiner Vorfahren, die hier bis in den Zweiten Weltkrieg hinein gelebt haben und dann wegmussten. Erich blieb hier hängen. Ich selbst war wie Strandgut, das hier angespült wurde. Ich wollte einfach nur weit weg von zu Hause, egal wohin. Hauptsache, woanders sein. In Klaipeda gefiel es mir von Anfang an gut. Ich mag das Klima, das Essen. Das Bier schmeckt hervorragend. Mein Internetanschluss funktioniert. Besser als in Deutschland. Viele Behördengänge kann ich mir sparen, weil Litauen mit der Digitalisierung sehr weit ist. Deshalb sind die meisten Erledigungen von zu Hause aus möglich. Ich kann hier bestens leben und arbeiten. Nicht so wie in einigen Teilen Deutschlands, wo Menschen gezwungen sind, mit einem USB-Stick bewaffnet in den nächsten Ort mit Breitband-Anschluss zu fahren, um E-Mails mit großen Datenmengen zu versenden.

Ich drehe mich um. Erich blickt durch mich hindurch, als wäre ich nicht anwesend. Kein Glimmen in der Iris, kein Zucken um die Mundwinkel. Kontrolliert verbirgt er geschickt, mich zu erkennen. Diese Kunst beherrschen alle am Ort. So zu tun, als wäre ich nicht da. Sie alle geben mir die Schuld daran, dass Linda weg ist. Dabei kann ich nichts für ihr Verschwinden. Aber sosehr ich es auch damals beteuerte und obwohl die Policija keine Handhabe gegen mich hatte, so wenig glaubten sie mir.

Dabei ist die Geschichte ganz anders, als alle denken. Aber ich kann die Wahrheit über Lindas Verschwinden niemandem sagen. Den Grund für ihr Abtauchen. Sie würden mir ohnehin nicht glauben.

Die Fähre legt an und ich verlasse sie. Nicht weit von hier ist ein kleines Restaurant, in dem sie häufig neue Aushilfen haben. Die kennen mich nicht und wissen nichts von Linda. Hier verkehren hauptsächlich Touristen. Viele von ihnen sind auf der Suche nach den Spuren ihrer Eltern oder Großeltern, die hier lebten. Einer der Außentische ist frei. Mein Magen sagt mir, dass er bereit für eine Mahlzeit wäre.

Ich nehme Platz und bestelle eine Vorspeise. Während ich die Spalten für die Hauptgänge lese, fällt ein Schatten auf die Speisekarte.

»Entschuldigung. Ist hier frei?« Die Frau wirkt ausgesprochen nett.

Ausgehungert nach Gesellschaft, wie ich bin, nicke ich. »Bitte sehr.«

Außerdem spricht sie meine Sprache. Vor mir auf dem Tisch liegt ein deutschsprachiges Buch. Das hat mich als Deutsche geoutet.

Die Frau wirkt jünger als ich. Ihre Haut ist glatt, nur vereinzelt sind ein paar erste Fältchen zu sehen. In ihrem Haar entdecke ich kein Grau. Das kann bei Frauen über das tatsächliche Alter hinwegtäuschen.

»Können Sie mir etwas Besonders empfehlen?«

»Ich habe mir soeben eine Rote-Bete-Suppe bestellt. Eine Delikatesse.«

»Oh ja, die kenne ich sogar. Ich schließe mich an.«

Ich winke der Bedienung, recke zwei Finger in die Höhe und rufe ihr »Saltibarscai« zu.

Aus irgendeinem Grund, den ich nicht genauer zu benennen vermag, fasse ich spontan Vertrauen zu dieser Frau. Es muss an ihrer empathischen Ausstrahlung liegen. Selten genug passiert mir das. Man trifft jemanden und hat plötzlich das sorglose Gefühl, diese Person schon immer zu kennen. Wie eine alte Bekannte.

»Sind Sie auf Urlaub hier?«

Sie nickt. »Meine Begleitung macht heute einen Ausflug, zu dem ich nicht mitwollte. Ich bleibe hier und sehe mir die Gegend genauer an.« Sie lächelt. »Dabei trifft man oft interessante Menschen. Hier soll irgendwo das Sommerhaus von Thomas Mann stehen?«

»Genau. Es befindet sich auf dieser Landzunge, die durch einen Streifen Wasser vom Festland getrennt ist. Aber es ist etliche Kilometer entfernt, viel zu weit zum Laufen. Kurz vor der russischen Grenze. Die Russen haben einen Teil des Gebiets um das ehemalige Königsberg herum behalten. Eine russische Enklave.«

»Schade, ich hätte das Haus gerne besichtigt. Leben Sie hier?«

»Ich bin hier hängen geblieben.«

»Bereuen Sie es?«

»Das kann man nicht so einfach beantworten.«

»Ich habe Zeit.«

»Wie viel Zeit?«

»Den ganzen Tag. Genügt das?«

Am besten erzähle ich ihr die Geschichte von Anfang an. Also, meine Sicht der Dinge. Denn jeder von uns erlebt die Welt von seiner eigenen Perspektive aus. Geschichte ist ein Gemengsel und eine Aneinanderreihung von Ereignissen, die jeder, der selbst mit dabei ist, anders erlebt. Wobei das unbedingt mit unserem Erfahrungshorizont und mit unserem Bildungsstand korreliert. Das ist nicht von mir, das habe ich irgendwo gelesen. Als ich es las, fand ich es klug. Es leuchtete mir sofort ein. Aber ich schweife vom eigentlichen Thema ab. Ich will erzählen, wie alles begann. Woran es liegt, dass ich geschnitten werde, als ob ich einen neuartigen, unerforschten, hochansteckenden Virus in mir hätte. Wie es war, als Linda zu mir kam. Am besten konzentriere ich mich. Denn ich möchte nichts auslassen, nichts beschönigen. Vor allem nicht meinen Anteil daran. Nein, das habe ich nicht vor. Auch wenn es schmerzt. Unendlich sogar. Wie ein scharfes Messer, das in eine offene Wunde schneidet. Eine tiefe Wunde, die nie verheilen wird. Egal, wie viel Zeit vergehen wird. Denn die Zeit heilt keine Wunden. Das ist bloß ein Küchenspruch. Ohne Belang für Menschen, die Traumatisches erlebt haben.

*

Es hatte seit Wochen geregnet und ich war nicht die Einzige, die genervt von dem schlechten Wetter war. An einem dieser Abende, als mein Fernseher heiß lief und ich mir bereits vor 19 Uhr das dritte Glas Wein genehmigte, klopfte es an meiner Tür. Nicht zaghaft, nein, ein heftiges Pochen. Ich konnte mir keinen Reim darauf machen, wer um diese Zeit so dringend zu mir wollte. Zwar war mein Domizil begehrt bei meinen früheren Freunden, die mich hier besuchten und eine kostenlose Bleibe in Anspruch zu nehmen gedachten. Aber sie wurden allesamt enttäuscht. Denn nebenan befindet sich ein Hotel, noch dazu ein erschwingliches. Und ich selbst betreibe kein Übernachtungsgewerbe.

Ich erhob mich von meinem Stuhl, glättete mit ein paar Bewegungen erst meine Kleidung und strich danach über mein Haar, neugierig und ein wenig aufgeregt, wer mich zu sehen begehrte. Ich hätte nichts gegen den unverhofften Besuch eines Liebhabers einzuwenden gehabt. In dieser Hinsicht war ich in letzter Zeit zu kurz gekommen.

Als ich die Tür öffnete, war ich überrascht. Das kräftige Klopfen hatte mich auf einen Kerl hoffen lassen. Allzu lange war hier keiner mehr gewesen, der die kleinen Härchen auf meiner Haut zum Zittern gebracht hatte. Doch stattdessen stand ein schmales, hochgewachsenes Mädchen vor mir. Auf den ersten Blick wirkte sie sehr jung. Das blonde Haar hing ihr nass über die Schultern. Die Augen wurden von einem zu langen Pony überdeckt, den sie nun mit der Hand zurückstrich. Wind drückte kalte Luft in meinen Flur.

»Bitte, Sie müssen mich hineinlassen.«

Ihre Stimme klang, als hätte sie mindestens zwei Whiskys intus und eine Schachtel Zigaretten geraucht, diese französischen ohne Filter. Offenbar war sie älter, als sie auf den ersten Blick wirkte. Diese Stimme passte keinesfalls zu ihrem optischen Erscheinungsbild, das mich an die Figur des Ännchens von Tharau auf dem Theaterplatz erinnerte. Der Königsberger Musiker Simon Dach hatte das gleichnamige Lied im 17. Jahrhundert für eine Pastorentochter geschrieben.

»Wer sind Sie?«

»Linda. Ich … Entschuldigung, ich habe Ihre Adresse von einem Freund. Und der sagte, ich könnte hier eine Weile wohnen.«

Ehe ich es mich versah, war sie wie ein glitschiges Stück Seife an mir vorbei in meine Wohnung geschlüpft. Hätte ich damals geahnt, was diese Begegnung alles nach sich ziehen würde, dann hätte ich ihr trotz ihres mädchenhaft unschuldigen Aussehens die Tür vor der Nase zugeknallt. Aber wie hätte ich denn wissen können, was auf mich zukommen würde, als sie an jenem Abend an meine Tür pochte, so heftig, dass ich davon erschrak?

»Wollen Sie sich abtrocknen?«

Ich ging zu meinem Schrank und entnahm ihm ein großes Handtuch.

Sie hüllte sich mit einer lasziven Art von Selbstverständlichkeit darin ein und setzte sich auf mein Sofa.

Ich nahm ihr gegenüber Platz.

»Wer ist denn der Freund, von dem Sie sprachen?«

»Gernot.«

Mir verschlug es beinahe die Sprache. Das heißt schon etwas, denn dies geschieht sehr selten. Normalerweise bin ich nicht auf den Mund gefallen, wie man so schön sagt. Gernot. Wie lange war das her, dass wir uns zuletzt gesehen hatten? Rasch überschlug ich im Kopf die Jahre und kam auf beinahe 20. Eine gefühlte Ewigkeit. Letztendlich war er der Grund dafür, dass ich heute in Klaipeda lebe.

»Woher weiß der überhaupt, wo ich wohne?« Ich griff nach meinen Zigaretten und hielt ihr die Packung hin.

Sie entnahm eine und langte nach dem auf dem Couchtisch liegenden Feuerzeug mit einer Art, die mich irgendwie, ohne dass ich es hätte genauer benennen können, beeindruckte. Während sie ihre Zigarette anzündete, beugte sie sich leicht vor. Als es geglückt war, zog sie daran, woraufhin sie sich, den Rauch tief inhalierend, zurücklehnte. »Gernot kennt so viele Leute. Er ist unheimlich gut vernetzt.«

Vernetzt. So eine neue Sprechweise, die nicht zu meinem Alter passt. Zu ihrem sicherlich. Aber auf keinen Fall zu Gernots, denn der hat, wenn ich mich recht entsinne, 15 Jahre mehr auf dem Buckel als ich. Täuschte ich mich oder beobachtete sie lauernd meine Reaktion auf die Nennung des Namens?

»Und woher kennen Sie Gernot?«

»Können wir uns nicht duzen, wenn ich hier übernachte?«

»Oh, ich habe Ihnen lediglich die Tür für diesen Abend geöffnet. Gleich gegenüber ...«

Sie fiel mir ins Wort und giftete mich an. »Ich gehe da heute nicht mehr hinaus. Bei diesem Wetter jagt man keinen Hund vor die Tür.« Sie sah den Kringeln nach, die sie in die Luft hauchte.

Ich war verblüfft. Musste ihr jedoch zustimmen. Der Regen war wirklich sintflutartig. Wie hätte ich ein derart zart wirkendes Geschöpf unter diesen Umständen vor die Tür setzen können?

»Okay. Woher kennst du also Gernot?«

»Ich habe mit seiner Tochter studiert.«

Meine Verblüffung war echt. »Er hat eine Tochter?«

Sie nickte. »Annerose. Wir haben uns gleich im ersten Semester kennengelernt.« Sie nahm noch einen tiefen Zug von ihrer Zigarette. »Sie wuchs bei ihrer Mutter auf. Annerose hat selbst erst an ihrem 18. Geburtstag erfahren, wer wirklich ihr Erzeuger ist. Bis dahin hielt sie den Ehemann ihrer Mutter dafür.«

Ich gewann meine Fassung wieder, ohne dass Linda den Verlust derselbigen bemerkt hätte. Bildete ich mir zumindest ein. Was ein dummer Fehler war. Denn Linda entging nichts. Ganz im Gegenteil. Sie war ein berechnendes Luder. Das wusste ich zum damaligen Zeitpunkt nicht. Aber hinterher ist man immer schlauer. Wer sollte das besser beurteilen können als ich, nach dieser katastrophalen Erfahrung, die ich mit ihr machte? Meine Warnlampen hätten eigentlich leuchten müssen. Signalrot. Aber sie zeigten mir nichts an. Nicht einmal ein dezentes Gelb. Als Vorstufe sozusagen.

»Und weshalb bist du überhaupt hier?«

»Ich musste weg. Wegen einer dummen Sache. Ich rede nicht gerne darüber. Je weniger du weißt, desto besser für dich. Gernot meinte, hier wäre ich sicher. Weil es schon eine Ewigkeit her ist, dass ihr euch kanntet, wird niemand eine Verbindung herstellen und mich hier bei dir vermuten. Das ist ja beinahe schon etwas wie Archäologie, die Geschichte mit dir.«

»Das alte Fossil Gernot meint also, ich bin Geschichte, soso. Wenn er sich da mal nicht irrt. Ich sage dir was, Mädchen. Ich bin ganz schön lebendig. Für wie lange gedenkst du denn zu bleiben?«

Sie griff ungeniert nach der Packung und nahm sich eine zweite Zigarette, während ein leicht spöttischer Zug um ihre Mundwinkel lag. »Hast du etwas zu essen für mich? Ich bin vom Flughafen gleich hierher. Seit dem Frühstück zu Hause hatte ich nichts mehr.«

»Du kannst in die Küche gehen und im Kühlschrank schauen, ob du was findest.«

Die dachte doch nicht etwa im Ernst, ich würde sie jetzt bekochen? Ich habe keine Muttergefühle gegenüber mir völlig Wildfremden. Gernot ist schuld daran. Ich fühlte mich damals geehrt, als er »mit mir ging«. So sagten wir dazu: Miteinander gehen. Keine Ahnung, wie das heute heißt. »Lebensabschnittspartner« vermutlich. Das könnte hinkommen. So etwas war er in meinem Leben. Wenngleich es kein besonders ruhmreicher Abschnitt war. Aber wie hätte ich das im Voraus ahnen sollen? Ich war jung. Und das, was man lebenshungrig nennt. Ich sah verdammt gut aus und dachte, mir stünde ein großes, besonders süßes Stück Kuchen zu. Mit einer Extraportion Sahne obendrauf.

Gernot galt als einflussreicher Geschäftsmann. Dass sein Ruf hauptsächlich zweifelhaft war, darüber hatten es meine Eltern in endlosen Reden, bis ich nicht mehr mit ihnen sprach. So ließen sie mich auch sprichwörtlich im Regen stehen, als das Kind in den Brunnen gefallen war. Was wiederum beinahe wörtlich zu nehmen ist. Denn Gernot lehnte es grundsätzlich ab, ein Kondom zu benutzen, und ich vertrug die Pille nicht. Meine Beine schwollen davon an wie die eines Elefanten. Ich bekam eine richtig fette Nesselsucht. Hätte Gernot mich mit Elefantenbeinen zu seinen zahlreichen Partys mitgenommen? In breiten Gesundheitslatschen? Elegant wie unter die Füße gebundene Tischtennisschläger? Darüber brauchte ich erst gar nicht nachzudenken. Gernot war unheimlich charmant, solange er an seinem Gegenüber interessiert war. Er war stolz darauf, mich, seine glanzvolle Eroberung, auszuführen. Das, was in Burschenschaftskreisen »Damenflor« genannt wird, wenn zu einer Einladung eine weibliche Begleitung mitgebracht werden soll. Ich verschwieg Gernot die Schwangerschaft so lange wie möglich. Wohlweislich, dachte ich. Dass es dumm war, merkte ich erst, als es zu spät war. Zumindest für eine soziale Indikation. Bei Verschweigen des zahlungskräftigen Vaters hätte ich durchaus darauf pochen können. Gernot wollte das Kind nicht und mich auch nicht mehr. Er behauptete, er könne nicht mit jemandem leben, der nicht ehrlich zu ihm sei. Mittellos und ganz auf mich allein gestellt willigte ich in seinen Vorschlag, den er mir unterbreitete, ein. Hatte ich eine Wahl? Das habe ich mich später oft selbst gefragt. In zu vielen Nächten, in denen der Schlaf nicht kommen wollte und mich mied, als ob ich die Pest hätte. Vielleicht hatte ich sie ja auch tatsächlich, ohne es zu bemerken.

Zu meinen Eltern, mit denen ich wegen Gernot gebrochen hatte, ließ mich mein Stolz nicht gehen. Ich wollte nach der Geburt nicht einmal wissen, ob es ein Mädchen oder ein Junge war. Ich warf keinen Blick auf das kleine Wesen und wollte nur, dass es rasch aus meiner Welt verschwand, bevor ich es mir womöglich anders überlegte. Gernot hatte es an ein Paar vermittelt, dessen zahllose Versuche, ein Kind zu bekommen, ins Leere gelaufen waren. Der Arzt, ein guter Bekannter Gernots, stellte den Mutterpass auf die Frau aus und ich ging mit ihrer Krankenkassenkarte zur Entbindung in die Klinik. Sieben Stunden nach der Geburt verließ ich die Einrichtung. Der offizielle Vater des Kindes holte uns ab und ließ mich unterwegs alleine aussteigen. Nicht nur englische Herzoginnen sind in der Lage, kurz nach der Geburt rank und schlank aus der Klinik zu marschieren. Wobei ich nicht nach Hause kam, das wäre eine absolut übertriebene Bezeichnung der Version meines Wohnens gewesen. Gernots pompöse Villa war nie wirklich ein Zuhause für mich gewesen. Ich verkroch mich in einem kühlen Zimmer, dessen Wände immer näher rückten. In mir war alles kalt und leer.

Kurz darauf zog ich in eine andere Stadt um. Von dem Geld dieser Leute. Ja, schon klar, ich habe Geld genommen.

Ich sehe ja ein, dass der eine oder andere dies womöglich verwerflich findet. Diese Leute jedoch waren ziemlich vermögend und haben mir einiges an Kohle aufgedrängt. What the fuck? Hätte ich es nicht nehmen sollen? Ein gesundes Baby war es ihnen wert. Ich unterschrieb eine Erklärung, dass ich keinen Kontakt zu dem Kind aufnehmen würde, und studierte von der Kohle in meiner neuen Heimatstadt. Ich hängte mich richtig rein in die Materie, wohnte in dieser Wohngemeinschaft und zog alle Register, um Gernot und alles, was in irgendeiner Weise mit ihm zusammenhing, zu vergessen. Eine ganze Weile funktionierte das irgendwie.

Als ich kurz vor meinem Examen stand, zog Randolf in eines der frei gewordenen Zimmer ein. Bald wurden wir ein Paar und heirateten.

Mit meinem Ehemann hat es nicht mehr geklappt, ein Kind zu bekommen. Vielleicht weigerte sich mein Körper, erneut eines zu empfangen. Womöglich lag es auch an ihm. Vermutlich haben wir einfach nicht zusammengepasst. Nicht nur in dieser Hinsicht. Das sah er dann auch ein. Wir trennten uns so, wie wir zusammengekommen waren. Unkompliziert und ziemlich schnell.

Seit fünf Jahren lebe ich jetzt in Klaipeda und halte mich mit dem Schreiben von Liebesromanen über Wasser, die ich unter Pseudonym veröffentliche. Kontakt zu meinem deutschen Verlag halte ich über das Internet. Einer meiner Romane wurde sogar ins Amerikanische übersetzt und schaffte es auf die Bestsellerliste einer angesehenen Tageszeitung. Von den Tantiemen bezahle ich meine Miete noch viele Jahre lang.

Linda erhob sich und schlich so langsam in die Küche, als wäre sie eine Katze, die heimlich um die Essensvorräte schleicht und jeden Moment damit rechnet, ihren Fressnapf ans Hinterteil gepfeffert zu bekommen, weil sie an diesem Tag schon das Schnitzel vom Herd geklaut hat.

Sie kam mit einer Schale Oliven zurück.

»Ich habe mich auf Gernots Geschäfte eingelassen und muss deshalb untertauchen. Gernot bekommt einem nicht. Er ist ein Mann, den man besser nicht kennt.«

Was will sie mir damit sagen? Gernot wird kaum über unseren kleinen Unfall, wie er es damals bezeichnete, gesprochen haben. Seine Tochter Annerose, von der Linda sprach, muss in etwa gleich alt sein wie dieser Sprössling. Hat der alte Hurenbock also gleichzeitig zwei Bräute gehabt. Er ist wirklich kein Typ, nach dem man sich die Augen ausheulen sollte. Wut kriecht in mir hoch. Macht sich breit in mir, rammt mir die Faust in den Magen. In meinem Mund schmecke ich Säure.

Am nächsten Tag begleitete sie mich in die Altstadt. Der Regen hatte sich gelegt. Wenn der Sand rasch trocknete, wofür der aufkommende Wind sprach, konnten wir bald mit der Fähre auf die Kurische Nehrung übersetzen. Ich kaufte ihr einen Bikini und ein eigenes Strandtuch. Ich kann es nicht leiden, wenn Fremde auf meinem liegen.

Alle waren von ihr angetan, während wir die Besorgungen erledigten. Die Männer von ihren wippenden kleinen Brüsten, die sie wie im Triumph vor sich her balancierte. Seht her, wie jung ich bin! Die Frauen neidlos von ihrer einnehmenden Freundlichkeit. Für jeden hatte sie die Geste zur Verfügung, die er sich wünschte. Sie gibt allen, was sie brauchen, dachte ich, während ich hinter ihr herging. Eine sehr junge Blondine als Projektionsfläche für tief im Inneren Verborgenes. Als sie sich bückte, um etwas an ihren Schuhen zu richten, nahm ich den dunklen Haaransatz wahr. Ich hoffte, ihr argloses Verhalten Fremden gegenüber sei ehrlicher als ihre Haarfarbe.

Als wir tags darauf am Strand waren, breiteten wir unsere Handtücher kurz hinter dem Wassersaum auf dem Boden aus.

Ein paar Kinder kamen herbei, gaben mit Gesten zu verstehen, Linda solle mit ihnen Ball spielen. Sie streifte ihr Kleid ab, unter dem sie bereits den neuen Bikini trug, und fing den Ball auf. Sie warf ihn weit und hetzte die Kinder damit über eine größere Strecke. Wie eine Jägerin rannte sie hinter ihnen her. Lachend tollten sie mit ihr, bis sie, selbst nur in Badehosen, ins Wasser rannten.

»Du kannst gut mit Kindern umgehen.«

»Sie sind so ehrlich. Die Erwachsenen lügen.«

»Alle?«

»Die meisten. Zumindest, wenn sie etwas von einem wollen.«

Sie hatte sich neben mich gesetzt, stützte ihre Arme weit hinter sich auf und drückte ihren Rücken durch. Eine Marylin-Monroe-Pose. Es fehlte lediglich der berühmte Schmollmund. Es berührte mich peinlich. Als zwei Fischer vorbeigingen, die im Uferschlamm nach Muscheln suchten, registrierte ich ihre Blicke. Begehren lag darin. Meine Güte, Linda war beinahe ein Kind! Trotz ihrer 20 Jahre wirkte sie nicht wie eine Frau. Ihre diesbezüglichen Gesten hatten etwas kindlich Naives. So dachte ich jedenfalls. Und wusste nicht, wie völlig falsch ich damit lag.

»Kommst du mit ins Wasser?«

Ich schüttelte verneinend meinen Kopf. Ich schwimme nicht gerne. Ich habe Angst vor den Strömungen, auch wenn die erst abends auftreten. Lieber ist es mir, am Wasser zu sitzen und auf das Spiel der Wellen zu schauen. Stundenlang kann ich das, ohne mich eine einzige Sekunde zu langweilen.

Sie schaute zu den beiden Fischern, löste entschlossen das Oberteil ihres Bikinis und lief an ihnen vorbei ins Wasser. Ihre kleinen spitzen Brüste hüpften wie kichernde Vögelchen.

Kleines Luder, dachte ich, die heizt die ganz schön auf. Wer hat dir das beigebracht oder hast du eine natürliche Gabe, den Kerlen den Kopf zu verdrehen? Die beiden Männer riefen sich etwas zu. Ich werde es nicht übersetzen.

Natürlich habe ich selbst Litauisch gelernt, obwohl es hier Menschen gibt, die Deutsch verstehen. In Klaipeda gibt es eine Schule, in welcher der Unterricht auf Deutsch stattfindet. 400 Jahre lang gehörte die Stadt zu Preußen, war kurz sogar dessen provisorische Hauptstadt. Memel hieß sie damals. Ich selbst schätze die Stadt sehr, die ihre kurze Zugehörigkeit zu Russland abgestreift hat wie ein lästiges Korsett. Ihre Bewohner sind offen für Neuerungen.

Eine Woche war sie nun schon bei mir. Sie begleitete mich auf Schritt und Tritt. Zum Markt, zum Strand auf der Kurischen Nehrung, ins Café. Es war mir unmöglich, auch nur eine einzige Zeile in meinen Laptop zu klopfen. Ich kann nicht kreativ sein und schreiben, während sich jemand in meiner Wohnung aufhält. Es muss absolut ruhig sein, nichts darf mich von meinen Gedankengängen ablenken. Meine Agentin drängte mich zu einer Fortsetzung des auch in Amerika so erfolgreichen Buches. Sie war sogar dabei, eine angefragte Lesereise abzuwenden. Ich wollte mein Pseudonym auf keinen Fall enthüllen. Sie lachte am Telefon, als ich sie fragte, ob ich etwa mit Perücke und Sonnenbrille lesen solle. Vielleicht dachte sie dabei an Trump, so, wie ich ihr die Perücke in oranger Farbe beschrieb. Womöglich sollte seine aktuelle Ehefrau meine Texte vortragen. Ihr harter Akzent ist durchaus reizvoll.

Am siebten Tag fragte ich direkt, wie lange sie zu bleiben gedenke.
»Weiß nicht.«
»Du musst doch Pläne für deine Zukunft haben.«
»Wozu?«
»Hör mal, du bist jung, du musst was machen aus deinem Leben.«

Irgendwie musste ich sie dazu bewegen, weiterzuziehen. Unbedingt. Sie nahm mir allmählich die Luft zum Atmen. Es wurde für mich dringend nötig, mir die Hoheit über meine eigenen vier Wände zurückzuerobern.

»Keinen Bock.«

»Du kannst nicht ewig hierbleiben. Ich muss arbeiten.«

»Was arbeitest du denn?«

Ich log, ohne rot zu werden. »Ich schreibe Artikel für deutsche Zeitschriften. Einrichtungen und so was. Und Kochrezepte.«

Sie drehte den Kopf zu mir. Ich sah das Dunkle inmitten ihrer blauen Iris. Niemand konnte auf den Grund ihrer Seele blicken. Sie wirkte auf mich durch und durch unehrlich. Es wäre sicher einfacher gewesen, die Gustloff vom Grund der Ostsee zu heben, als diese Person zu durchschauen.

»Kochrezepte? Wir können gemeinsam kochen. Und einen Blog machen.«

»Nein, nein, du verstehst das falsch. Ich arbeite immer alleine. Schon seit Jahren. Ich bin keine Teamworkerin. Absolut nicht.«

»Mach dich locker. Ich kann total gut kochen. Echt jetzt.«

»So geht das nicht. Du kannst nicht einfach bei mir einfallen und nicht mehr gehen. Ich brauche meinen Freiraum.«

Zur Antwort kullerten Tränen über Lindas Wangen.

Wer hätte diesen Tropfen aus großen Jungmädchenaugen zu widerstehen vermocht? Ich war nicht dagegen gewappnet.

Am elften Tag recherchierte ich heimlich Gernots Telefonnummer. Ich musste wissen, weshalb er Linda geraten hatte, sich ausgerechnet bei mir zu verstecken. Als sie im Bad war, tippte ich die Nummer in mein Smartphone und ging auf die Terrasse.

»Linda ist bei dir?«

Pause.

»Du hast sie mir geschickt.«

»Ich habe was?«

»Sie sagt, sie habe meine Adresse von dir. Sie muss wegen irgendwas untertauchen. Hat das mit dir zu tun?«

»Aber ich weiß gar nicht, wo du wohnst.«

Im Hintergrund waren Stimmen zu hören.

»Ich kann jetzt nicht reden. Nimm dich in Acht. Ich rufe dich später zurück, ja?«

Meine Frage hatte er nicht beantwortet. Für welche krummen Geschäfte setzte er die junge Frau ein? Hatte er Drogen aus tschechischen Garagen-Labors vertickt und sie als harmlos wirkende Botin eingesetzt?

Seine Stimme. Eigentlich habe ich sie nie so richtig vergessen. Sie war wie Samt auf rauem Schmirgelpapier. Er sagte, ich solle mich in Acht nehmen. Vor wem? Vor dem zierlichen Mädchen? Wieso behauptete sie, er habe sie zu mir gesandt und er verneinte das? Konnte ich ihm trauen? Wer einmal lügt, dem glaubt man nicht. Gernot hatte zeitgleich ein weiteres Kind mit einer anderen Frau, von dem ich nichts wusste, diese Annerose. Hatte er mich deshalb nicht davon abgehalten, bei ihm auszuziehen? Hatte er deren Mutter ebenfalls zu überreden versucht, das Baby wegzugeben? Lindas Erzählung nach hatte die Frau das Mädchen bei sich behalten und einen anderen geheiratet. Ich habe damals Gernot komplett aus den Augen verloren und war auch ehrlich gesagt ganz froh darüber.

Zwei Stunden später, als ich mit Linda am Strand der Ostsee lag, gab mein Smartphone Laut. Ich nahm es in die Hand und sah Gernots Nummer. Ich entfernte mich ein wenig von unserem Liegeplatz. Neugierig sah Linda mir nach. Ihr war deutlich anzumerken, wie liebend gerne sie mir jetzt gefolgt wäre. Ich verschwand aus ihrer Hörweite.

»Also, was ist los? Wovor ist Linda geflohen? Was hat sie für dich gemacht?«

»Hör mal zu. Ich habe keine Ahnung, welches Spiel sie mit dir treibt. Fakt ist, sie hat gar nichts für mich gemacht. Was hat sie dir denn eingeredet?«

»Sie sei auf der Flucht, weil sie in Deutschland nicht mehr sicher sei. Wegen irgendetwas, das mit dir in Verbindung steht.«

»Kompletter Unfug.«

»Was ist mit deiner Tochter Annerose?«

»Welche Annerose?«

»Jetzt tu nicht so. Linda hat mir alles erzählt.«

»Was genau denn?«

Ich schaute nach Linda. Sie saß unverändert auf ihrem Laken und blickte aufs Meer. Sie wirkte entsetzlich verletzbar.

»Linda hat dich über deine Tochter kennengelernt. Ihre Kommilitonin.«

Gernot stieß hörbar Luft aus.

»Ist sie gleich alt wie …«

»Es gibt keine zweite Tochter. Linda lügt.«

»Weshalb sollte sie das?«

»Hör zu. Und zwar ganz genau. Linda ist unsere Tochter. Sie ist das Kind von uns beiden.«

Ich ließ das Smartphone sinken. Meine Knie wurden wackelig. Als ich meine Hand wieder hob, klang Gernots Stimme aufgeregt.

»Nimm dich in Acht. Linda ist psychisch krank.«

»Einer von euch beiden sagt nicht die Wahrheit.«

»Bitte, du musst mir glauben. Unbedingt! Linda ist es, die lügt. Pass auf dich auf.«

»Wieso? Sie ist eine junge Frau, eigentlich eher ein Mädchen. Eine halbe Portion. Und sie ist wirklich unser Kind?«

»Lass dich nicht von ihr einlullen. Sag mir deine Adresse,

sofort. Ich komme noch heute. Ich lasse dich nicht alleine mit ihr. Auf gar keinen Fall.«

Als ich meine Anschrift herausrückte, sagte er: »Da brauche ich einen Flug. Macht nichts. Ich kümmere mich sofort darum. Ich flehe dich an, bleib nicht zu zweit mit ihr. Sieh zu, dass Menschen um euch herum sind. Menschen, denen du vertraust.« Ehe ich etwas fragen konnte, war das Gespräch beendet.

Er könne mich nicht alleine mit ihr lassen, sagte er. Vor 20 Jahren *hat* er mich alleine gelassen, nachdem ich mit meinen Eltern gebrochen hatte. Seinetwegen. Der sich dann nicht binden wollte. Zumindest nicht an mich. Nie hatte ich mich mehr im Stich gelassen gefühlt wie zu dieser Zeit.

Gernot hatte leicht reden. Menschen, denen ich vertraute, solle ich aufsuchen. Seit dieser Sache mit uns beiden damals und dem Scheitern meiner danach folgenden Ehe traute ich niemandem mehr. Und nun erfuhr ich plötzlich, dass ich seit einer Weile meine eigene Tochter beherbergte. Wieso hatte ich das nicht selbst bemerkt? Was ist mit der viel gerühmten »Stimme des Blutes«? War ich auf diesem Ohr taub? Hatte Linda mir Signale gesendet und ich war zu ignorant, um sie zu entschlüsseln? Wie sollte ich ihr nach diesem Telefonat bloß unbefangen begegnen?

»Du guckst so traurig«, meinte Linda, als ich wieder bei ihr war. »Ist etwas passiert?«

Ich hielt ihrem musternden Blick mit Mühe stand und wiegelte ab, obwohl mein Inneres einem gewaltigen Tsunami der Gefühle ausgesetzt war. »Wie kommst du denn darauf? Alles in Ordnung. Ich bin mit einem meiner Zeitschriftenartikel in Verzug und meine Agentin meint, ich solle ihn endlich schreiben. Eigentlich hätte ich ihn schon abgeben müssen. Sie war, sagen wir mal so, ziemlich ungehalten eben am Telefon. Wenn du weißt, was ich meine.«

»Du meinst, du hast einen Anschiss kassiert?«

Ich setzte mich auf mein Strandlaken und winkelte die Beine an. »Ich habe dir doch gesagt, dass ich mit meiner Arbeit hinterherhinke, weil ich nicht schreiben kann, wenn noch jemand in meiner Wohnung ist.«

»Du hast eine Agentin? Cool. Verdienst du eigentlich viel Geld?«

Sollte ich ihr ins Gesicht sagen, dass ich wusste, dass sie mein Kind war? Wie verhielt man sich, wenn man plötzlich zu einer erwachsenen Tochter kam? Ich hatte keine Erfahrung auf diesem Gebiet. Sollte ich sie in den Arm nehmen? Ich musterte sie. Waren das nicht dieselben blauen Augen wie bei meinem Vater? Die Haare? Halt. Ihre waren gefärbt. Stopp! Ich musste meinen Gedanken Einhalt gebieten. Aber weshalb war sie bei mir? Und was bedeutete diese abenteuerliche Geschichte, dass sie auf der Flucht sei? Was passierte hier eigentlich? Sollte ich sie zur Rede stellen oder Gernots Ankunft abwarten? Ihres Vaters? Mir wurde plötzlich übel. So eine richtig tiefe Übelkeit vom Magen her. Als ob ich seit drei Tagen keine Nahrung zu mir genommen hätte.

Plötzlich kam mir ihre Stimme anders vor. Irgendetwas darin hatte sich verändert. War Linda erkältet? Klang ihr Ton deshalb rauer?

»Wollen wir mit der Fähre zurückfahren?«

»Meinetwegen.«

Mir war sowieso nicht mehr danach, am hellen Strand zu liegen. Dabei ist er hier von einer samtenen Weichheit, die sich kaum mit anderen Stränden vergleichen lässt. Am ehesten mit denen in der Karibik, aber die waren sehr weit entfernt. Hier wie dort sind die an Land gespülten Muscheln von reinem Weiß.

Abends klingelte Gernot durch. »Ich bin jetzt am Flughafen und nehme mir ein Taxi.«

»Alles klar.« Ich drückte die rote Taste und beendete das Gespräch.

»Mit wem hast du telefoniert?« Linda klang lauernd. Sie kam näher, warf ihre Kippe auf den Boden. Als ich nicht antwortete, fragte sie erneut. »Mit wem?« Ihr Gesicht hielt sie dabei ganz nah vor meines.

»Mit dem Gärtner. Er will morgen kommen. Irgendwas mit den Pflanzen in den Kästen.«

Lindas Gesichtsausdruck signalisierte mir deutlich, dass sie mir nicht glaubte. Wütend verließ sie das Haus.

Er sah anders aus als früher. Nicht mehr so elastisch. Diese Schonhaltung, die er einnahm. So, als habe er Probleme mit dem Ischiasnerv. Wir hielten uns nicht damit auf, uns zu versichern, wie doof das damals alles war. Was alles anders gekommen wäre, wenn wir geheiratet hätten. Wozu sollte das auch gut sein? Das Rad der Zeit vermochten wir ohnehin nicht zurückzudrehen. Verspürte ich ein Kribbeln im Bauch, als er mir zwei Wangenküsse gab? Ich konnte dies nicht so einfach beantworten. Ein bisschen was war da auf jeden Fall. Ein zarter Schlag zweier Schmetterlingsflügel. Kaum wahrnehmbar.

»Hör mir genau zu. Lindas Eltern wurden vor zwei Jahren ermordet. Also, besser gesagt, ihre offiziellen Eltern. Linda war die Hauptverdächtige, aber die Polizei konnte ihr nichts nachweisen. Es reichte nicht einmal für einen Indizienprozess aus. Sie kam schnell aus der U-Haft frei. Der Fall ist als Cold Case, als ungeklärter Fall, zu den Akten gelegt worden.«

»Sie soll ihre Eltern ermordet haben?«

»Liest du keine deutschen Zeitungen? Das war damals wochenlang Thema.«

»Schon seit Jahren nicht mehr.«

Er nannte zwei Namen. Die der Leute, die mir mein Studium finanziert hatten.

Nun dämmerte mir der Grund seiner Besorgnis. Alles erschien plötzlich in einem neuen Licht.

»Hat die Polizei denn nicht herausgefunden, dass sie nicht das leibliche Kind der Ermordeten ist?«

»Weshalb hätten die denn einen genetischen Verwandtschaftstest machen sollen? Das kostet nur extra Geld und es gab keinen Anlass dazu. Laut ihrer Geburtsurkunde ist sie ihr Kind.«

»Und diese zweite Tochter Annerose? Gibt es die wirklich nicht? Oder hattest du damals doch was anderes neben mir laufen?«

»Herrgott noch mal!«

Die Pause, die darauf folgte, war so lang, wie man brauchte, um eine Zigarette aus der Packung zu klopfen und sie anzuzünden.

»Glaub mir. Echt. Es gibt keine andere Tochter. Und es gab damals nur dich. Du hättest ohne sie bei mir bleiben können. Ich wollte keine Familie haben, das war alles. Ich hatte unsägliche Angst, als Vater genauso zu versagen wie mein eigener Alter.« Nach einer Pause, in der er an der Zigarette zog, fuhr er fort. »Sie ist krank. Schwer krank. Sie muss in die Psychiatrie. Das Ganze war damals ein Fehler von mir. Ein ziemlich großer. Das weiß ich heute. Was war ich für ein Idiot.«

»Aber wie ist sie auf uns beide gekommen?«

»Sie muss auf irgendeinen Hinweis gestoßen sein, ein Dokument oder Ähnliches. Ich weiß es nicht. Vielleicht waren ihre ›Eltern‹ unvorsichtig und haben die Spuren nicht gut genug verwischt.«

»Das Geld. Es gab damals eine Überweisung.«

»Du meinst, sie könnte auf alte Kontoauszüge gestoßen sein?«

»Kann doch sein. Manche Leute heben akribisch alles Mögliche auf.«

»Aber doch nichts Belastendes.«

»Womöglich war es Ihnen nicht bewusst.«

»Kann sie es vom Arzt wissen? Der hat doch den Mutterpass gefälscht.«

»Der ist seit Jahren tot. Verkehrsunfall. Ich vermute, dass es Ellen in einem Streit herausgerutscht ist. Es ist die einzige Erklärung, die ich habe. So ein pubertäres Gestreite. Ein Wort gibt das andere. Du verstehst mich nicht, du bist mir so fremd, du machst gefälligst, was ich sage … und irgendwann steht es dann im Raum. Du bist nur deshalb so garstig zu uns, weil du gar nicht unser Kind bist.« Er nahm einen Schluck von seinem Bier. »Und dann hat sie irgendwelche Unterlagen gefunden und hat eins und eins zusammengezählt.«

Ich nickte zögerlich. »Das ist eine Möglichkeit. Aber wir können Ellen nicht mehr fragen.«

»Und Dietrich ebenfalls nicht. In der Zeitung stand nach dem Mord an ihnen, der Täter sei mit besonderer Grausamkeit vorgegangen. So, als wäre großer Hass mit im Spiel gewesen.«

»Womit hat Dietrich eigentlich sein Geld verdient?«

»Autohändler.«

»Es könnte jemand aus diesem Umfeld gewesen sein.«

»Möglich. Aber ich glaube nicht daran. Linda ist vor ein paar Wochen bei mir aufgetaucht.«

»Hat sie dich mit deiner Vaterschaft konfrontiert?«

»Nein. Aber ich wusste natürlich sofort, dass sie es ist. Ihr Bild war zu oft in der Zeitung gewesen.«

»Was wollte sie?«

»Einen Job.«

»Hast du ihr einen gegeben?«

»Nein. Sie hat mir eine wirre Geschichte erzählt. Sie fände meine Firma so toll und sähe große Aufstiegschancen bei mir. Es war irgendwie verworren. Kein guter Anfang für eine

Vater-Tochter-Beziehung. Dabei hatte sie etwas Lauerndes an sich. Wie ein Tiger, der sein Opfer beobachtet und nur auf den richtigen Moment wartet, um hinterrücks anzugreifen.«

»Deine Fantasie geht mit dir durch.«

»Ich irre mich nicht in der Beziehung. Linda ist psychisch krank. Davon bin ich überzeugt. Weshalb kreuzt sie ausgerechnet hier bei dir auf und spielt nicht mit offenen Karten? Warum sagt sie dir nicht, wer sie wirklich ist? Sie führt etwas im Schilde. Deshalb bin ich sofort gekommen. Du musst vorsichtig sein.«

Wem sollte ich nun glauben? Linda, die mir von ihrer Kommilitonin erzählte, die angeblich Gernots Tochter war, oder Gernot, der mich damals so kaltschnäuzig hatte fallen lassen und jetzt behauptete, Linda wäre unsere gemeinsame Tochter und eine Mörderin? Irgendwie war ich komplett verwirrt, es zerriss mich beinahe. Wo blieb meine Menschenkenntnis? Sollte ich Linda glauben? Oder Gernot, der mich so gnadenlos hängen gelassen hatte? Weshalb sollte ich ihm heute vertrauen? Von meiner Seite aus sprach ziemlich wenig dafür. Seine Glaubwürdigkeit hatte er verspielt.

Überhaupt, was konnte Linda denn dafür, dass irgendein Irrer ihre reichen Eltern ermordet hatte? Es ist immer so, dass zuerst die nächsten Angehörigen verdächtigt werden, egal ob es sich um leibliche Kinder handelt oder um adoptierte. Das ist absolute Routine. Das kommt in jedem zweiten Krimi im Sonntagabendfernsehprogramm vor. Selbst wenn ein Kind vermisst wird, geraten die Angehörigen in den Fokus der Ermittlungen. So etwas weiß man doch!

Am liebsten hätte ich mir einen schweren Roten eingegossen. Und dabei alles verdrängt. So einen Wein, der matt im Glas schimmert, wenn man es gegen das Licht hält. Ein einziges Glas nur. Dann würde ich dem Meer lauschen und an meinem Roman weiterarbeiten. Ich kann nämlich das Rauschen der Wellen von meinem Schreibtisch aus hören, wenn ich das Fenster öffne. Von dort fliegen mir die Gedanken zu und ich tippe wie im Rausch ganze Kapitel herunter, die ich sofort an meine Agentin weiterleite. Sie schreibt mir dann zurück, ob meine Idee was taugt und ob ich weiter daran arbeiten soll oder nicht. Sie hat ein gutes Gespür für den Markt, weiß, was sich an Verlage verkaufen lässt und was nicht. Sie ist auch die Einzige, die den wahren Namen hinter meinem Pseudonym kennt. Zu schreiben und in einer Fantasiewelt zu leben, erschien mir im Moment als verlockende Alternative zu dem Gefühlschaos in meiner Realität, das kaum auszuhalten war. Hinter meinen Schläfen pochte es gnadenlos.

Gernot ging zu seinem Hotel, in dem ich ihm ein Zimmer besorgt hatte. Als Linda zurückkam, klärte ich sie über seine Anwesenheit auf.

»Wenn die mich finden, ist er schuld. Er legt eine Spur zu mir.«

»Was war dein Job für ihn?«

»Das willst du nicht wissen.«

»Sag es mir.«

Sie schürzte ihre Lippen. »Es gibt Männer, die haben gewisse Vorlieben. Die sind an kein Alter gebunden.«

»Du bist volljährig.«

Sie nickte vielsagend. »Ich schon.«

Mir wurde übel. Was deutete sie da an? Meine Gedanken kreisten um einen Kinderpornoring. Ich packte sie an den Armen. »Was hast du für ihn gemacht?«

Sie löste sich aus der Umklammerung, senkte trotzig den Blick. »Frag ihn selbst. Du kennst ihn doch ganz gut.«

Weshalb klopften die Geister der Vergangenheit jetzt wieder an meine Tür? Ist das die Vergeltung dafür, mein Kind weggegeben zu haben? Sie hatte es gut bei diesen Menschen. Sie waren wohlhabend und angesehen. Sie konnten ihr alles bieten, was ein Heranwachsender brauchte. Sie verfügten über Mittel, über die ich nicht einmal nachzudenken gewagt hatte. In was wurde ich da gerade hineingezogen? Mit welchen Widerlichkeiten verdiente Gernot mittlerweile sein Geld?

Als sie in ihrem Zimmer lag, ging ich nochmals weg. Graue Wolken trübten den Abendhimmel, das Kopfsteinpflaster der Altstadt schimmerte feucht. Ich querte die Brücke, die die Danè überspannt, vorbei an dem prächtigen Segelschiff Meridianas, das dort festgemacht ist. Es ist das Wahrzeichen der Stadt.

Ich traf Gernot in der Bar seines Hotels. Auf dem Tresen vor ihm stand ein Glas dunkles Bier aus einer heimischen Brauerei.

Ich winkte dem Kellner zu. »Für mich das Gleiche, bitte.«

Wir saßen beide schweigend nebeneinander, bis auch ich mein Getränk hatte.

»Mir lässt das einfach keine Ruhe, wie Linda auf dich und mich gekommen ist.«

»Ich weiß es nicht. Alles schien damals gut. Die perfekte Lösung.«

Plötzlich die Erinnerung. Mir wurde ein wenig schwindelig. Wieso war mir das nicht gleich eingefallen? Ich hatte es zu sehr verdrängt und jetzt war es plötzlich wieder in meinem Gedächtnis. Hochgespült aus irgendwelchen Tiefen, zu denen ich die Tür verschlossen hatte. Nun war sie einen Spalt aufgegangen. »Es gab ein Papier.«

Gernot blickte mich fragend an.

»Bevor die mir das Geld überwiesen haben, bestanden sie darauf, dass ich Ihnen schriftlich zusichere, keinen Kontakt zu meinem Kind aufzunehmen.«

Er schlug sich mit der Hand an die Stirn. »Das hast du unterschrieben?«

»Was hätte ich tun sollen? Ich brauchte das Geld. Aber wie hat sie mich hier in Klaipeda ausfindig gemacht?«

»Über deinen Stromanbieter vielleicht.«

»Bitte?«

»War ein Scherz. Vergiss ihn. Ich habe keine Ahnung, ehrlich gesagt. Aber wenn sie genau dieses Schriftstück gefunden hat, hatte sie deinen Namen.«

»Und deinen?«

»Ich stand im Blick der Öffentlichkeit. In den Zeitungsarchiven aus unserer gemeinsamen Zeit sind sicher Fotos von uns beiden. Sie musste nur nach dir suchen, damit hatte sie auch meinen Namen. Ziemlich simpel.«

»Wir müssen mit ihr reden. Ihr alles erklären.«

Am nächsten Tag willigte Linda murrend ein, uns zu begleiten. Am Markt schmiegte sie sich plötzlich an Gernot. Mit einem Blick zu mir streifte er ihre Arme ab. Sie ließ nicht locker und küsste ihn auf den Mund. Ich hatte keine Ahnung, was sie damit bezweckte, und schüttelte meinen Kopf. Was sollte dieser Auftritt? Die Frau an dem Gemüsestand und ihre Stammkunden beobachteten uns neugierig. Sie kennen mich, weil ich von Anbeginn an hier einkaufe. Ich fing ihre Blicke auf und senkte meinen auf den Boden. Gernot ging weiter und tat so, als ob nichts wäre. Vielleicht hatte er recht damit, Lindas Verhalten nicht zu viel Bedeutung beizumessen. Da wusste ich noch nicht, wie sehr ich mich mit dieser Vermutung irrte.

Am späten Nachmittag setzten wir mit der Fähre auf die Kurische Nehrung über. Ich hatte keine Idee, wie das hier enden sollte. Aber so viel war gewiss, es musste enden. Irgendwie. Hier kannte ich keinen Psychiater. Schon gar keinen, der Lindas Sprache verstand. Gernot musste Linda zurück nach Deutschland verfrachten und sie dort in eine Einrichtung bringen, wo ihr eine gute Therapie zuteilwurde.

Auf unserem Weg durch das lichte Wäldchen kamen uns einige Menschen entgegen, die zur Fähre und aufs Festland wollten. Am Saum des Wäldchens fällt der Sand ab, um in einen breiten hellen Strand überzugehen. Als wir ihn erreicht hatten, stellten wir fest, dass außer uns so gut wie niemand mehr da war. Die Ostsee lag silbern glänzend vor uns. Ein Kreuzfahrtschiff in der Ferne verursachte Wellen, die sanft an den Strand plätscherten.

Plötzlich sprang Linda zu mir her und verpasste mir eine heftige Ohrfeige. Es brannte schmerzhaft.

»Spinnst du?« Mit Mühe hielt ich mich davon ab, ihr ebenfalls eine zu knallen.

Gernot brüllte sie an. »Was soll das?«

Ehe er es sich versah, zog sie ihm zwei tiefe Kratzer über seine Wange.

Verwirrt blickten Gernot und ich uns an. Was hatten wir bloß für ein Wesen in die Welt gesetzt? Was geschah hier gerade?

Linda beachtete uns nicht. Sie packte mit beiden Händen entschlossen ihr T-Shirt am Ausschnitt und riss es in der Mitte durch. Daraufhin trennte sie sich mit Gewalt von ihrer Hose. Alles passierte so schnell, dass wir kaum wussten, wie uns geschah.

So wie die Natur sie schuf, rannte sie ins Wasser.

»Die Strömung!« Meine Stimme überschlug sich.

Ich packte Gernot am Arm. »Heute ist die Strömung ziemlich heftig. Das haben sie heute Morgen im Radio gesagt. Es ist Selbstmord, da jetzt hinauszuschwimmen. Deshalb ist auch niemand außer uns hier.«

Aber Linda kraulte bereits mit kräftig ausholenden Armbewegungen hinaus aufs Meer. Wie gebannt starrte ich auf ihren blonden Kopf, der sich rasch weiter entfernte.

»Ich kann nicht schwimmen«, stammelte Gernot.

»Wir müssen was tun!«

»Gibt es hier eine Seenotrettung?«

Ich zog mein Smartphone aus der Tasche und tippte eine Nummer ein. Als ich das Gespräch beendet hatte, war von Linda schon nichts mehr zu sehen. Nie wieder bekam sie jemand zu Gesicht. Sie war verschwunden. Außer ihren Kleidern am Strand und den paar Habseligkeiten in meiner Wohnung hinterließ sie keine Spur.

Gleich am nächsten Tag wurden wir beide getrennt voneinander von der Polizei zunächst befragt, später verhört. Zeugen hatten ausgesagt, wir hätten eine »Ménage-à-trois« gebildet. So ähnlich, wie Anaïs Nin es in ihren Tagebüchern beschreibt. Zeugen wollen bemerkt haben, dass wir so gewirkt hätten. Mir wäre jedoch deutlich die Eifersucht anzumerken gewesen. Vielleicht habe die junge Frau aus dieser Dreier-Verbindung aussteigen wollen und der Mann war aus naheliegenden Gründen nicht einverstanden. Es müsse ein heftiger Streit stattgefunden haben.

Sie haben Gernot aufgrund dieser Aussagen und seiner Kratzspuren und wegen Lindas zerrissener Kleidung in Untersuchungshaft genommen. Ich saß in den folgenden Tagen oft am Meeressaum und wühlte mit den Füßen im Wasser. So als würde ich darin eine Antwort auf die Frage finden, warum uns das alles angetan wurde und ob nicht wir ganz allein schuld an unserer Misere waren. Sozusagen als Auslöser der Katastrophe. Es gibt keine Antwort. Schicksal ist ein zu großes Wort, als dass ich es verwenden möchte. Wäre Lindas psychische Erkrankung auch ausgebrochen, wenn ich sie selbst aufgezogen hätte?

Meine Agentin meint, ich solle irgendwann einen Roman darüber schreiben. Aber das werde ich auf gar keinen Fall tun. Meine Romane sind pure Fiktion, alles, was darin geschieht, entspringt meiner Fantasie.

Konnte es überhaupt irgendeinen Menschen auf dieser Erde geben, der trauriger über den Verlust von Linda war als ich? Niemand kann auch nur erahnen, wie es für mich war, sie ein zweites Mal zu verlieren. Dieses Mal für immer. Niemand trauert so sehr um einen Menschen wie seine Mutter.

Das Trauma der frühkindlichen Ablehnung hat Linda offenbar nie überwunden. Die Menschen, die ihre Eltern hatten sein wollen, mussten dafür büßen. Kann man sich ein Kind kaufen? Ich weiß es nicht. Aber was ist Schlechtes daran, es zu tun, im Fall, dass man sich ein Kind wünscht und die Natur einem keines schenkt? Warum um alles in der Welt hat Linda diese Leute ermordet? Sind Gernots Gene bei ihr mutiert? Er ist ein skrupelloser Geschäftsmann, das weiß ich aus Zeitungsberichten. Als ich noch in Deutschland lebte, habe ich immer mitgelesen, was er alles trieb. Meine Eltern hatten recht mit ihrer Einschätzung. Seine Tochter hat das alles auf die Spitze getrieben. Der Apfel fällt nicht weit vom Stamm, so sagt man. Manchmal ist er allerdings schlimmer als dieser. Faulig schon seit der Blüte.

*

Die Frau hat mir die gesamte Zeit über aufmerksam zugehört, während sie selbst schwieg. Wir haben gespeist und anschließend gemeinsam Kaffee getrunken. Manchmal ist es besser, Fremden die eigene Geschichte zu erzählen. Sie sind unvoreingenommene Zuhörer, da sie einen nicht kennen. Sie verurteilen einen nicht bereits von vornherein, bevor man ihnen überhaupt alles erklären konnte. Für sie steckt man in keiner Schublade. Es hat mir gutgetan, außer mit der Polizei endlich noch mit einem anderen Menschen über die Sache zu reden.

»Bleiben Sie nach dieser entsetzlichen Geschichte hier?«, will sie nun von mir wissen.

»Ich weiß es nicht. Keine Ahnung.«

»Vielleicht wäre es besser für Sie, von hier wegzuziehen. Fangen Sie irgendwo neu an. Hier lässt die Erinnerung sie nicht los.«

»Vielleicht ist es meine gerechte Strafe, hierzubleiben.«

»Seien Sie nicht so hart zu sich selbst.« Sie legt ihre Hand auf meinen Arm. »Denken Sie darüber nach, sich zu verändern. Es bringt niemandem etwas, wenn Sie sich selbst quälen. Letztendlich ist es ein Schicksal, das Ihnen widerfahren ist. Ein ziemlich tragisches. Die Vergangenheit können Sie ohnehin nicht ändern. Unter gar keinen Umständen. Alles, was bereits geschehen ist, können wir nicht rückgängig machen. Es bleibt, wie es ist. So gerne wir manchmal dazu in der Lage wären. Das Rad der Zeit lässt sich nicht zurückdrehen.«

»Ich hätte damals stärker sein müssen. Ich hätte mein Kind nicht weggeben dürfen.«

»Sich mit Selbstvorwürfen zu zermürben, führt Sie nicht weiter. Denken Sie an das Morgen.«

»Aber wie soll ich mit dieser Schuld weiterleben?«

»Das müssen Sie selbst herausfinden. Geben Sie sich Zeit.«

Zum Abschied umarmt sie mich, hält mich kurz fest. Im Weggehen dreht sie sich noch mal um und winkt mir zu. Sie bewegt sich aufrecht. Ein Mensch mit Rückgrat. Erst als sie aus meinem Blickfeld verschwunden ist, fällt mir auf, dass ich weder ihren Namen weiß noch, wo sie herkommt. Ich habe einer völlig Unbekannten meine Geschichte erzählt.

Mein Smartphone klingelt. Ich nehme das Gespräch an. Es ist meine Agentin. Sie hat eine Neuigkeit für mich und ihre Stimme vibriert vor Jubel. Mein kommerziell erfolgreichster Roman wird nach dem Amerikanischen außerdem ins Japanische übersetzt werden.

»Du musst unbedingt einen weiteren Roman schreiben.

Im Moment ist es günstig, etwas Neues unterzubringen. Du bist gefragt wie noch nie!«

»Manchmal schreibt das Leben die spannenderen Romane.«

»Auf keinen Fall jedoch bessere, als du sie erzählst. Schreib, was immer du willst. Ich verkaufe deine Story. Versprochen.«

DIE PUPPE
(VILNIUS, LITAUEN)

»Sprechen Sie Deutsch?«, fragte Marja. Edelgard hatte sie begleitet, Norbert war im Auto sitzen geblieben, weil es laut seiner Ansicht nach Überfallkommando aussähe, wenn sie vor einer fremden Wohnungstür zu dritt im Hausflur stünden. Im zweiten Stock waren sie an einem der Namensschilder neben einer Klingel fündig geworden.

Die Frau, die öffnete, trug einen modischen Kurzhaarschnitt. Das Gesicht der ungefähr Ende 60-Jährigen war dezent geschminkt. Zu einer grünen Hose trug sie eine karierte Bluse.

Marja stellte sich und Edelgard vor. »Wohnt hier eine Frau, die Dana heißt? Sie hat vor langer Zeit in Tallinn gelebt. Wir haben die Adresse von einer ehemaligen Nachbarin in Riga erhalten.«

Das Gesicht der Frau hellte sich auf. »Wolka! Sie waren bei Wolka? Wie geht es ihr? Ich habe sie lange nicht mehr gesehen.«

»Sie hört schlecht. Aber sonst – ich glaube, es geht ihr so weit gut.«

»Es liegt eine Weile zurück, dass ich in Riga war. Seit ich Mutter zu mir geholt habe. Mutter ist 87 Jahre alt und es geht ihr nicht gut. Aber kommen Sie bitte herein. Sie wird sich freuen, von Wolka zu hören. Es war zwischen den beiden eine gute Nachbarschaft. Mutter wird Sie gut verstehen. Von ihr habe ich die deutsche Sprache gelernt.«

An den Wänden des hellen Flurs hingen Familienfotos. Marja und Edelgard wurden zur letzten Tür geführt und in das Zimmer gebeten. In einem Lehnsessel, der direkt am Fenster platziert war, saß eine schmale alte Frau. Ihr kurzes weißes Haar war dünn und flaumig. Der Anblick erinnerte Edelgard an ein verletztes Vögelchen, welches aus dem Nest gefallen war. Auf ihrem Schoß lag trotz der sommerlichen Temperaturen eine leichte Decke. Die Finger, welche diese umklammerten, deuteten aufgrund ihrer Verkrümmung auf eine starke Arthrose hin.

Als die Tochter sich zu der Sitzenden beugte und mit ihr sprach, flammte in deren Gesicht Überraschung auf.

»Sie kommen aus Deutschland zu mir?«

Marja nickte.

In dem Raum gab es eine kleine Gruppe geblümter Polstermöbel. Der Strauß auf dem kleinen Tischchen in der gläsernen Vase war frisch. Edelgard wurde peinlich bewusst, dass sie selbst ohne Gastgeschenk gekommen waren.

»Nehmen Sie bitte Platz.« Die Tochter setzte sich nach ihrer Einladung ebenfalls.

Marja zog ihr Smartphone aus der Tasche. »Darf ich unser Gespräch aufnehmen? Damit ich nichts vergesse.«

Die alte Dame nickte begütigend.

»Hatten Sie als Kind in Tallinn eine Freundin, die nach Deutschland gezogen ist?«

Dana bejahte. »Rebekka. Wir waren wie Schwestern.« Die greisen Augen füllten sich mit Tränen. »Sind Sie deshalb den weiten Weg gekommen, um mich das zu fragen?«

Marja nickte. »Weshalb ist Rebekka damals weggegangen?«

»Das ist eine traurige Geschichte.«

»Mögen Sie bitte davon erzählen?«

»Was interessiert Sie daran?«

»Vielleicht weiß ich, was aus Rebekka geworden ist. Ich möchte aber zunächst Ihre Geschichte hören.«

Dana blickte aus dem Fenster. Auf keinen bestimmten Punkt, vielmehr in die Ferne. Ihr Blick suchte nach nichts, was da draußen lag. Er war nach innen gerichtet. Es machte den Eindruck, als würde sie die Sonne da draußen und die Häuser auf der anderen Straßenseite nicht wahrnehmen. Ebenso wenig die Amsel, die trällernd in einem der Bäume saß und durch das gekippte Fenster zu hören war. Die alte Dame wirkte so zerbrechlich, als ob ein Windhauch sie wegwehen könnte. Es war völlig still im Raum.

Marja nickte Edelgard zu, um ihr zu signalisieren, zu schweigen. Sie wollte die Frau, die in ihren Erinnerungen forschte, nicht drängen.

»Es war eine schlimme Zeit. Die schlimmste, die ich je erlebt habe. Ich war davor jeden Tag bei Rebekka gewesen. Ihr Vater war ein reicher Kaufmann. Meine Mutter hat bei der Familie gearbeitet, sich um den Haushalt gekümmert. Ich war älter als Rebekka, vielleicht drei Jahre, ich weiß es nicht mehr genau. Es können auch vier gewesen sein. Unsere Geburtstage lagen nur einen Monat auseinander. Ich durfte meinen in dem Haus von Rebekkas Familie feiern. Sie waren immer sehr großzügig. Aber …« Sie stockte. Tränen kullerten über die faltigen Wangen. »Bringst du mir ein Taschentuch?«, wandte sich Dana an ihre Tochter. Als die mit dem Gewünschten zurückkehrte, erzählte sie weiter. »Die Familie musste fort. Sie waren Juden. Sie wurden enteignet und nach Russland gebracht. Rebekkas Vater hat das geahnt, andere waren auch schon geholt worden. Rebekka hatte eine Kinderfrau. Martha war nur für sie da. Sie hat sie geliebt wie ein eigenes Kind.«

»Martha hieß sie?« Marja horchte auf. Denn so hatte die Mutter ihrer betagten Nachbarin geheißen.

Dana nickte. »Meine Mutter hat es mir später erzählt. Jahre danach. Zu der Zeit, als es passierte, war ich ja selbst noch ein Kind. Da durfte ich nichts davon wissen. Ich hätte mich verplappern können.« Sie begann plötzlich zu zittern. »Dann wäre sie verloren gewesen, wie ihre Eltern ...«, brachte sie stockend hervor. Dicke Tränen tropften auf ihr Kleid. Das heftige Schluchzen hinderte sie am Weitersprechen.

Sofort erhob sich ihre Tochter. »Deine Tabletten, Mutter. Ich bringe sie dir.« Und zu Marja und Edelgard gewandt: »Warten Sie in der Küche auf mich. Es wird zu viel für meine Mutter. Es strengt sie zu sehr an. Sie braucht jetzt ihre Ruhe.«

Nach ein paar Minuten kam die Frau zu ihnen, entnahm dem Kühlschrank eine Flasche Saft und stellte diese mit drei Gläsern auf den blank geputzten Tisch. »Nehmen Sie sich bitte.« Sie setzte sich ebenfalls auf einen der hölzernen Stühle, auf denen dünne Kissen lagen. »Ich habe Mutter zu ihrem Bett geführt und ihr ein Beruhigungsmittel gegeben. Sie wird gleich schlafen. Das Gespräch hat sie furchtbar aufgeregt.«

»Das tut mir wirklich leid. Das wollten wir natürlich nicht.« Edelgard blickte besorgt.

»Sie können nichts dafür. Sie träumt in letzter Zeit oft von Rebekka. Das weiß ich, weil sie im Schlaf diesen Namen sagt. Ich trage ebenfalls diesen Namen, aber sie träumt nicht von mir, es ist ein Traum aus ihrer Kindheit, weil auch ihre Mutter darin vorkommt. Tagsüber spricht sie nicht mit mir darüber, auch nicht, wenn ich danach frage. Es ist dann immer, als ob sie an mir vorbeiblicken würde. So, als nähme sie mich nicht wahr. Ich erreiche sie dann nicht mit meinen Worten. Es ist ... ja, es ist seltsam. So, als wäre sie gar nicht mehr in ihrem Körper. Sondern woanders.« Die Frau nahm einen Schluck von dem Saft. »Woher wissen Sie überhaupt von Rebekka und von meiner Mutter?«

Marja zögerte. Sie hätte das Gespräch lieber mit Dana fortgesetzt als mit deren Tochter und damit Informationen aus erster Hand erhalten. »Ich kenne eine betagte Dame, die so heißt. Darf ich morgen wiederkommen, um erneut mit Ihrer Mutter zu reden?«

Rebekka nickte. »Mutter ist ziemlich alt und schwer krank. Sie sitzt nur noch am Fenster und blickt hinaus. Es kommt mir manchmal so vor, als ob sie auf irgendetwas warten würde. Vielleicht genau auf Sie und Ihre Nachricht.« Sie wandte ihren Kopf zur Wohnungstür, die geräuschvoll geöffnet wurde.

Ein sehr junger Mann betrat die Küche und blickte erstaunt auf die Gäste, bevor er sich Rebekka zuwandte.

»Martynas!« Die beiden sprachen Lettisch miteinander. Nachdem er die Küche wieder verlassen hatte, erklärte sie: »Mein Enkelsohn. Ich habe vier Enkel.« Stolz lag in ihrem Blick. »Aber bitte, kommen Sie morgen wieder.« Sie nannte eine Uhrzeit.

Die Fahrt zurück in die Stadt führte zunächst durch ein Viertel mit noblen Villen. Norbert saß am Steuer, Marja nachdenklich auf der Rückbank. »Setzen Sie sich neben Ihren Mann!«, hatte sie beim Einsteigen zu Edelgard gesagt.

»Mein Gespür hat mich nicht getrogen«, ließ sie die beiden nun an ihren Überlegungen teilhaben. »Ich hatte schon vermutet, dass hinter der Geschichte meiner früheren Nachbarin mehr steckt. Wenn es wirklich lediglich so gewesen wäre, dass sie bei einer Mutter, die sie unehelich geboren hat, aufgewachsen ist, ergäbe es keinen Sinn, dass sie sich an einen anderen Namen erinnert, den sie früher getragen hat. Außerdem summt sie wiederholt ein jüdisches Kinderlied. Martha hatte sie evangelisch konfirmieren lassen. So ist es im Kirchenbuch der Stadt verzeichnet, wo die beiden in Deutschland gelebt haben.«

»Die haben Ihnen Auskunft erteilt?« Edelgard wunderte sich.

»Die Betreuerin, die sie wegen ihrer Demenz gesetzlich vertritt, hat angefragt. Die will nämlich auch wissen, was hinter diesen frühen Kindheitserinnerungen steckt. Sie hat gesagt, sie wird dafür sorgen, dass Rebekka, wie sie ja offensichtlich heißt, öfter mal ein Gericht und solchen Kuchen erhält, wie man ihn in der Gegend, wo sie geboren wurde, kannte. Irgendetwas, was ihr noch ein klein wenig Freude beschert. Rebekka hat sich von einem Großteil der Welt bereits verabschiedet. Wie alle Demenzerkrankten lebt sie in ihrer eigenen Welt, die ständig kleiner wird und die sie gedanklich nicht mehr verlassen kann.«

»Schon wieder ein Hummer«, bemerkte Norbert und zeigte in eine Einfahrt vor einer großen Villa. »Das ist nicht der Erste, den ich heute sehe.«

»Ich will gar nicht erst wissen, wie viel Sprit die verbrauchen.« Das kam von Marja.

»Was machen wir nun?« Edelgard lugte auf ihre Uhr. »Wir können durch die Altstadt bummeln und ein hübsches Restaurant suchen.«

»Klingt gut«, stimmte Norbert zu, der den Wagen in der Nähe des Kathedralenplatzes parkte.

»Hier sind viele junge Leute unterwegs«, stellte Edelgard überrascht fest, nachdem sie ausgestiegen waren. »Und so elegant gekleidet.« Sie musterte ihren Mann, der heute eine hellbraune Baumwollhose mit einem dunkelbraunen Sakko trug. Täuschte sie sich oder hatte er seit Beginn ihrer Reise wirklich ein ganz klein wenig abgenommen? Auf das Rasieren hatte er seit Marjas Kompliment verzichtet. Norbert bemerkte die Musterung durch seine Frau und lächelte sie an. »Heute will ich zum Essen unbedingt ein Kwas trinken.«

»Was ist das denn?« Edelgard hängte sich bei ihm ein.

»Oh, das will ich auch testen. Dieses Bier aus Brot heißt hier aber ›Gira‹.«

Marja daddelte schon wieder auf ihrem Smartphone. »Ich suche nach einem Restaurant. Eines mit möglichst vielen guten Bewertungen.«

Während Edelgard und Norbert vorausgingen, wischte sie weiter auf dem Display. »Hier habe ich etwas, das scheint ganz gut zu sein. Die bieten einheimische Gerichte an und Pizzen.« Sie holte zu den beiden auf. »Gira gibt es bei denen auch.«

»Das passt. Edelgard, bist du einverstanden?«

»Probieren kann ich es ja mal, wenn es eine hiesige Spezialität ist. Und ansonsten haben die sicher auch Salat.«

»Klar.« Marja steckte ihr Smartphone in die Tasche ihrer kurzen Jeanshose. »Ich würde gerne zur Schwarzen Madonna gehen. Dieses Bildnis wird von vielen Katholiken verehrt.«

»Wo ist das denn?«, fragte Norbert.

Marja zog erneut ihr Smartphone aus der Hosentasche. »An der Universität vorbei, dann an der Johanniskirche – oh, wir können gleich durch das alte jüdische Viertel bummeln. Vilnius galt sogar als Jerusalem des Nordens. Die litauischen Juden hatten einen bedeutenden Anteil am kulturellen Leben der Stadt!«

»Was ist aus ihnen geworden? Steht das auch im Reiseführer?« Edelgard zeigte auf das Display.

Marja zögerte. »Kaum jemand hat überlebt.«

Während des Bummels durch das mittelalterliche Viertel sprachen sie nicht. Jeder hing seinen Gedanken nach. Edelgard gingen die vielen Lebensläufe durch den Kopf, die sich hinter den Fassaden der Häuser verborgen haben mussten. Ähnliche wie die von Rebekkas Eltern. Menschen, denen alles genommen wurde und die am Ende ihr Leben verloren hatten. So wie es heute seit einigen Jahren wieder passierte. In Syrien, Afghanistan und vielen anderen Ländern.

Als sie bei der Kasimirkirche mit ihrer beeindruckenden Doppelturmfassade angelangten, schlug Marja vor, weiter zu dem Stadttor zu gehen, über dem eine Kapelle erbaut wurde. »Es heißt ›Tor der Morgenröte‹. Darin hängt das Bild einer Madonna, der Mutter der Barmherzigkeit, das von den Katholiken sehr verehrt wird.«

»Gehen wir auch zur Katharinenkirche?«, wollte Edelgard wissen.

»Wir können hier ganz viele Kirchen besichtigen.« Sie zeigte nach oben und drehte sich einmal um sich selbst. »Ich vermute, es gibt in der gesamten Stadt keinen einzigen Standort, von dem aus nicht mindestens ein Kirchturm zu sehen ist.« Eine Gruppe Jugendlicher wich ihr kichernd aus.

Auf ihrem weiteren Weg durch die gepflasterte Altstadt bemerkte Edelgard eine in den Boden eingelassene Plakette. Sie zeigte darauf. »Die Jakobsmuschel.«

»Waren Sie auf dem Jakobsweg?«, fragte Marja.

»Ja. Aber nicht in Spanien. Wir sind auf dem pfälzischen Jakobsweg gewandert.«

»Pfälzisch?«

»Der Jakobsweg hat seinen Ausgangsort überall dort, wo Gläubige beginnen, dem Heiligen entgegenzuwandern. So wie offenbar hier.«

»Und wo startet der in der Pfalz?«

»In Speyer. Vor dem Dom.«

»Kommen Sie mit hoch, um das Madonnenbild zu sehen? Ihm werden wundertätige Kräfte zugesagt.«

»Das kann jeder gebrauchen, oder etwa nicht, Edelgard? Wir kommen selbstverständlich mit.« Norbert schritt auf den Eingang zur Treppe zu.

Am nächsten Tag blieb Norbert nicht im Auto sitzen, als sie erneut Dana einen Besuch abstatteten.

»Wie geht es Ihrer Mutter heute?«

»Rebekka?« Die Stimme der alten Frau war zu vernehmen. »Sind die Besucher da?«

»Folgen Sie mir. Mutter erwartet Sie bereits.«

Um Danas Schultern lag eine gehäkelte zartrosa Stola. Wie gestern saß sie in dem Lehnsessel. »Da sind Sie ja. Heute müssen Sie mir aber mehr erzählen. Weshalb sind Sie gestern einfach gegangen?«, fragte sie vorwurfsvoll.

Ihre Tochter legte ihr die Hand auf den Arm. »Dir ging es nicht gut. Schau, sie sind wiedergekommen.« Und an Marja und Edelgard gewandt: »Nehmen Sie bitte Platz. Ich hole Tee und etwas Gebäck.«

Edelgard hatte in letzter Minute daran gedacht, heute ein Gastgeschenk mitzubringen. Sie hatte es während der Fahrt hierher in einem Supermarkt gekauft. Nun griff sie in ihre Tasche und zauberte eine hübsche Schachtel mit Likörpralinen zutage, die sie auf das Tischchen neben den Blumenstrauß, der gestern schon dagestanden hatte, legte.

Marja platzierte ihr aktiviertes Smartphone dazu. »Sie haben uns gestern von Martha erzählt.«

Die alte Dame saß wie ein vom Wind hineingewehtes Vögelchen in dem großen Sessel. »Die Martha, ja. Das war eine Gute, das können Sie mir glauben! Wie ihren Augapfel hat sie Rebekka gehütet. Sie kannte sie von Geburt an. Hat sie herumgetragen, wenn sie schrie. Meine Mutter hat erzählt, sogar die Wiege der Kleinen habe bei ihr im Zimmer gestanden. Die Martha hat ja keine eigene Familie gehabt. Ihre Eltern sind gestorben, als sie jung war. Die hat es gar nicht gut gehabt, bis sie ins Haus von Rebekkas Eltern kam. Meine Mutter hat immer gesagt, die Martha, die wollte nicht heiraten und eigene Kinder haben.«

»Sie hat die Kleine sehr geliebt.«

»Ja, das hat sie. Sie war vernarrt in das Mädchen. Rebekkas Eltern war die Flucht verwehrt, sie konnten nicht mehr weg.

Wären sie bloß früher gegangen! Das hat meine Mutter später oft gesagt. Wenn sie doch nur geflohen wären! Dann war es zu spät. Martha hat sie angefleht, das Kind zu retten. So hat es mir meine Mutter erzählt. Sie hat selbst einige Goldmünzen in Kleider von Martha genäht, die ihr Rebekkas Mutter gegeben hat. Martha hat gesagt, sie wolle versuchen, mit einem der Schiffe nach Deutschland zu kommen. Sie habe an der Ostsee Verwandte. Bei denen könne sie untertauchen.«

»Sie hat Rebekka einen anderen Namen gegeben und als ihr Kind ausgegeben.«

»Nichts sollte darauf hindeuten, dass Rebekka Jüdin war. So hoffte sie, sie zu retten. Sie hat gar keine Papiere für das Kind mitgenommen und gesagt, sie ist jetzt eine Christin.«

»Wen hat sie als Vater angegeben?«

»Darüber wusste meine Mutter nichts. Sie hat selbst nie wieder von Martha und Rebekka gehört. Die Eltern sind nach ihrer Deportation ermordet worden. Das gesamte Baltikum war nach dem Krieg lange von Sowjets besetzt. Es waren schwere Zeiten für uns alle. Ich habe jedoch all die Jahre … ich habe immer gehofft, dass Rebekka weiterlebt. Meine Tochter trägt ihren Namen. So habe ich mich täglich an sie erinnert.«

Marja fasste nach Danas Hand. »So, wie es aussieht, hat Martha es in den Kriegswirren geschafft, Rebekkas Namen zu ändern. Sie gab ihr ihren eigenen Familiennamen und nannte sie fortan ›Klara‹. Ich nehme an, sie ist mit der Behauptung, die Dokumente während der Flucht verloren zu haben, durchgekommen. Im sowjetisch besetzten Estland hat niemand nachgeforscht.«

»Dann ist es ihr also gelungen, nach Deutschland zu kommen.« Ein feines Lächeln umspielte ihren Mund. »Und Rebekka lebt.«

Marja nickte. »Ja, sie lebt. Aber sie ist alterskrank. Sie erinnert sich nur noch an ihre frühe Kindheit. Alle anderen Erinnerungen sind ihr verloren gegangen.«

»Spricht sie von mir?«

»Genau das hat mich auf Ihre Spur gebracht. Sie erzählt von Tallinn und von Ihnen. Sie beide hatten eine sehr enge Verbindung?«

»Wir waren wie Schwestern.« Sie wischte eine Träne fort. »Wie haben die beiden überlebt? Wie hat Martha das geschafft?«

»Sie hat viele Jahre als Näherin gearbeitet. Rebekka hat eine Ausbildung gemacht und war Buchhalterin.«

»Die Kaufmannsgene ihres Vaters! Was ist aus Martha geworden?«

»Als Rebekka 30 Jahre alt war, hatte Martha einen Unfall. Ein Auto hat sie überrollt. Dabei ist sie verstorben. Rebekka ist dann aus Norddeutschland weggezogen, ein paar Hundert Kilometer weiter.«

»Hat Rebekka eine Familie? Kinder?«

Marja schüttelte verneinend ihren Kopf. »Soviel ich weiß, hat sie nach Marthas Tod alleine gelebt.«

»Rebekka!« Sie wandte sich an ihre Tochter. »Hole bitte die kleine Kiste aus meinem Schrank.«

Ihre Tochter tat, wie ihr geheißen. Sie kam mit einem Holzkästchen zurück, welches sie nun vorsichtig öffnete. Eine kleine Puppe kam zum Vorschein. Sie trug einen verblichenen blauen Kittel mit mürber Spitze sowie eine weiße Hose. Die Haare waren aus Kunststoff auf dem Kopf geformt.

»Die Schärgen haben alles im Haus mitgenommen. Sie haben nichts zurückgelassen. Rebekka hat mir, bevor sie mit Martha wegging, ihre Puppe gegeben. Es ging alles so schnell! Ihre Eltern haben furchtbar geweint. Das kann ich nicht vergessen. Ich habe diese Puppe all die Jahre aufbewahrt. Bringen Sie sie Rebekka. Richten Sie ihr bitte aus, dass ihre Dana jeden

Tag an sie gedacht hat. Jeden einzelnen Tag. Sie ist immer in meinem Herzen.« Die alte Dame schloss ihre Augen.

Ihre Tochter bedeutete den Gästen, den Raum zu verlassen, und führte sie in die Küche. »Das Ganze hat meine Mutter sehr angestrengt. Glauben Sie mir, ich wusste selbst nichts von dieser Geschichte. Sie hat nie mit mir darüber gesprochen.« Sie drückte Marja das Kästchen in die Hand. »Sie wissen, was Sie zu tun haben.«

»Soll ich fahren?«, fragte Norbert, als sie wieder am Auto waren.

»Das wäre nett.« Marja setzte sich auf die Rückbank. »Ich muss jetzt erst mal meine Gedanken sortieren. In der Nachkriegszeit mit einem unehelichen Kind in Deutschland! Das war sicher nicht einfach für Martha.«

Edelgard nahm auf dem Beifahrersitz Platz. »Ich erinnere mich an eine Lehrerin, die unverheiratet war und ein Kind hatte. Das war etliche Jahre später. Sie hatte kein leichtes Leben. Die verheirateten Frauen im Ort sahen sie als Konkurrenz, einige Männer als Freiwild. Da haben sich die Zeiten glücklicherweise geändert. Weshalb Martha alleine geblieben ist? In der Generation meiner Großmutter gab es einige Frauen, deren erstes Kind nicht von dem Mann war, den sie später geheiratet haben. Das waren die Geheimnisse, von denen im Treppenhaus getratscht wurde. So hat es mir meine Oma erzählt.«

»Die Kriegserlebnisse? Die Erfahrung, dass nichts sicher ist? Dass Menschen andere verraten, töten …?«

Edelgard nickte. »Das kann gut sein. Wie soll man nach solch einem Leben noch beziehungsfähig sein? Irgendjemandem vertrauen? Wenn man hautnah miterlebt hat, wie dünn die Decke der Zivilisation sein kann.«

»Außerdem waren nach Ende des Zweiten Weltkrieges die

Frauen in der Überzahl. Viele der Männer waren im Krieg geblieben.«

»Und die Heimkehrer schwer traumatisiert. Da war es vermutlich leichter, mit dem Mädchen alleine zu leben. Und auch Rebekka ist dann ebenfalls unverheiratet geblieben. Dass bei Ihrer alten Nachbarin das jetzt alles hochkommt, nach all den Jahrzehnten, in denen sie offenbar nicht darüber gesprochen hat!«

»Sie war ein sehr junges Kind, als alles geschah. Sie hat es verdrängt. Durch die Demenz fallen die Schutzmechanismen weg. Die Kranken erinnern sich an Erlebnisse aus ihrer frühesten Kindheit, während sie die letzten Jahre ihres Lebens vergessen. Ich nehme die Puppe in Danzig beim Rückflug in mein Handgepäck. Ich werde sie ihrer ursprünglichen Besitzerin zurückbringen. Und ihr von Dana erzählen. Dass sie eine Tochter hat, die so heißt wie sie.«

»Denken Sie, diese Informationen werden noch zu ihr durchdringen?«

»Zu ihrem Verstand vermutlich nicht mehr. In ihrem Herzen wird es ankommen.« Marja hielt die gesamte Fahrt über das Kästchen fest in ihren Händen.

DAS GOLD DER OSTSEE
(DANZIG, POLEN)

Marja hatte endlich den Wagen einigermaßen im Griff und die kleinen Hüpfer wurden seltener. Während sie durch den Korridor zwischen Russland und der russischen Exklave um Kaliningrad an der Ostsee fuhren, überholte sie eine Kolonne von Panzern.

»Nato-Übung. Machen die hier öfter. Litauen arbeitet eng mit der Nato zusammen.«

Edelgard ignorierte Norberts Erklärung bezüglich der Panzer. Krieg war ihr zuwider. Obwohl sie, je älter sie wurde, immer mehr einzusehen bereit war, dass Länder aus Schutz vor Übergriffen vermutlich doch Zähne zeigen sollten.

Sie saß schweigend auf der Rückbank, während Marja und Norbert sich unterhielten. Nachdem sie die Grenze von Litauen zu Polen hinter sich gelassen hatten, schaltete sie sich wieder in die Unterhaltung ein. »Masuren. Schon der Name klingt wie Musik. Mit viel Streichmusik. Du musst das ganz langsam aussprechen: Masuren.« Sie war begeistert von der Gegend, durch die sie fuhren. Die Wolken am Himmel über der weiten Landschaft und der Nieselregen trugen zu ihrem elegischen Gefühl bei. Sie war sich sicher, noch nie derart schöne Wolkengebilde gesehen zu haben.

»Die Nazis fanden es im damaligen Ostpreußen auch schön. Einige hatten hier ihre Sommerhäuser, so wie Göring, der hat sich das Haus von Thomas Mann unter den Nagel gerissen.« Norberts Geschichtskenntnisse waren wie so oft unschlagbar.

»Dafür kann aber die Landschaft nichts.« Edelgard genoss den Blick auf die vorbeigleitenden satten Wiesen und Wäldchen mit weißen Birken. »Außerdem steht dieses Haus auf der Kurischen Nehrung und nicht in Masuren.«

»Aber hier ist etwas anderes. Der Obernazi hat sich sein sogenanntes Führerhauptquartier einrichten lassen. In der Nähe von Görlitz, wie die Stadt in Ostpreußen hieß. Mauern mit einigen Metern Dicke. Ein eigener Flughafen und ein Bahnhof machte die Meute mobil, die sich dort im dichten Wald verkroch.«

»Steht noch was davon?«

»Teilweise haben die Bunker derartig dicke Wände, dass sie nach dem Krieg mehrere Sprengungen überstanden. Die Anlage war ziemlich groß. Da konnten sich einige Tausend Menschen aufhalten.«

»Fand da nicht auch die Tat statt, für die Claus Schenk Graf von Stauffenberg und einige andere mit ihrem Leben bezahlten?«, fragte Marja.

»Das verunglückte Attentat, ja. Eine Gedenktafel soll dort daran erinnern.«

»Ich möchte eigentlich nicht zu einer Besichtigung anhalten.« Marja suchte im Rückspiegel nach Edelgards Blick. »Wie ist es mit Ihnen? Möchten Sie das anschauen?«

»Ganz sicher nicht. Das klingt für mich nach einem total gruseligen Ort. Lassen Sie uns lieber durchfahren bis nach Danzig. Dann kommen wir im Hellen an. Ich orientiere mich in einer fremden Umgebung lieber bei Tageslicht. Ich freue mich so sehr auf diese Stadt!«

Norbert nickte. »Die Altstadt sieht schon auf den Bildern in unserem Reiseführer sehr schön aus. Nach Ende des Zweiten Weltkrieges wurde sie nach der Zerstörung sofort wiederaufgebaut.«

»Sag mal, als wir in Darmstadt waren, da hat doch unsere Wirtin Edna irgendwas mit Danzig erzählt?«

»Ich erinnere mich daran. Ihre Mutter ist in der Nacht, als die Gustloff in der Ostsee sank, aus Danzig geflohen. Weil sie mit ihren Eltern und ihrer Schwester auf der Gustloff keinen Platz mehr bekommen haben, drängten sie sich sozusagen in letzter Minute auf ein anderes Schiff. Erst später haben sie erfahren, dass die Gustloff von sowjetischen U-Booten torpediert wurde. Über 9.300 Menschen sind am 30. Januar 1945 ertrunken. Es war die schlimmste Katastrophe, die sich je in der Schifffahrtsgeschichte ereignet hat.«

»Hat man das Wrack später gehoben?«

»Es liegt immer noch auf dem Grund der Ostsee. Zwölf Seemeilen vor der polnischen Küste.«

»Ednas Pension. Dort haben wir uns kennengelernt.«

»Sie haben Edna einen Gefallen getan und die junge Frau aus der Nachbarschaft weggebracht, als ihr die Ausländerbehörde auf der Spur war. Edna sagte, sie wird nie die Geschichte ihrer eigenen Familie vergessen, als die selbst auf der Flucht war. Ihre Mutter hat ihr immer und immer wieder davon erzählt. Das war für sie mit ein Grund, die junge Frau zu unterstützen. Wo haben Sie sie eigentlich hingebracht?«

»Minea, so hieß sie. Ich habe Sie damals nach Frankfurt gefahren. Zu einem Freund, der schon vielen Menschen in einer ähnlichen Lage geholfen hat. Mehr müssen Sie nicht wissen.«

»Haben Sie noch mal etwas von Minea gehört?«

»Nein. Wir haben keinen Kontakt.«

»Ihr Freund hat auch nichts von der jungen Frau erzählt?«

»Nur so viel, dass sie in Sicherheit ist. Sie lebt jetzt irgendwo in Nordhessen.«

»Hoffentlich hat sie es dort gut.«

»Das hoffe ich auch.«

»Aus welchem Land stammt sie eigentlich?«

»Wenn ich mich richtig erinnere, war sie aus Syrien geflohen, ich bin mir aber nicht sicher. Ihr Vater war jedenfalls Professor an einer Universität gewesen. Sie hatten oft Gäste aus Deutschland gehabt. Das hatte sie erzählt. Deshalb sprach sie unsere Sprache so gut.«

Marja setzte den Blinker und fuhr an den rechten Straßenrand, wo sie anhielt.

»Was ist los?«, fragte Norbert.

»So ein nerviger Drängler. Der fuhr die ganze Zeit über schon so nah auf. Hat anscheinend Testosteron anstelle von Benzin im Tank. Ich lasse den besser vorbei. Wir müssen nicht durch die Landschaft rasen, als wäre ein Profikiller hinter uns her.«

Nachdem sie in ihrem Hotel eingecheckt hatten, querten sie zu Fuß die Motlawa über eine der Brücken. Sie schlenderten längs des Hafenkais in Richtung des mächtigen Krantors.

»Diese Häuser! Ein Stadtbild so richtig zum Verlieben schön.« Edelgard war begeistert.

Marja stimmte ihr zu.

Norbert brillierte wie üblich mit seinen Kenntnissen. »Da, wo heute die Ausflugsschiffe anlegen, kamen früher die Frachter der Hanse an. Gegenüber, wo du jetzt die modernen Wohngebäude siehst, befand sich die Speicherstadt.«

»Danzig war doch früher deutsch?«, fragte Edelgard.

»Danzig gehörte zeitweise zu Preußen und war zwischen den beiden Weltkriegen eine Freie Stadt. Mit dem Ende des Zweiten Weltkrieges wurde es unter polnische Verwaltung gestellt.«

»Ednas Mutter wuchs im selben Danziger Stadtteil auf wie der spätere Nobelpreisträger Günther Grass. Davon hat sie uns an einem Abend ausführlich erzählt. Sie hat sämtliche Werke von ihm in ihrem Bücherschrank stehen.« Edelgard erinnerte sich mit sichtlicher Begeisterung.

»Langfuhr hieß der Stadtteil. So sagte Edna jedenfalls. Vielleicht ist ihre Mutter ihm sogar persönlich begegnet«, überlegte Norbert.

»Warum nicht? Das ist gut möglich.«

»Welch ein interessanter Lebenslauf!«, fand Marja. »Wenn man sich vorstellt, die Mutter unserer Wirtin kannte womöglich einen späteren Nobelpreisträger! Man weiß nie, was in den Leuten steckt. Das Leben ist voller Geschichten!«

Am Zentrum für Maritime Kultur angelangt, machten sie kehrt. Ein Stück nach dem Krantor schlenderten sie durch das Frauentor auf die kopfsteingepflasterte Ulica Mariacka. Die wurde zu beiden Seiten von pittoresk anmutenden, liebevoll restaurierten Giebelhäusern gesäumt. Zur ersten Etage führte oft eine prächtig gestaltete Treppe mit einer kleinen Terrasse vor dem höher liegenden Hauseingang. Die Architektur wirkte ziemlich repräsentativ. Etliche der Regenrinnen endeten in beachtenswerten steinernen Skulpturen, aus deren Mäulern bei Regen Wasser sprudelte. In den darunterliegenden Souterrains befanden sich neben einigen Kneipen Geschäfte. Ihr reichhaltiges Angebot konnte man nicht nur in den Auslagen der Fenster, sondern ebenso in eigens davor aufgestellten Glasvitrinen bewundern. Bernstein in allen Farben von Gelb bis Grün über häufigere Brauntöne und in vielen Varianten: Ketten, Anhänger, Armbänder, Ohrringe und Broschen. Edelgard bestaunte die Auslagen.

»Woher kommt dieser viele Bernstein? Das Vorkommen muss immens sein! Allein schon, wenn ich mir das Angebot in dieser einen Straße ansehe.« Sie nahm einen großen Schmuckanhänger von einem Verkaufstisch in ihre Hand und betastete die samten anmutende Oberfläche des geschliffenen Steins.

»Bernstein wird über die Ostsee aus Skandinavien und Finnland angeschwemmt. Es ist Harz aus Wäldern. Viele Millionen Jahre alt«, wusste Marja. »Ich besitze ein schönes

Armband, das mein Vater irgendwann einmal meiner Mutter schenkte.«

»Wunderschön. Ich mag die dunklen Steine besonders gerne. ›Gold der Ostsee‹ wird Bernstein genannt.«

»Weshalb guckst du dann nur nach einem Anhänger?«, fragte Norbert. »Such dir eine ganze Kette aus, wenn dir diese Steine so gefallen.«

»Aber die Preise …« Edelgard war verblüfft. So spendabel kannte sie ihren Mann bislang nicht. Er zeigte eine völlig neue Facette seines Wesens.

»Dafür kriegst du bei denen hier ein Zertifikat. Du kannst sicher sein, dass die Steine echt sind. Guck, da im Fenster des Ladens steht das. Lass uns hineingehen. Da drinnen ist die Auswahl sicher größer. Außerdem kannst du dich beraten lassen. So eine Kette ist ein schönes Souvenir unserer Reise.«

Marja, die sich, nachdem sie alle drei den üppig ausgestatteten Laden betreten hatten, für einen schmalen, länglichen Anhänger aus honigfarbenem Stein interessierte, pflichtete ihm bei. »Es gibt sogar Nachbildungen aus Gießharz. Oder aus gepresstem Bernsteinstaub, der beim Schleifen entsteht.«

Eine der Verkäuferinnen war auf sie aufmerksam geworden. Die freundliche Frau zeigte auf einen Tisch, auf dem eine UV-Lampe stand.

Marja nickte. »Frau Buchmann, ich lege meinen Anhänger unter das UV-Licht.« Sie ging zu dem Tisch. »Schauen Sie nur, wie der jetzt leuchtet. Nur echter Bernstein leuchtet so.«

Norbert wandte sich mit weltmännischer Geste an die Verkäuferin: »Do you speak English?«

Sie nickte. »Außerdem Deutsch, wenn Sie mögen.«

»Sehr gut. Zeigen Sie uns bitte eine Kette für meine Frau mit großen dunklen Steinen.«

»Gerne.« Die Frau schritt zu einer Vitrine und öffnete sie. Mit geübten Handgriffen legte sie Edelgard die Kette um.

»Hier ist ein Spiegel, kommen Sie, bitte. Da können Sie sich selbst betrachten.«

Edelgard trat vor den großen Spiegel. »Die ist …«

»Zauberhaft. Das ist wirklich ein ausgesprochen schönes Stück. Sie steht dir richtig gut.« Norbert strahlte seine Frau an. Mit der cremefarbenen Bluse, die sie heute zu einem dunklen Rock trug, kam das Schmuckstück besonders gut zur Geltung.

Marja pflichtete ihm bei. »Diese großen dunklen Perlen! Fabelhaft.«

»Wie viel kostet sie?«, fragte Norbert, wobei er bereits nach seiner Brieftasche griff.

Die Verkäuferin schrieb den Preis auf einen Block.

»Oha!« Er fasste sich jedoch schnell wieder. »Ach was. Weißt du, Edelgard, die ist zum nächsten Hochzeitstag.« Er entnahm seiner Brieftasche die Kreditkarte. »Dann muss ich mir keinen Kopf mehr darüber zerbrechen, was ich dir schenke.«

Edelgard behielt die Kette gleich an. Die glatten Steine fühlten sich gut auf der Haut an. »Genau so eine wünsche ich mir seit Langem. Aber irgendwie war sie mir einfach zu teuer. Nun wird sie mich immer an diese außergewöhnliche Reise erinnern.« Als sie aus dem Geschäft traten, blickte sie zu der Kirche am Ende der Gasse.

Marja war ihrem Blick gefolgt. »Wollen wir hineingehen? In die Marienkirche passen 25.000 Besucher.«

»Wie viel?!«

»Sie ist ziemlich groß!«

Norbert hängte sich bei seiner Frau ein. »Übrigens heißt diese Gasse hier auf Deutsch ›Frauengasse‹.«

Edelgards Smartphone spielte eine Melodie ab. Sie fischte in ihrer Tasche danach. Verwundert sah sie den Namen von Marjas Mann auf dem Display. Was wollte der von ihr? Seit sie ihn bei einer ihrer früheren Reisen angerufen hatte, weil seine Frau direkt von einem Flusskreuzfahrtschiff, auf dem sie investigativ recherchiert hatte, in eine Klinik gebracht werden musste, hatte sie nicht mehr mit ihm gesprochen. Sollte sie Marja den Bildschirm zeigen? Oder lieber doch nicht? Sie wischte darüber und hielt das Telefon an ihr Ohr. »Buchmann. Hallo?«

Norbert blickte sie verwundert an. »Ist was mit Mutti?«, mischte er sich ein.

Edelgard winkte ab. »Nein, alles gut. Geh mit Marja schon voraus in die Kirche. Ich komme nach.«

»Mit wem telefonierst du denn?«

»Die Nachbarin, die die Blumen gießt. Sie sagt, eine sei eingegangen.«

»Meine Güte, Edelgard, das ist kein Grund, um dich im Urlaub anzurufen. Wir holen dir neue, wenn wir zurück sind. In deinen Lieblingsfarben. So viele du willst!« Kopfschüttelnd folgte Norbert Marja, die der Kirche zustrebte.

Edelgard hatte keine Zeit, sich über die plötzlich entfachte Spendierfreudigkeit ihres Mannes zu wundern, und wandte sich ihrem Gesprächspartner zu. »Herr Berger-Schnitter, womit kann ich Ihnen helfen?«

»Es ist … wie soll ich sagen? Ich möchte auf keinen Fall, dass Sie mich falsch verstehen, Frau Buchmann.«

»Bestimmt nicht. Mir ist kaum etwas fremd. Glauben Sie mir das, als Pfarramtssekretärin kriegt man einiges mit.« Und natürlich aufgrund meiner Krimilektüre, dachte sie, behielt es aber wohlweislich für sich.

»Ist die Reise angenehm?«

»Marja telefoniert doch mit Ihnen? Jeden Abend?«

»Schon. Aber was macht sie tagsüber? Begibt sie sich alleine auf Recherche?«

»Sie können ganz beruhigt sein, Herr Berger-Schnitter. Wir begleiten Ihre Frau überallhin. Sie macht keinen Schritt alleine.« Edelgard spürte eine kribbelnde Wärme, die sich von ihrem Hals zu ihrem Gesicht hocharbeitete. Dabei mogelte sie lediglich ein klein wenig!

»Dann bin ich beruhigt. Und sonst – nichts Ungewöhnliches? Etwas, das Sie mir berichten möchten?«

»Alles in bester Ordnung. Kein Grund zur Sorge. Ganz gewiss nicht.«

»Vielen Dank, Frau Buchmann. Meine Frau …«, er zögerte.

Edelgard verstand: »… muss nicht wissen, dass Sie mich angerufen haben. Alles klar. Auf Wiederhören.« Sie legte auf und folgte Norbert und Marja in die Kirche.

Im Anschluss schlenderten sie bis zum Bernsteinmuseum im Stockturm, der früher ein Gefängnis gewesen war. Nachdem sie das Museum im Vorkomplex der Langgasse ausgiebig besichtigt hatten, meldete Norbert etwas Dringliches an. »Wisst ihr was? So langsam bekomme ich vom vielen Spazierengehen richtig Hunger. Wollen wir in der Langgasse einkehren? Im Zentrum der sogenannten Rechtstadt finden wir bestimmt ein schönes Lokal.«

»Wer hier gebaut hat, war bestimmt nicht arm.« Edelgard vermochte sich gar nicht sattzusehen an den pastellfarben angestrichenen Patrizierhäusern der Langgasse. Die Farben harmonierten mit einigen Grau- und Brauntönen anderer hervorragend restaurierter Fassaden.

Norbert hatte ein Restaurant entdeckt, welches ihm zusagte. Er wies auf die ausgehängte Speisekarte. »Da sollte jeder von uns etwas finden können, was ihm zusagt. Schauen Sie bitte, Marja, die haben so ein großes Angebot. Ich nehme eine Pizza. Und du, Edelgard?«

»Lass uns erst mal reingehen. Ich werde schon etwas für mich finden.«

»Es gibt dunkles Bier. Habe ich schon erwähnt, dass ich polnisches Bier liebe?« Norbert schwelgte in Vorfreude auf den nahen Genuss.

»Kann sein. So ganz nebenbei.« Marja grinste.

Als sie Platz genommen und jeweils für sich etwas ausgewählt hatten, rückte Marja mit einer Idee heraus.

»Wollen Sie mich zur Gedenkstätte Westerplatte begleiten? Dort wird der Ausbruch des Zweiten Weltkriegs verortet. Ich fliege bald wieder zurück nach Deutschland und möchte es vorher unbedingt besichtigen, wenn ich ohnehin in der Gegend bin.«

»Norbert, was meinst du?« Dass Edelgards Frage rhetorischer Art war, war ihrem Tonfall zu entnehmen.

»Edelgard, wenn wir schon hier sind, würde ich mir das ganz gerne ansehen.«

»Begleite Marja ruhig. Ich werde mich zu beschäftigen wissen. Außerdem ist es eine gute Gelegenheit für mich, unsere Wäsche beim Hotelservice abzugeben. Für unsere nächsten Stationen soll sie wieder frisch sein.«

»Danke, dass du dich darum kümmerst.« Norbert drückte ihr einen Schmatzer auf die Wange.

Nach einer kurzen Ruhezeit im Hotel brachen Marja und Norbert zu der Fahrt auf. Die Westerplatte lag nicht weit von Danzig entfernt. Während Edelgard erneut in die Altstadt gebummelt war, nun dort in einem der Straßencafés saß und auf ihr bestelltes Heißgetränk wartete, gingen ihr tausend Gedanken durch den Kopf. Die historischen Ereignisse hatten viel Leid über die Länder an der Ostsee gebracht. Große Wunden waren geschlagen worden. Die drei baltischen Staaten waren seit drei Jahrzehnten unabhängig. In Polen hatte die Gewerkschaft Solidarność einen Umbruch ausgelöst.

Was war die Quintessenz eines Lebens? Was blieb? Von jedem Einzelnen? Je öfter sie sich selbst diese Frage stellte, desto mehr verschwamm die Möglichkeit einer klaren Antwort. Verlor sich in der Unendlichkeit der Worte, zu denen sie sonst fähig war. Konnten Worte einen Sinn ergeben? Dienten

sie lediglich dem Austausch, dem allen Menschen innewoh-
nenden Wunsch nach Geselligkeit mit Gleichgesinnten? So
viel Wissen hatte sich im Laufe vieler Generationen angesam-
melt. Trotzdem konnte diese eine Frage, auf die jedes Leben
zulief, nicht beantwortet werden. Was war der Sinn davon?
Je älter sie wurde, desto klarer wurde ihr die Unmöglichkeit
einer Antwort darauf.

Ein Gespräch am Nachbartisch erlöste sie aus ihren Gedanken, die kreisten und die wie schon so oft bezüglich dieser ele-
mentaren Frage zu keinem Ergebnis gelangten. Ein Mann in
teurer Freizeitkleidung unterhielt sich mit einem zweiten. Der
trug einen Anzug, zu dem die bequemen Sportschuhe, in denen
seine Füßen steckten, in Kontrast standen. Trotz der noch nicht
späten Uhrzeit stand vor ihm auf dem Tisch ein Glas schim-
mernden Rotweins, welches er bereits zur Hälfte geleert hatte.

»Ich bin vor einer Weile aus Bamberg hierhergezogen und
habe ein Sommerhaus gekauft. Es war ziemlich herunterge-
kommen, das dürfen Sie mir glauben. Seit Jahrzehnten ist da
nichts mehr gemacht worden. Ich habe ordentlich Geld in
die Hand genommen! Beim Renovieren habe ich unter dem
Keller einen Schutzraum entdeckt, so eine Art Bunker. Der
Zugang lag verborgen hinter einem Regal.«

»Meine Tante in Oberbayern hatte so einen. In den 70ern
gab es sogar Fördermittel, wenn man einen privaten Atom-
schutzbunker in seinem Haus einbauen ließ.«

»Der Kalte Krieg. Ich erinnere mich. Da wurden die
Ängste der Menschen ganz schön geschürt.«

»Es war keine leichte Zeit.«

»Es hat sich vieles verändert.« Er zog an seiner Zigarette
und blickte den Rauchkringeln nach. »Nichts bleibt, wie es
ist. Alles ist im Fluss.«

»Alles ist im Fluss. Die Welt hat sich schon immer verändert. Das Morgen ist immer anders als das Gestern.«

»Und miteinander verknüpft. Das Heute ist ohne das Gestern nicht denkbar, auch wenn es unwiederbringlich vorbei ist. In dem Bunker, der zu meinem Haus gehört, wurde etwas eingelagert. Ich konnte nicht herausfinden, wem das alte Haus zu einer bestimmten Zeit im letzten Jahrhundert gehört hat. Der Besitzer muss irgendwie Zugang zu »entarteter Kunst« gehabt haben. Wenn Sie verstehen, was ich meine.« Er machte eine bedeutungsvolle Pause, während er weitere Rauchkringel produzierte.

»Ich glaube zu wissen, wovon Sie reden. Diese Kunstwerke wurden von den Nazis konfisziert und vernichtet.«

»Angeblich! Zum Glück für uns heute wurde nicht alles verbrannt.«

»Aber die Bilder gehören doch jemandem.«

Er wischte mit der Hand durch die Luft. »Das ist so verdammt lange her. Und offiziell weiß keiner was davon. Die Bilder gelten als verbrannt. Ich habe den Zugang zu diesem Bunker selbst erst beim Renovieren entdeckt. Da ist jahrzehntelang keiner mehr drin gewesen.« Die Zigarette war zu Ende geraucht und er nahm sofort eine neue, steckte sie in seinen Mund und zündete sie an. Nach dem ersten Zug, den er tief inhalierte, fuhr er fort: »Es ist *die* Gelegenheit, ein bedeutendes Kunstwerk zu erwerben.«

»Zu einem guten Preis?«

»Selbstverständlich. Sonst säße ich jetzt nicht mit Ihnen hier.«

»Es gibt doch bestimmt Erben der Leute, denen die Bilder gehörten.«

»Das kann kein Mensch mehr nachvollziehen.«

»Aber … ist es nicht so, dass denen die Bilder gehören?«

»Papperlapapp. Ich selbst erbe auch nichts. Von niemandem.« Er hob seine Hände theatralisch in die Höhe. »Von meiner Hände Arbeit! Nur davon lebe ich. Im Übrigen biete ich Ihnen eine äußerst günstige Gelegenheit. Es wäre ziemlich unklug, sie ungenutzt verstreichen zu lassen. Denken Sie in Ruhe darüber nach. Ich reserviere mein Angebot bis morgen für Sie, denn es gibt natürlich mehrere Interessenten. So ein hübscher Kokoschka oder ein kleiner Nolde würde sich in Ihrem Wohnzimmer bestimmt gut machen. Das wäre wahrer Kunstgenuss, wie er sonst nur echten Kennern vorbehalten ist.«

Bei der Nennung der Namen hellte sich der Blick seines Gesprächspartners auf. Er sagte jedoch: »Aber da sieht ihn doch jeder! Alle Gäste meines Hauses.«

»Niemand wird denken, Sie haben sich tatsächlich ein millionenschweres Bild über dem Sofa aufgehängt. Nur wir beide wissen die Wahrheit. Sie erzählen in Ihrem Bekanntenkreis, ein Freund habe für Sie das Original nach einem alten Foto nachgemalt. Sie können sicher sein, das nimmt ihnen jeder ab. Ich gebe Ihnen mein Wort darauf. Weil der Mensch glaubt, was er glauben will.«

»Bis morgen?«

»Bedenken Sie den Spaß, den Sie dabei haben, wenn alle denken, Sie haben ein nachgemaltes Bild und Sie insgeheim bedauern, weil Sie sich kein echtes leisten können. In Wahrheit werden Sie ein wertvolles Bild eines der bedeutendsten Maler überhaupt besitzen. Das ist genau die Art von Understatement, die wirkliche Reiche sich leisten können.«

»Ich muss bis morgen darüber nachdenken. Außerdem habe ich noch eine Frage: Kann ich das Bild vorher sehen?«

Der Mann im Anzug legte ein Handy auf den Tisch. »Prepaid. Rufen Sie mich damit an. Meine Nummer ist eingespeichert. Nach unserem Gespräch entnehmen Sie die SIM-Karte und zerstören sie.«

Edelgard blieb, nachdem die Männer bezahlt hatten und gegangen waren, eine Weile sitzen. Es war so unglaublich, was sie soeben mitgehört hatte. Der Mann betrieb einen schwunghaften Handel mit Bildern, welche die Nazis gestohlen hatten. Das konnte nicht wahr sein! Unglaublich war so etwas. Während sie sich innerlich darüber aufregte, kam der Anzugträger auf leisen Sohlen zurück. Er hatte etwas auf dem Tisch vergessen, das er jetzt an sich nahm. Er griff nach der Schachtel Zigaretten. Dabei blickte er unverhohlen nach ihr.

Edelgard täuschte vor, in dem mitgebrachten Buch zu lesen, wobei sie darauf achtete, den deutschen Buchumschlag zu verbergen. Als der Mann sie musterte, blickte sie gelangweilt in die andere Richtung, ohne ihm einen Funken Aufmerksamkeit zu schenken.

Nachdem er sich ein paar Schritte entfernt hatte, legte sie einen kleinen Schein für ihr Getränk, welches sie zu ihrem Bedauern nicht einmal zur Hälfte geleert hatte, neben das hohe Glas. In einigem Abstand folgte sie ihm, bis er in einem Haus verschwand. Sie merkte sich die Adresse und schlenderte weiter. Sie musste unbedingt Marja von dem Belauschten berichten, sobald diese mit Norbert von dem Ausflug zur Platte zurückkam. Sie war sich sicher, einer großen Schweinerei auf der Spur zu sein.

Als Edelgard den beiden beim Abendessen im Hotel von dem belauschten Gespräch berichtete, wurde Marja wütend. »Die Bilder gehören selbstverständlich den Erben der Menschen, denen sie gestohlen wurden. Etliche eigneten sich damals Eigentum ihrer jüdischen Mitbürgerinnen und Mitbürger an, begonnen bei Kaufhäusern, die plötzlich ›Ariern‹ gehörten. Grade jetzt nach der Geschichte mit Rebekka – eigentlich hätte die alte Dame Anspruch auf den Besitz ihrer Eltern! Sie hätte sich das doch zurückholen können!«

»Wie denn? Sie wusste nichts von ihrer wahren Herkunft. Ihren Papieren nach war sie ein uneheliches Kind und nicht mit der reichen Kaufmannsfamilie verwandt.«

»Ihre Kinderfrau hätte die Wahrheit aufdecken können!«

»Um damit ihr gesamtes, mühsam aufgebautes Leben ins Wanken zu bringen? Ihr neues Leben als auf einer Lüge basierend zu deklarieren? Vergessen Sie außerdem nicht, dass Tallinn wie das gesamte Baltikum lange von Sowjets besetzt war. Ich habe ehrlich gesagt keinen blassen Schimmer von der Rechtslage, kann mir jedoch nicht vorstellen, dass es für die wenigen jüdischen Bürger, welche die dortigen Vertreibungen überlebt haben, eine Chance gab, wieder rechtmäßig in ihren Besitzstand versetzt zu werden.«

Norbert sagte: »Ich habe auch keine Ahnung davon. Aber hier liegt eigentlich ein gänzlich anderer Sachverhalt vor: Da will einer Bilder verkaufen, die er zufällig gefunden hat. Das kann man dem doch nicht einfach so durchgehen lassen?«

»Was ist mit demjenigen, der diese Beutekunst kauft? Das ist doch genauso strafbar.« Edelgard sah ihn an.

»Wenn er davon weiß, dann, denke ich, schon.«

»Genau das ist hier der Fall. Der Typ hat dem potenziellen Kunden brühwarm erzählt, dass er die Bilder gefunden hat.«

Marja überlegte laut: »Es muss irgendwie möglich sein, bei solchen Kunstwerken die ehemaligen Besitzer ausfindig zu machen. Werke solch berühmter Maler sind sicher irgendwo aufgelistet. Also, ich meine, in einem Werkverzeichnis.«

Norbert als Finanzexperte hatte eine Idee. »Die Maler mussten ihre Einnahmen doch sicher versteuern. Zumindest müssen die Werke bei ihrer Veräußerung in der Buchhaltung auftauchen.«

»Ob es da noch Unterlagen gibt? Nach all der Zeit? Was machen wir jetzt?«, fragte Edelgard.

»Ich habe ein rotes Kleid dabei«, ließ sich Marja vernehmen. »Borgen Sie mir eine Kostümjacke? Ich gebe mich als reiche Erbin aus und versuche, mit dem Kerl ins Gespräch zu kommen. Er wird nicht widerstehen können, einer solventen Kundin ein Angebot zu unterbreiten.«

Edelgard hob mahnend ihren rechten Zeigefinger. »Keine Alleingänge! Mein Mann und ich werden Sie unbedingt begleiten.«

»Hat der Typ Sie denn heute gesehen?«

»Kann sein. Ich denke allerdings nicht, dass ich seine Aufmerksamkeit erweckt habe. Und wenn schon! Es wäre doch egal. Sie geben uns als Ihre Angestellten aus. Mein Mann ist ihr Chauffeur und ich … Da wird uns schon etwas einfallen.«

»Wir können nicht mit diesem kleinen Leihwagen vorfahren! Das ist kein gutes Renommee.«

»Warum denn nicht? Wer richtig viel Geld hat, hat es nicht nötig, dies jedem zu zeigen. Ich erinnere mich gut an eine Aktionärsversammlung in Frankfurt, an der wir als Kleinaktionäre teilgenommen haben. Wissen Sie, mein Mann spekuliert hin und wieder mit einem geringen Betrag und hatte damals Junk Bonds gekauft.«

»Diese Geschichte! Meine Güte, Edelgard, das liegt so lange zurück. Daran musst du mich wirklich nicht erinnern.« Norbert winkte ab.

»Es ging nicht gut für uns aus, zum Glück war es nicht viel Geld, das wir in den Sand gesetzt hatten. Was ich aber eigentlich erzählen will, ist was gänzlich anderes. Da kam ein älterer Herr mit zotteligen Haaren und einfacher, viel zu weiter Kleidung in den Saal. Seine Unterlagen trug er in einer zerknitterten Stofftasche bei sich. Und denken Sie nur! Er war einer der Hauptaktionäre. Er hatte einen Betrag in Millionenhöhe investiert. Bei diesem Anlass habe ich mir gemerkt, dass man nie bloß nach dem äußeren Schein gehen darf. Wer richtig reich ist, zeigt es nicht. Der hat es nämlich gar nicht nötig.«

»Oh, da habe ich in Sankt Petersburg anderes zu sehen

bekommen. Da lassen es einige an ihren Handgelenken ganz schön baumeln. Und nicht nur dort.«

»Neureiche!«

»Ich weiß nicht. Wenn wir zu dritt bei ihm aufkreuzen, wird er womöglich misstrauisch. Außerdem, ich kann doch nicht einfach bei ihm klingeln. Wie soll ich ihm denn bitte sehr erklären, dass ich mich für ein Bild interessiere, das im Keller seines Sommerhauses liegt? Ich muss ihm irgendwie plausibel machen, woher ich davon weiß. Möglichst so, dass er keinen Grund findet, Verdacht zu schöpfen.«

»Wie wäre es mit einer kleinen Autopanne? Vor dem Haus, in dem er wohnt? Er sieht übrigens ziemlich attraktiv aus. Gut angezogen war er ebenfalls.«

»Logisch. Der kann sich das leisten.«

»Eine Autopanne?«, fragte Norbert. »Und ihr meint, darauf springt der an? Ich finde das keine gute Idee. Lasst uns etwas anderes überlegen.«

»Ich passe ihn ab, überhole ihn und lasse ein Taschentuch fallen.«

»So eines aus feiner Baumwolle mit umhäkelter Spitze. Lieber Himmel, solche mussten wir, als ich eingeschult wurde, anfertigen. Mit einem Garn, so dünn wie Nähseide! War das eine Quälerei. Ich wette, viele meiner Mitschülerinnen haben nie wieder in ihrem Leben eine Häkelnadel angefasst.«

Norbert wiegelte ab. »Also, nee. So etwas Altertümliches geht gar nicht. Ich würde vorschlagen, Sie fragen ihn einfach nach dem Weg.«

»Nach dem Weg fragen? Er wird mich für eine Analphabetin halten, die nicht mit der Navigations-App ihres Smartphones umzugehen weiß.«

»Herrgott noch mal! Wie sprechen sich denn die Leute heutzutage an?«

»Über ein soziales Netzwerk?«

»Ich fasse es nicht! Edelgard, schlag doch mal was Vernünftiges vor. Das ist doch alles bloß albernes Zeug.«

»Marja wird das schon hinbekommen. Wir trinken einen Espresso, dann führe ich euch zu dem Haus, in welchem er verschwunden ist.«

Sie umrundeten den Häuserblock und fanden einen großzügigen Hof mit eigener Einfahrt. Neben einer überdachten Stelle, an der mehrere Mülltonnen standen, parkten einige Autos. Zwei davon hatten deutsche Kennzeichen. Über einen Hintereingang konnte man ins Haus gelangen. Hier, auf den Rückseiten der Häuser, deren Vorderfronten vorbildlich renoviert waren, war ein gewisser Sanierungsstau nicht zu leugnen.

Edelgard huschte zu der Tür und drückte auf die Klinke. Überrascht stellte sie fest, dass sie nachgab.

»Bist du verrückt? Was soll das?«

Wie so oft hörte sie nicht auf Norbert und war bereits im Hauseingang verschwunden, bevor er noch etwas hinzufügen konnte. Sie tastete mit ihren Fingern an der Wand und fand einen drehbaren Lichtschalter. Ihre Großmutter hatte solche in ihrer Wohnung gehabt und sich geweigert, auf Kippschalter umzurüsten. Nachdem sie ihn betätigt hatte, spendete eine von der Decke baumelnde Glühbirne schwaches Licht. In dem schummrigen Ambiente nahm sie auf Putz verlegte Stromkabel und andere Leitungen wahr, die über einzelnen Türen ins Mauerwerk führten. Es wäre hier ein Leichtes, den Nachbarn den Saft abzudrehen. Man müsste dazu nur ein Kabel durchtrennen.

Hinter einer Tür im ersten Stock vernahm sie eine Stimme. Der Sprecher musste sich direkt im Flur der Wohnung aufhalten, so deutlich, wie man ihn hörte.

»Kannst du liefern? Er will es vorher sehen. ... Ja, wie immer. ... Bar, logisch. Was denkst du denn? ... Dein letztes

Bild, dann steigst du aus? Nee, mein Freund, das wirst du nicht. Du hängst da genauso drin wie ich. Komm mir jetzt bloß nicht mit deinem Gewissen oder so was.« Lachen.

Edelgard verstand. Der Typ telefonierte. Unwillkürlich wich sie zurück. Als sie keine Stimme mehr hörte, schlich sie nach unten. Im Hof hielt sie sich längs der Mauer, sodass sie vom Haus aus nicht zu sehen war. Vorne an der Straße warteten Norbert und Marja auf sie. Sie nahmen sie in die Mitte und gingen mit ihr weg.

»Edelgard! Wie konntest du nur! Wenn der dich bemerkt hätte!« Norbert legte besorgt seinen Arm um sie.

»Er hat mit einem Komplizen telefoniert. Verstehe ich nicht, wenn das sein Haus und sein Bunker sind. Wieso braucht er da eine zweite Person dazu? Seltsam, oder? Die ganze Geschichte klingt komisch für mich.«

»Keine Ahnung. Wenn wir nur wüssten, wo er sich morgen mit dem Typen aus dem Café treffen will. Wir haben ja nicht einmal eine Ahnung, wo dieses Sommerhaus steht. Das kann irgendwo an der Küste sein. Oder im Landesinneren. In Masuren?«

»Es hat keinen Sinn, Herr Buchmann, so kriegen wir es ganz bestimmt nicht heraus.« Marja blickte ihn an. »Wer sagt uns denn, dass er seinen neuen Bekannten dorthin führt? Das ist umständlich. Es wäre doch einfacher, dem das Bild in Danzig zu zeigen, oder nicht?«

»Sie meinen hier? In dem Haus? In dem meine Frau grade drin war?«

»Wir müssen den Typ morgen unbedingt beschatten. Am besten vom Auto aus. Und vor allem abwechselnd. Ein parkendes Auto, in dem drei Leute sitzen, erregt unweigerlich Aufsehen.«

»Ich übernehme die erste Schicht«, bot Norbert an.

»Das möchte ich machen!«

»Nein, Miss Marple, du bleibst im Hotel. Dich hat der feine Herr nämlich im Café gesehen, schon vergessen? Was meinst du, was er davon hält, wenn er dich plötzlich in einem Auto vor seinem Haus entdeckt?«

»Dass ich ihn wiedersehen möchte?«

»Netter Versuch, meine Liebe. Aber du bist hier außen vor. Marja wechselt mich gegen Mittag ab. Du hattest schon unverschämt viel Glück, nicht von ihm im Treppenhaus entdeckt worden zu sein. Was hättest du denn gesagt, was du da machst, wenn er plötzlich aus seiner Wohnung gekommen wäre?« Norbert war die ausgestandene Besorgnis deutlich anzumerken.

»Darüber brauche ich nicht nachzudenken. Er *hat* mich doch nicht bemerkt!«

»Er hätte jeden Moment aus der Wohnung kommen können!«

»Ist nicht passiert. Hör auf damit.«

Am nächsten Morgen übernahm Norbert gleich nach dem Frühstück die erste Schicht. Mit Marja, die vormittags ein Museum besichtigen wollte, war vereinbart, ihn mittags abzulösen. Es war ein sonniger Tag. Die Menschen, die vorbeigingen, trugen leichte Kleidung. Ein kleines Mädchen hüpfte an der Hand seiner Mutter und wurde deshalb ermahnt. Norbert saß erst etwa eine halbe Stunde im Auto und schon war es ihm langweilig. Er hielt eine Zeitung hoch, in welche er einen Sehschlitz geschnitten hatte. Genauso hatte er das vor ein paar Jahren in einem ziemlich alten Agentenfilm gesehen. Nicht alles war früher schlechter gewesen, so dachte er bei sich. Als plötzlich die Beifahrertür aufgemacht wurde, erschrak er. Er war nämlich kurz vorm Einnicken gewesen. Er riss die Zeitung wieder hoch, die bereits auf dem Lenkrad gelegen hatte.

»Du bist mir so ein Beschatter! Du sollst beobachten, nicht schlafen. Ich fasse es nicht!«

»Was machst du hier? Wir hatten ausdrücklich vereinbart, dass du an der Observation nicht teilnimmst. Außerdem schlafe ich gar nicht! Ich habe lediglich kurz meine Augen entspannt.«

Während sie sich zankten, hielt ein Auto an und parkte ein Stück vor ihnen in einer Lücke seitwärts ein. Edelgard spähte neugierig durch die Scheibe.

»Duck dich wenigstens, wenn du schon unbedingt hier sein musst«, zischte Norbert.

Wie ihr geheißen, rutschte Edelgard tiefer. Nur so weit, dass sie der Szenerie noch folgen konnte.

Kaum war der Wagen eingeparkt, stieg ein schlaksiger Mann in Jeans und hellem Hemd aus. Er holte aus seinem Kofferraum etwas in Papier Eingeschlagenes, das den Ausmaßen nach durchaus ein Bild sein konnte. Zielstrebig ging er auf das Haus zu, in dem das Observationsobjekt wohnte, und drückte auf einen der Klingelknöpfe.

»Vergiss es«, raunte Norbert Edelgard zu, die bereits ihre Hand am Türöffner hatte. »Du bleibst schön hier.«

»So kriegen wir nicht raus, was da abläuft! Sag mir wenigstens die Nummer des Kfz-Kennzeichens. Ich warte hier.«

»Natürlich wartest du. Wage es bloß nicht, auszusteigen!«

Als er zurückkam, tippte Edelgard das Kennzeichen als Notiz in ihr Smartphone. »Berlin, aha. Das ist nicht der Mann, mit dem der sich im Café unterhalten hat. Das war ein ganz anderer Typ. Der von eben sieht eher aus wie ein Künstler.«

»Keine Ahnung. Mich würde wirklich interessieren, was die da oben machen. Vielleicht ist das ein Kumpel des ›Händlers‹, der auf seine Anordnung eines der geklauten und versteckten Bilder aus dem Bunker holt?«

»Weshalb macht er das nicht selbst? Im Hinterhof stehen zwei Autos mit deutscher Zulassung. Ich tippe darauf, dass eines davon unserem Sommerhausbesitzer gehört.

»Sollen wir die Polizei verständigen?«

»Willst du den zur Strecke bringen oder nicht? Wenn wir die Polizei einschalten, brauchen wir etwas Stichhaltiges. Wir müssen denen etwas an die Hand geben, damit sie tätig werden können. Bloß auf einen Verdacht hin, den wir nicht untermauern können, machen die gar nichts. So etwas weiß man.«

»Aus den vielen Krimis, die du liest.«

»Aus dem echten Leben! Die können erst etwas unternehmen, wenn etwas passiert ist. Vorher dürfen die nämlich gar nicht tätig werden. Da muss erst eine Straftat vorliegen.«

»Ruf Marja an«, forderte Norbert sie auf. »Sag ihr, dass es losgeht.«

Der Mann kam aus dem Haus zurück. Er wurde von einem zweiten begleitet.

»Das ist der aus dem Café!« Edelgard war aufgeregt.

Achtlos warf dieser nun das flache Paket, das vorhin noch der andere getragen hatte, auf den Rücksitz.

»Ich fresse einen Besen, wenn da etwas Wertvolles drin ist. So geht man doch nicht mit Millionenwerten um.«

»Mist, die fahren weg! Los, Norbert, hinterher!«

»Ruf endlich Marja an und gib ihr Bescheid.«

»Schon vergessen? *Wir* haben grade das Auto. Soll sie mit dem Bus fahren? Wir wissen gar nicht, wo es hingeht.«

»Stimmt. Mann! Ich wollte eigentlich lediglich Urlaub machen. Nun verfolge ich in Polen ein deutsches Auto.«

»Meine Güte, du sprichst ja, als wärst du Akteur in einem Agententhriller. *So* hochdramatisch finde ich das hier nicht.«

Auf Norberts Stirn standen sofort kleine Schweißperlen. »Mein Name ist Buchmann. Norbert Buchmann.«

»Keine Zeit für Späße, Mr. Bond. Siehst du nicht, dass der zum Überholen ansetzt? Gib Gas! Der darf uns nicht abhängen.« Edelgard war kurz davor, ins Lenkrad zu fassen. Sie bereute es, nicht selbst hinter dem Steuer zu sitzen. *Sie* würde sich nicht abhängen lassen! »Bleib bloß dran! Wir wissen nämlich nicht, wo der hinwill.«

Norbert betätigte den Blinker und setzte ebenfalls zum Überholen an. »Sag bloß!«

Sie ließen Danzig hinter sich und folgten dem Auto weiter, wobei Norbert darauf bedacht war, jeweils zwei oder drei Autos zwischen ihnen zu lassen.

»Der biegt auf den Rastplatz ab. Mach dich flach, damit du nicht zu sehen bist.«

Edelgard war bereits nach unten gerutscht. »Hältst du mich für eine Anfängerin?«, fauchte sie. »Was will der da?«

»Schweinshaxe mit Pommes? Ich weiß es doch nicht!«

Norbert fuhr an dem Auto mit dem Berliner Kennzeichen und an einigen Lastwagen vorbei und parkte ebenfalls. »Das ist eine ganz normale Kneipe. Auf einem Rastplatz! Die scheinen sogar eine Kegelbahn zu haben, wenn ich das Piktogramm richtig deute.« Er zeigte auf ein helles zweistöckiges Haus mit einem dunklen Holzbalkon, der sich über die komplette Vorderseite zog. »Und womöglich Fremdenzimmer.«

»Und jetzt?«

»Der das Bild verkaufen will, geht grade rein. Ich folge ihm, während du schön hierbleibst. Den Wagenschlüssel lasse ich da.«

Kurz nachdem Norbert in der Gaststätte verschwunden war, fuhr ein silberfarbener SUV vor. Ein Mann stieg aus. Edelgard identifizierte ihn sofort als den Kaufinteressenten. Sobald er außer Sichtweite war, hielt sie nichts mehr im Auto.

An einem der Lkws war an der Seite eine Luke geöffnet. Der Fahrer hantierte mit einem Wasserkocher. Offenbar bereitete er Tee zu. Zwei andere standen zwischen zwei Fahrzeugen und rauchten, während sie Edelgard anstarrten. Sie tat unbekümmert so, als würde sie das nicht bemerken. Dies war in ihren Augen die beste Abwehr unerwünschter Interessenten. Sie schlenderte zu dem Auto mit dem Berliner Kennzeichen und gab sich verwundert. »Ah, Sie sind auch aus Deutschland!«

Der Mann nickte. Aus der Nähe bemerkte sie, dass er offenbar doch nicht ganz so jung war, wie er wirkte. Um seine Augen lagen feine Fältchen. Er trug einen Kinnbart. Die Wangen waren flüchtig rasiert worden. Davon zeugten einzelne Härchen, die er offenbar übersehen hatte. Sein dunkles, schulterlanges Haar war durchgestuft und von wenigen silberfarbenen Fäden durchzogen. Er trug eine Brille mit runden Gläsern. Am Daumen seiner rechten Hand bemerkte Edelgard einen grünen Farbfleck. Sie zeigte darauf und fiel mit der Tür ins Haus. »Sie malen? Das ist ja interessant. Ich bin nämlich eine ausgesprochene Kunstliebhaberin. Ich gehe daheim in jede Ausstellung!« Sie behielt für sich, dass es sich dabei um die Vernissagen des örtlichen Gymnasiums handelte, wo die Oberstufenschüler ihre Bilder zeigten. Oft umrahmte ihr Chor diese Eröffnungen, begleitet von einem kleinen Büfett und Umtrunk. »Geben Sie hier vielleicht einen Kurs, in Polen? Für deutsche Urlauber? Also, wenn Sie mir sagen, wo und wann der ist, gell, dann würde ich prompt drüber nachdenken, ob ich teilnehme.«

Der Mann lachte. »Nein, ich gebe keine Kurse. Schon gar nicht hier. Aber Sie haben recht – ich male. Mein Atelier liegt in Kreuzberg.«

»Schade.« Sie lächelte charmant. »Berlin ist immer eine Reise wert, nicht wahr? Wo liegt denn da ihr Atelier? Da könnte ich ja vorbeischauen, wenn ich mal wieder dort bin. Es ist doch interessant, was sich aus solchen Zufallsbegegnungen ergibt. Wo wir uns quasi jetzt kennenlernen!«

Der Mann schien sichtlich verlegen zu werden. »Also, ich verkaufe eigentlich … Ah, da kommt mein Kumpel mit seinem Bekannten zurück.« Er wandte sich ab. Das Gespräch schien für ihn hiermit beendet zu sein.

Edelgard nahm die Gelegenheit wahr und verbarg sich unauffällig hinter dem nächstgelegenen Lkw. Die beiden, die aus dem Gasthaus kamen, gingen, ins Gespräch vertieft, zu dem silberfarbenen SUV und stiegen ein. Der Dritte holte das eingepackte Bild aus seinem Wagen und stieg dann ebenfalls zu den beiden anderen ins Auto. Sehr zu Edelgards Bedauern. Denn obwohl sie eigentlich in Hörweite gewesen wäre, bekam sie von dem Gespräch im Inneren des geschlossenen Fahrzeugs nichts mit. Sie fischte ihr Smartphone heraus und tippte das Kennzeichen ein. Es begann mit HB für die Hansestadt Bremen. Kaum war sie fertig, schlich Norbert an ihr vorbei. Sie griff nach seinem Arm. »Die sitzen mit dem Bild alle zusammen in dem SUV da. Mist, die verhökern das grade und wir bekommen nichts mit.«

»Du hast doch dein Smartphone in der Hand – mach ein Foto, wie sie zu dritt im Auto sitzen. Wenn die anderen beiden ohne das Bild aussteigen, ist es zum Verkauf gekommen.«

»Du, der dünne Mann, der ist Maler. Ich habe mich mit ihm unterhalten.«

»Wie bitte? Bist du verrückt? Das ist viel zu gefährlich! Dich kann man wirklich nicht mal für kurz alleine lassen. Nicht auszudenken, was dir alles hätte passieren können!«

»Psst, nicht so laut! Willst du, dass sie uns hören?«

Die Tür der Führerkabine, neben der sie standen, öffnete sich. Ein großer, kräftiger Mann machte Anstalten, auszusteigen. »Frau! Brauchen Hilfe?«

Edelgard wandte dem Fremden verwundert ihr Gesicht zu.

Norbert packte ihre Hand und zog sie mit sich fort. »Komm, Edelgard, lass uns im Auto weiterreden, bevor noch mehr Leute auf uns aufmerksam werden.«

Sie mussten eine geschlagene Viertelstunde in ihrem Wagen warten, bis zwei der Männer den SUV verließen.

»Halten Sie etwas in der Hand?«, wollte Edelgard, die sich geduckt hielt, wissen.

»Ein Kuvert. Ziemlich dick.«

»Bargeld, was sonst. Ist das Bild also im Auto geblieben. So eine Bande. Und jetzt? Was sollen wir tun?«

»Ruf Marja an. Wir treffen uns im Hotel.«

»Und wenn der Käufer jetzt direkt nach Deutschland fährt?«

»Der braucht doch länger zur Grenze als wir nach Danzig!« Norbert war bereits dabei, auszuparken und auf die Autobahn zurückzufahren. »Wir nehmen die nächste Ausfahrt und kehren um.«

»Ich schildere Marja schon mal vorsorglich am Telefon, was wir beobachtet haben. Dann kann sie sich bis zu unserem Treffen überlegen, was zu tun ist.«

»Was zu tun ist?« Norbert schnaubte. »Wir informieren die Polizei, sobald wir dort sind.«

Als sie das Foyer des Hotels betraten, stellten sie fest, dass Marja diesen Anruf bereits getätigt hatte. Sie erwartete sie auf einer der Sitzgruppen gemeinsam mit zwei Herren der Policja.

Der Kleinere von beiden übernahm das Reden. »Man hat extra uns gesandt, denn wir sprechen Deutsch. Unsere Streifenfahrer wissen Bescheid. Die halten nach dem Kennzeichen Ausschau und winken den Fahrer des SUV raus. Falls er über die Grenze fährt, ist das kein Problem. Wir arbeiten gut mit den deutschen Kollegen zusammen. Jetzt erzählen Sie bitte ganz genau, was Sie beobachtet haben. Sagen Sie alles, auch wenn Sie einem Detail keine Bedeutung beimessen. Es kann trotzdem für uns wichtig sein. Je mehr Informationen wir haben, desto besser ist das.«

Edelgard ließ in ihrer Erzählung nichts aus. Bei der Erwähnung des Ateliers in Berlin blickten die beiden Polizisten sich kurz an. Als sie geendet hatte, sagte der zweite: »So viel Beutekunst, wie hier in letzter Zeit verkauft wird, gibt es gar nicht. Wir tippen auf einen Fälscherring, der die Werke nachbildet und irgendeine extravagante Geschichte dazu erzählt. So wie in diesem Fall, den Sie mitbekommen und glücklicherweise gleich bei uns gemeldet haben. Womöglich gelingt es uns endlich, einen der Drahtzieher dingfest zu machen. Wir haben bislang lediglich Hinweise, aber nichts Konkretes.«

»Erstatten die Käufer keine Anzeige?«, wollte Edelgard wissen.

»Die Besitzer sind ja der Ansicht, ein Original erworben zu haben. Da dies illegal geschah, werden sie sich hüten, eine Expertise in Auftrag zu geben. Die Bilder wandern oft unbesehen in bewachte Depots, wo sie für viel Geld eingelagert werden. Die Kosten dafür sind höher als der tatsächliche Wert der Fälschungen.«

Die beiden Männer erhoben sich. »Mit dem Notieren der Kennzeichen haben Sie wertvolle Hilfe geleistet. Der Maler erhält in Bälde Besuch in seinem Berliner Atelier von unseren deutschen Kollegen. Das ist über die Halterabfrage ausfindig zu machen. Werden dort Bilder mit gefälschter Signatur gefunden, liegt auf jeden Fall eine Straftat vor. Kollegen von uns sind bereits in der Wohnung in Danzig, deren Anschrift Sie uns gegeben haben.«

»Der Herr hat ein dickes Kuvert in Empfang genommen. Ich tippe auf einen Packen Bargeld.« Edelgard und die beiden anderen erhoben sich ebenfalls.

»Er wird Probleme haben, dessen Herkunft zu erklären. Außerdem gehe ich davon aus, dass der Mann mit dem SUV eine Aussage macht, wenn er über den Betrug aufgeklärt wird.«

Das Mobiltelefon des Polizisten klingelte. »Entschuldigen Sie bitte.« Er ging ein paar Schritte zur Seite. Als das Telefonat beendet war, kam er zurück. »Die Kollegen haben ihn. Er singt schon. Wie eine Drossel.«

Als die Policja weg war, strich Norbert sich über seinen Bauch. »Darf ich ganz ehrlich sein? Ich finde, wir haben uns alle ein Mittagessen redlich verdient. Wie wäre es mit dem Restaurant nebenan?«

Edelgard lächelte. »Von mir aus gerne. Und Sie, Marja? Wie sieht es bei Ihnen aus?«

»Eine Kleinigkeit könnte ich zu mir nehmen. Das stimmt.« Im Hinausgehen sagte sie: »Wenn Sie mich übermorgen zum Flughafen bringen, können Sie in der dortigen Niederlassung des Autovermieters den Wagen übernehmen, Sie beide wollen ja weiterreisen.«

»Das ist eine gute Idee. Aber ich lasse uns beide als Fahrer eintragen, so können wir uns abwechseln. Ich freue mich sehr auf Lübeck. Auf Flensburg bin ich ebenfalls gespannt. Endstation ist für uns dann Kopenhagen. Wir treffen dort nochmals unseren Sohn Julian. Er wird seinen Geburtstag mit uns feiern. Danach fliegen wir nach Hause.« Edelgards Gesichtsausdruck war bedauernd. »Am liebsten würde ich sofort aufs Neue einmal um die Ostsee reisen. Ehrlich gesagt bin ich zum ersten Mal so weit nach Norden gereist und selbst völlig überrascht davon, wie gut es mir hier gefällt.«

»Frau Buchmann, wenn sie irgendwann Kontakt zu meinem Mann haben sollten ... Er ist immer gleich so schrecklich besorgt um mich.«

»Sie meinen zufällig? Und er mich nach unserer Reise fragt? Die pure Erholung, meine Liebe. Alles ganz entspannt. Kein einziger Kriminalfall!«

Norbert und Marja stimmten in ihr Lachen ein.

KEIN HOCH AUF DIE FAMILIE
(LÜBECK, LÜBECKER BUCHT, DEUTSCHLAND)

»Könnten Sie woanders tagträumen?« Der große, korpulente Mann mit dem schütteren Haarschopf brüllte durch den Laden in einer Lautstärke, die alle veranlasste, sich nach ihm umzudrehen. »Wenn Sie hier weggehen würden, dann käme ich auch endlich durch!« Er stand mit seinem Einkaufswagen in einem zwei Meter breiten Gang, an dessen Rand sich eine Frau befand. Die reagierte nicht.

»Hören Sie schlecht? Ich komme hier nicht durch!« Erneut donnerte seine Stimme über sämtliche Regale.

Die Frau mit den kurz geschnittenen brünetten Haaren wandte sich langsam um. »Hier ist doch Platz genug.«

Eine weitere Frau eilte zu ihr. »Wiebke, was ist denn los?«

»Nichts. Bloß ein alter weißer Mann, dessen Ego nicht an mir vorbeipasst.«

Die andere grinste. »Dass es so etwas immer noch gibt.«

Die beiden beachteten den Kerl nicht weiter.

»Hast du das Veggie-Hack schon gefunden?«

»Es liegt in der Kühltheke. Unser Einkaufswagen steht beim Obst. Sollen wir Avocados mitnehmen?«

Wiebke nickte. »Gerne.«

Als die beiden Frauen auf Höhe des Toilettenpapiers waren, kam der bullige Alte erneut auf sie zu.

»Und Sie, haben Sie vorhin gelacht?«, schnauzte er diesmal Wiebkes Begleitung an.

»Wiebke, hast du alles?« Tamara ignorierte den unverschämten Kerl ebenso wie ihre Freundin. »Lass uns bezahlen gehen. Ich denke, wir sind fertig.«

An der Kasse kam sie nicht umhin, zu fragen: »Wer ist denn der kräftige Mann dahinten? Er verhält sich kurios!«

»Ach, das ist Hinnerk. Heute ist er spät dran. Der ist harmlos.« Die Kassiererin nahm den nächsten Artikel vom Band und zog ihn über den Scanner. Beim Sprechen bildeten sich zwei Grübchen an ihren Wangen. In ihrer Unterlippe steckte ein Piercing.

»Harmlos? Er pöbelt grundlos Leute an!«

Die Angestellte wurde verlegen. »Er hat ein aufbrausendes Temperament. Solange er nicht handgreiflich wird, kriegt er vom Chef kein Hausverbot.«

»Hier ungerechtfertigt herumzubrüllen, reicht nicht aus?«

Die Kassiererin zuckte mit den Schultern. »Er ist ziemlich eigen, das stimmt. Aber er war mit dem Vater unseres Chefs gemeinsam in der Schule.«

»Deshalb kann der sich hier so ein Verhalten erlauben? Unfassbar. Aus solch einer Bekanntschaft kann doch kein Freibrief für absolut flegelhaftes Verhalten folgen.«

»Hinnerk hat es nicht leicht. Wenn Sie ihn kennen würden …«

»Danke sehr. Kein Bedarf. Solch einen Rüpel möchte ich wirklich nicht näher kennenlernen.«

Wiebke zückte ihre Kreditkarte, während Tamara die Einkäufe vom Band nahm. »Das ist wirklich kein Renommee für Ihr Geschäft.«

»Ich werde es dem Chef ausrichten. Er soll mit Hinnerk sprechen.«

»Das sollte er wirklich.«

Die Sonne tauchte die Lübecker Bucht in ein warmes Licht und ließ sie auf ihre angenehmste Weise erscheinen. Die beiden Frauen verstauten ihre Einkäufe im Auto, um dann in ihre Ferienwohnung zu fahren.

»Die letzte Station unserer Reise.«

»Irgendwie freue ich mich jetzt wieder auf daheim. Du dich ebenfalls?«

»Ich könnte noch eine Weile unterwegs sein.«

»Von irgendetwas müssen wir jedoch leben, meine Liebe. Wenn wir unsere Buchhandlung weiter wegen Betriebsferien geschlossen halten, könnte es eng für uns werden. Unsere Kundschaft gönnt uns zwar eine kleine Auszeit, aber allzu lange dürfen wir nicht wegbleiben.«

»Ach was. Wir haben für den Herbst derart tolle Veranstaltungen geplant, da kriegen wir den Laden wieder rappelvoll. Vertrau mir!«

Als sie vom Parkplatz fuhren, beobachteten sie den alten Griesgram, wie er seinerseits zu einem Wagen ging.

Tamara schnaubte. »Jetzt guck dir an, was der für eine alte Schrottkiste fährt. Ich möchte wetten, die kommt komplett ohne Elektronik aus. Da kann man vermutlich den Keilriemen noch selbst mit einer alten Nylonstrumpfhose flicken, wenn der reißt.«

»Kommt da die alte Autoschrauberin in dir zum Vorschein?«

Tamara lachte. »Gib es zu, es war schon ganz praktisch, dass ich früher in den Semesterferien auf dem Schrottplatz gejobbt habe. Immerhin kann ich unsere Räder zum Saisonwechsel selbst umstecken.«

»Fahren wir heute nach Lübeck?«

»Ins Buddenbrookhaus? Klar. Da will ich schon seit ein paar Jahren hin.«

»Warum hast du dann so lange mit dem Besuch gewartet?«

»Keine Ahnung. Es hat sich bislang nicht ergeben.«

Sie stellten ihr Auto außerhalb der Insel ab, auf der sich Lübecks Altstadt befindet, und schlenderten längs der Stadttrave, wobei sich ihnen ein zauberhafter Blick auf die historische Bebauung bot.

»Ich kann es schon sehen!«

»Du meinst das Holstentor? Ich sehe es ebenfalls.« Tamara ging etwas schneller.

»Das steht da noch länger! Da musst du dich nicht so beeilen, auch wenn das Tor etwas schief wirkt. Kein Grund, um zu rennen. Das hält schon so lange und wird nicht ausgerechnet heute umkippen.« Wiebke bevorzugte eine gemächlichere Gangart. Sie begleitete Tamara nie beim Joggen. Es war eine der wenigen Leidenschaften, welche die beiden nicht miteinander teilten. »Die Salzspeicher neben dem Tor sehen klasse aus! Wie aus einer vergangenen Welt.«

»Laut unserem Reiseführer sind die teilweise aus dem 16. Jahrhundert.«

»Wenn die von all den Menschen erzählen könnten, die über Jahre hinweg dort ein und aus gegangen sind. Alte Häuser bergen so viele Geschichten!«

»Genau aus diesem Grund bist du Buchhändlerin geworden. Weil du dich für das erzählte Leben anderer interessierst.«

»Was hätte ich nach dem Germanistik-Studium sonst anstellen sollen? Lehrerin wollte ich nicht werden.«

»Zum Glück! Sonst wüsstest du jetzt alles besser wie ich!«

»›Als‹, meine Liebe. Es heißt ›besser *als* ich‹.«

»Sagte ich das nicht soeben?«

Sie querten die Brücke und gingen unter dem beeindruckenden Tor hindurch.

»Lübeck war übrigens die Hauptstadt der Hanse.«

»Dort drüben sehe ich schon einen Marzipan-Laden.«

»Schleckermäulchen! Da kaufen wir ein, wenn wir wieder

gehen. Sonst schleppen wir das Zeug die gesamte Zeit über mit uns herum.«

Sie gelangten rasch in die Mengstraße. Das Haus mit der weißen Giebelfassade unterschied sich optisch von den umliegenden, sodass es leicht zu erkennen war. Als sich die beiden Frauen dem Eingang näherten, hielten sie überrascht inne.

Wiebke fasste sich gleich wieder. »Frau Buchmann! So eine Überraschung! Sie mit Ihrem Mann hier nochmals zu treffen, vor dem ehemaligen Haus der Familie Mann – nachdem wir uns bereits auf der Fähre begegnet sind!«

»Das ist wirklich ein Zufall! Wollen wir später einen Kaffee zusammen trinken? Mein Mann und ich flanieren ein wenig durch die Altstadt.«

»Gerne. Sagen wir, circa in zwei Stunden?«

»Wo sind Sie untergebracht?«, fragte Edelgard, nachdem sie mit Norbert in dem hübschen Café in Lübecks Altstadt, in dem sie mit den beiden Frauen verabredet waren, Platz genommen hatte.

»Wir haben nicht weit von hier in Timmendorf eine Ferienwohnung gemietet. Mit Blick auf die Ostsee. Ein Traum!« Wiebke blickte zu ihrer Freundin. »Leider sind wir bereits an der letzten Station unserer Reise angelangt. Wir können nicht länger Betriebsferien machen.«

»Haben Sie keine Urlaubsvertretung für Ihre Buchhandlung?«

»Viel zu teuer! Das ist bei unseren Umsätzen nicht drin. Wir hoffen, unsere Kundschaft hält uns die Treue, obwohl wir hin und wieder verreisen.«

Norbert beobachtete Edelgard. »Wäre so eine Urlaubsvertretung nichts für dich, mein Schatz? So viel, wie du liest, könntest du wirklich gut in einer Buchhandlung die Kunden beraten.«

Edelgard nickte. »Ich lese viel, das stimmt. Hauptsächlich Krimis.«

»Was Sie nicht sagen! Wir sind spezialisiert auf Krimis!«

»Ach! Also, das passt ja.« Norbert lachte laut. »Na, wie wäre es, meine Liebe?« Er strahlte seine Frau an. »Wenn die beiden mal wieder verreisen, springst du in der Buchhandlung ein. Und ich besuche dich am Wochenende. Was hältst du davon?«

»Ich, alleine in einem Laden?«

Tamara sprang sofort auf diesen Einwand an. »Eine Studentin zu Ihrer Unterstützung würde sich finden lassen. Das Hauptproblem ist das Gehalt. Wir leben grade so von unserem Geschäft. Da sind keine großen Sprünge drin.«

Norbert legte seine Hand auf Edelgards Arm. »Da werdet ihr euch sicher einig werden.« An die beiden gewandt, ergänzte er: »Meine Frau und ich waren schon mehrfach in Heidelberg. Eine zauberhaft schöne Stadt!«

Wiebke hatte eine Idee. »Wenn wir auf Reisen sind, steht unsere Wohnung leer. Da hätten Sie gleich eine Unterkunft.«

»Fabelhaft. Edelgard, das klingt richtig gut! Verrechnet mit den Kosten für eine Ferienwohnung können die Damen sich dein Gehalt für die Vertretung sicherlich leisten.«

Edelgard, die während dieses Teils der Unterhaltung geschwiegen hatte, blickte in die Runde. »Wenn ihr euch alle schon so einig seid, dann bleibt mir nicht mehr viel an eigener Überlegung übrig.«

Wiebke streckte den Arm aus: »Bei uns gilt der Handschlag als Zusage.«

Edelgrad ergriff die dargebotene Hand und drückte sie kurz.

Tamara freute sich. »Darauf müssen wir anstoßen!« Nach einem kurzen Blick auf die Preise in der Karte hatte sie spontan ein weiteres Angebot parat. »Dürfen wir Sie morgen zu einem Sektempfang in unsere Ferienwohnung einladen?«

Edelgard nickte. »Für meinen Mann bitte alkoholfreien Sekt. Einer von uns beiden muss schließlich wieder nach Lübeck in unser Hotel fahren.«

Als Wiebke und Tamara abends am Timmendorfer Strand spazieren gingen, bemerkten sie eine sonderbare Szene.

»Ist dir die junge Frau aufgefallen? Ihr Badeanzug sieht aus wie aus dem letzten Jahrhundert.«

»Sie wirkt insgesamt etwas seltsam.«

»Wie sie ins Wasser geht, hat etwas Zögerliches. Absolut.«

»Kein Wunder. Das Wasser hat jetzt, wo die Sonne beinahe ganz weg ist, höchstens um die 18 Grad. Ich würde da nicht freiwillig reingehen.«

»Das ist doch sonst wärmer um diese Jahreszeit?«

»Auch ein paar Grad mehr geben nicht grade Badewassertemperatur ab. Jedenfalls keine, in die ich mich freiwillig begeben würde. Das ist doch eisig.«

»Jetzt übertreibst du schamlos. Schließlich liegt die Temperatur deutlich über dem Gefrierpunkt!«

»Sie scheint nach jemandem Ausschau zu halten. Dort hinten am Strand steht einer. Nach dem guckt sie. Meinst du nicht auch?«

»Eine Mutprobe vielleicht? Oder eine verlorene Wette?«

»Dann wären mehr Leute dabei, die das Ganze mit Lachen und Johlen begleiten.«

»Gibt es hier eigentlich ein Neujahrsbaden?«

»Keine Ahnung. Obwohl, Silvester hier zu feiern, ist bestimmt schön.«

»Guck mal, wie sie zögert. Irgendetwas ist hier komisch, findest du nicht?«

»Stimmt. Freudig ins Wasser rennen sieht in der Tat anders aus.«

Die junge Frau stand unentschlossen im hüfthohen Wasser. Der Badeanzug war ihr eine Nummer zu groß. Ihre Haare wirkten wie selbst geschnitten. Ihr Blick suchte den eines älteren Mannes, der am Strand stand.

Der Hüne hielt sein schütteres Haar dürftig mit einer speckigen Baseballkappe bedeckt. Trotz seines Alters hielt er sich sehr gerade. Die eisgrauen Augen waren kalt auf die Frau im Wasser gerichtet. »Weiter! Los, geh schon!«

»Diese Stimme …« Wiebke blickte fragend.

»Das ist doch der lausige Typ aus dem Laden!«

»Was macht der hier?«

»Alles sehr seltsam.«

»Müssen wir was unternehmen? Braucht die Frau unsere Hilfe?«

»Sie sieht auf jeden Fall volljährig aus. Ich weiß nicht …«

»Lass uns in der Nähe bleiben. Ich habe ein ungutes Gefühl.

»Sherlocka Holmes ermittelt?«

»Irgendetwas stimmt hier nicht. Ich weiß nur nicht, was. Vielleicht braucht die junge Frau Hilfe.«

»Das ist die Tochter vom Hinnerk. Sie ist ein wenig komisch. Lebt immer noch bei ihren Eltern.« Von den beiden unbemerkt, hatte sich eine ältere Dame zu ihnen gesellt. »Dass die ins Wasser geht, wundert mich allerdings. Die kann nämlich nicht schwimmen.«

»Gibt es das? Am Meer zu wohnen und nicht schwimmen zu können? Ich dachte immer, das lernt man hier quasi schon als Baby.«

»Von wegen. Es soll sogar Fischer geben, die nicht schwimmen können. Die wurden hier geboren und sind hier aufgewachsen.«

»Tatsächlich?«

»Wozu sollten sie es auch lernen? Sie müssen lediglich mit ihrem Boot umgehen können. Und mit ihren Netzen.«

»Diese junge Frau. Weshalb lebt sie bei diesem alten Griesgram?«

»Sie hat es nicht einfach. Ihre Mutter ist ein Pflegefall. Sie ist seit einem schweren Unfall bettlägerig. Die Tochter pflegt sie aufopferungsvoll. Hat so gut wie keine Kontakte zu anderen.«

»Verstehe. Ist sie das einzige Kind?«

»Es gibt einen Bruder. Der ist schon vor etlichen Jahren von hier weggezogen. Das war vor dem schlimmen Unfall.«

»Der kümmert sich gar nicht?«

»Dazu kann ich nichts sagen. Ich weiß nur, dass Maren nie von der Mutter weggehen würde. Egal, wie schlecht gelaunt der Vater ist. Sie würde sie nie im Stich lassen.«

»Es gibt doch Pflegeheime!«

»Die kosten eine Menge Geld. Hinnerk würde nicht im Traum einfallen, das für seine Frau aufzubringen.«

»Das heißt, die Tochter hat ihr eigenes Leben komplett aufgegeben? Wovon lebt sie denn?«

»Soweit ich weiß, putzt sie Ferienwohnungen, wenn die Gäste abgereist sind.«

»Was für ein Leben für eine junge Frau.«

»Da sagen Sie was. Manche haben es wirklich nicht leicht in ihrem Leben. Tja, so ist das eben. Schicksal nennt man das. Das sucht man sich nicht freiwillig aus.«

Als die Fremde wegging, bemerkten Wiebke und Tamara, dass Hinnerk verschwunden war.

»Du bleibst hier«, sagte Wiebke zu Tamara. »Ich hole schnell eine Decke aus unserem Auto.«

Als Maren sich zitternd ans Ufer wagte, war Wiebke mit der Decke bereits zurück. Sie reichte sie der jungen Frau.

»Bitte gehen Sie. Wenn Vater sieht, dass ich mit jemandem spreche, wird er sehr böse.«

»Wir würden Ihnen gerne helfen.«

»Helfen? Dann lassen Sie mich jetzt besser alleine. Sonst muss ich morgen weiter hinausgehen. Bis mir das Wasser bis zum Hals steht. Er mag diese Redewendung.«

»Können wir vielleicht woanders reden? An einem ungestörten Ort? Wenn Sie wollen auch in unserer Ferienwohnung.«

Die Frau zögerte einen kurzen Moment. »Wo wohnen Sie?«

Wiebke nannte die Adresse.

»Buchen Sie eine Zwischenreinigung. Dann kann ich zu Ihnen kommen, ohne dass er Verdacht schöpft.« Sie nannte die Firma, für die sie putzte.

Wiebke öffnete ihr am nächsten Vormittag die Tür. Sie nahm die Decke entgegen, die Maren zurückbrachte.

»Wo soll ich anfangen mit Putzen?«

»Nirgends. Wir unterhalten uns. Die Rechnung bezahlen wir selbstverständlich, damit Ihr Herr Vater keinen Verdacht schöpft.

Tamara wies zum Küchentisch. »Möchten Sie einen Kaffee?«

Als Maren nickte, schaltete sie den Vollautomaten ein und bereitete drei Tassen zu. »Wie lange liegt denn der Unfall Ihrer Mutter zurück?«

»Woher wissen Sie davon?«

»Das hat man uns erzählt. Auch, dass Sie sich um Ihre Mutter kümmern.«

»Mutter ist schwer gestürzt.«

»Weshalb?«

»Es war dunkel. Da hat sie nicht viel sehen können.«

»Ist sie wo drübergefallen und hat sich verletzt?«

Maren schwieg. Es war ihr anzusehen, wie sehr sie mit sich selbst kämpfte, um weiterzusprechen.

»Sie können uns vertrauen. Wenn Sie nicht möchten, dass wir mit jemandem darüber reden, halten wir uns daran. Ehrenwort. Nicht wahr, Tamara?«

Tamara nickte. »Sie müssen sich jemandem anvertrauen. Es hilft Ihnen.«

»Es war kein Unfall.« Tränen glänzten in Marens Augen. »Aber ich kann hier im Ort niemandem davon erzählen. Wenn Vater davon erfährt …«

Wiebkes Aufmerksamkeit erhöhte sich. Was würde die junge Frau ihnen offenbaren?

»Vater ist unglaublich jähzornig und aufbrausend.«

»Das durften wir selbst erleben.«

Tamara bedeutete Wiebke, ruhig zu sein und Maren nicht zu unterbrechen.

Nach einer Pause fuhr diese fort. »Er war schon immer so. Ich kann mich nicht erinnern, dass er je anders gewesen wäre.« Nun kullerten Tränen über ihre Wangen. »Ich habe noch nie mit jemandem darüber gesprochen.«

Tamara kramte in ihrer Tasche nach einem Papiertuch, welches sie Maren reichte. »Machen Sie es jetzt. Wir beide haben viel Zeit. Wir sind nicht von hier, Ihr Vater wird keinen Bezug zu uns herstellen. Und Sie können sicher sein, dass wir uns nicht mit ihm in Verbindung setzen werden. Es wird Ihnen guttun, über alles zu reden.«

Wiebke hatte ein Glas Wasser geholt und stellte es Maren hin. Die nippte kurz daran. »Vater hat Mutter ständig kontrolliert. An allem hatte er etwas auszusetzen. Einmal fand er ein Haar in unserer Duschkabine. Da ist er völlig ausgerastet.« Sie putzte ihre Nase. »Er hat …« Weiter kam sie nicht. Sie wurde von einem Weinkrampf geschüttelt.

Wiebke nahm sie in ihre Arme und strich ihr beruhigend über den Rücken.

Maren lehnte den Kopf an ihre Schulter. »Ich kann doch

Mama nicht alleine mit ihm lassen. Das geht doch nicht. Sie hat nur mich. Wenn ich gehe, dann ist sie ganz alleine mit ihm.«

»Das müssen Sie auch nicht. Aber Sie können sich Unterstützung suchen.« Wiebke streichelte ihr übers Haar. »Was ist mit einem Pflegeheim?«

»Das würde Vater nie und nimmer bezahlen. Viel zu teuer. Er ist sowieso schon sauer, weil Mama nicht mehr arbeiten kann. Wir haben früher gemeinsam für eine Firma Ferienwohnungen geputzt, wenn die Gäste ausgezogen waren.«

»Aber er könnte eine Pflegerin einstellen. Eine, die bei euch im Haus wohnt.«

»Wer würde denn da schon wohnen wollen? Das kann man doch niemandem zumuten.«

»Für Sie ist es ebenfalls eine Zumutung! Das ist doch kein Leben für eine junge Frau!«

»Ich kann nicht weg. Es geht einfach nicht. Die Dinge sind nun mal so, wie sie sind. Es gibt für mich keine Alternative. Ich lasse Mama auf keinen Fall mit ihm allein.«

»Haben Sie Geschwister?«

»Einen Bruder. Aber der hat sich schon vor etlichen Jahren mit Vater überworfen. Wir wissen nicht einmal, wo er lebt.« Sie überlegte. »Vielleicht hat er eine eigene Familie … womöglich bin ich Tante. Das wäre schön.«

»Können Sie jetzt erzählen, was mit Ihrer Mutter passiert ist?«

Maren nickte langsam. »Er hat sie mit Wucht gegen die Duschkabine gestoßen. Sie stürzte und knallte mit ihrem Kopf gegen das Waschbecken. Dabei hat sie eine Hirnblutung erlitten. Sie hat sich nie wieder davon erholt. Es ist ein Wunder, dass sie überhaupt am Leben geblieben ist. Ich fühle, dass sie mich erkennt. Abends, wenn ich mit allem fertig bin, lese ich ihr vor. Ich schlafe bei ihr im Zimmer. Ich habe mir einen leichten Schlaf angewöhnt. So höre ich sie sofort, wenn sie stöhnt.« Mit leiser Stimme fuhr sie fort. »Ich denke, Mama nimmt mich nicht mehr mit ihrem Verstand wahr. Aber ihr Herz weiß, dass ich bei ihr bin.«

»Sie wird doch sicherlich ärztlich betreut?«

»Von unserem alten Hausarzt. Der glaubt Vaters Geschichte, dass sie von selbst ausgerutscht sei.«

»Wie lange ist das Ganze her?«

»Fünf Jahre. Seit fünf Jahren pflege ich Mama.«

»Und schweigen.«

»Was soll ich denn Ihrer Ansicht nach tun? Die Wahrheit ändert nichts an meinem Leben. Außerdem – wie soll ich beweisen, was wirklich passiert ist? Alle würden fragen, warum ich nicht gleich was gesagt habe. Aber wie hätte ich denn etwas sagen können? Es musste doch irgendwie weitergehen. Geld, um mit Mama wegzugehen, habe ich nicht. Wir müssen schließlich irgendwo leben.«

»Sie verdienen doch ihr eigenes Geld?«

»Vater knöpft mir fast alles ab, für Wohnen und Essen. Er nennt das Kostgeld. Wie soll ich denn ganz alleine auf mich gestellt meine Mutter versorgen? Ich habe kein Erspartes, nichts.« Plötzlich blickte sie hektisch auf ihre Uhr. »Ich bin schon so lange hier. Ich muss weg, sonst wird er misstrauisch. Wenn er sich sehr über mich ärgert, schickt er mich ins kalte Wasser. Er weiß ganz genau, wie ich das hasse.« Sie strich ihr T-Shirt glatt. »Vergessen Sie bitte, was ich Ihnen erzählt habe. Ich weiß nicht, weshalb ich das getan habe. Bitte, Sie dürfen es niemandem verraten! Wenn er mir etwas antut, kümmert sich niemand mehr um Mama.« Ihr Blick war flehentlich. »Sie hat nur mich. Mama braucht mich.«

Tamara versuchte, sie zu beruhigen. »Kein Wort, zu niemandem. Sie können sich auf uns verlassen. Wenn wir irgendetwas für Sie tun können, lassen Sie es uns wissen.«

»Mir kann keiner helfen.«

Die beiden blickten der jungen Frau traurig hinterher, als sie die Ferienwohnung verließ.

»Das gibt es doch nicht! Dieser Stinkstiefel kommt mit so etwas durch. Erst die Frau und nun die Tochter. Der macht beide komplett kaputt. Das kann man doch nicht so hinnehmen!« Tamara schüttelte erbost ihren Kopf. »Es gibt derart viele Fälle von häuslicher Gewalt. Unfassbar!«

»Du hast versprochen, niemandem etwas zu sagen.«

»Dann habe ich eben gelogen.«

»Wir dürfen nichts unternehmen, was Maren schadet. Mir fällt überhaupt nichts ein, womit wir ihr helfen könnten.«

»Wir *müssen* ihr helfen! Lass uns nachdenken. Irgendeine Möglichkeit für einen Ausweg aus dieser Situation muss es geben.«

Wiebke wusste aus Erfahrung, Tamara würde keine Ruhe geben, bis ihr etwas eingefallen war. Dafür kannte sie sie zu gut.

»Wo sind meine Joggingschuhe? Ich laufe ein paar Kilometer. Ich muss mich irgendwie abreagieren, sonst renne ich zu diesem Hinnerk und gebe ihm ordentlich eins auf die Mütze. Mächtig eins! Ich hätte so richtig Lust dazu. Dieser Drecksack!«

»Damit wäre niemandem geholfen, Tamara. Außerdem würdest du dafür in den Knast kommen.«

»Ich weiß. Deshalb brauche ich jetzt auf der Stelle meine Laufschuhe! Und zwar sofort, bevor ich straffällig werde!«

»Straftäterin betreibt Krimi-Buchhandlung! Guter Slogan.«

Tamara verdrehte ihre Augen. »Wir müssen uns wirklich etwas Wasserdichtes einfallen lassen. Wir brauchen einen Plan.«

Als sie zurückkam, saß Wiebke auf der Terrasse. Sie blickte von dem Buch hoch, in dem sie schmökerte. »Ist dir beim Laufen etwas eingefallen?«

»Vielleicht.«

»Rück schon raus damit.«

»Es ist besser, wenn du es nicht weißt.«

Wiebke sprang von ihrem Stuhl hoch. »Was hast du vor?«

Tamara zuckte mit den Schultern. »Frag mich nicht.« Sie verschwand im Bad.

Wiebke hörte das Wasser der Dusche rauschen. Sie wusste nur zu gut, dass Tamara schwer von etwas abzubringen war, das sie sich in den Kopf gesetzt hatte. Die beiden Frauen waren schon seit so vielen Jahren sehr eng miteinander. Wiebke bildete sich manchmal sogar ein, zu wissen, was Tamara dachte. Obwohl es natürlich völlig ausgeschlossen war, die Gedanken eines anderen Menschen zu lesen. Zumindest aber war sie sich sicher, dass Tamara einen Plan vorbereitet hatte. Vermutlich hatte sie recht damit, wenn sie sagte, es wäre besser, sie behielt ihn für sich. Davon abrücken würde sie, stur, wie sie oft war, ohnehin nicht.

»Wollen wir uns eine Pizza kommen lassen und den Nachmittag auf der Terrasse verbringen?« Wiebke machte den Vorschlag, als Tamara aus dem Bad kam.

»Gute Idee.« Tamara griff nach ihrem Smartphone und fand einen Bringservice.

Nach dem Essen grübelte Tamara eine Weile. Plötzlich stand sie auf und griff nach ihrer Tasche.

»Gehst du nochmals weg?«, fragte Wiebke. »Denk daran, die Buchmanns kommen heute auf ein Glas Sekt zu uns. Das haben wir mit den beiden ausgemacht.«

»Ich bin rechtzeitig zurück. Versprochen.« Schon war sie zur Tür hinaus.

Wiebke beobachtete durch das Fenster, wie Tamara etwas aus dem Kofferraum ihres gemeinsamen Autos nahm.

»Haben Sie gut hierhergefunden?«

Buchmanns hatten pünktlich auf den Klingelknopf neben der Wohnungstür gedrückt. Tamara war immer noch nicht zurück, trotz ihres Versprechens. Wiebke empfing die beiden ohne sie. »Kommen Sie bitte ins Wohnzimmer. Der Sekt ist bereits kalt gestellt und ich habe ein paar Häppchen vorbereitet.«

Norbert strahlte. »Häppchen« war ein Zauberwort, dessen Magie sich für ihn nie verbrauchte. Wenn er sich schon mit alkoholfreiem Sekt und Mineralwasser begnügen musste, weil er der Fahrer war, wollte er wenigstens beim Essen ordentlich zugreifen.

Edelgard fragte, ob sie helfen könne. In diesem Moment klingelte es erneut. Wiebke öffnete Tamara die Tür. Sie bemerkte ein wenig schwarze Schmiere an den Händen ihrer Freundin.

»Ich muss kurz ins Bad. Unsere Gäste sind schon da? Da parkt nämlich ein zweites Auto neben unserem. Das sind doch die Buchmanns?«

»Sie sind gerade gekommen. Beinahe hättet ihr euch an der Haustür treffen können.«

Im weiteren Verlauf des für alle Beteiligten vergnüglichen Abends wurde ein Treffen in Heidelberg für eine noch zu bestimmende Zeit vereinbart. Wiebke und Tamara würden sich außerdem melden, sobald sie eine neue Reise planten und sich dann mit Edelgard bezüglich einer Vertretung in ihrer Buchhandlung austauschen. Norbert hielt sich tapfer an alkoholfreie Getränke. Der Gedanke an die Flasche Bier, die er im Hotelzimmer gleich nach ihrer Rückkehr zu genießen gedachte, hielt ihn aufrecht.

Auf dem Heimweg, wo er, wie es ihm zu eigen war, vorschriftsmäßig und vorausschauend fuhr, bremste er den Wagen ab. »Da vorne hat es einen Unfall gegeben.«

Edelgard reckte sich, um mehr sehen zu können. »Sieht so aus.«

Norbert lenkte das Auto unmittelbar vor der Unfallstelle

an den rechten Straßenrand, schaltete die Warnblinkanlage ein und stieg aus.

»Die Warnweste!«, rief ihm Edelgard hinterher. »Zieh dir eine Warnweste über!«

»Hier wird ein Krankenwagen benötigt. Guck mal, der Fahrer des Lastwagens sitzt am Straßenrand. Der scheint einen Schock zu haben, so wie der ins Leere blickt.«

»Was ist denn mit dem Auto davor?«

»Sieht nicht gut aus. Das ist vollständig geschreddert.« Norbert schlüpfte in die neonfarbene Plastikweste, die Edelgard ihm durch das Fenster entgegengehalten hatte. »Wähl du bitte den Notruf. Die sollen schnell kommen.« Nach wenigen Metern hielt er inne und kam zurück. »Das Vorderteil ist einschließlich des Fahrersitzes völlig zerquetscht. Da ist nicht mehr viel übrig.«

Der Krankenwagen kam zuerst. Der Sanitäter hob neben dem Wrack eine speckige Baseballmütze auf. »Die wurde vermutlich aus dem Fenster geschleudert.« Er beugte sich zu dem Fahrer des Lastwagens. »Sie kommen am besten mit in die Klinik. Im Pkw ist niemandem mehr zu helfen.«

»Der ist auf den Kreisel gefahren. Trotzdem ich die Vorfahrt hatte. Alter, der muss mich doch gesehen haben?« Der Lastwagen-Fahrer deutete auf die Fahrbahn. »Sehen Sie nur, keine Bremsspur. Der ist auf den Kreisverkehr gefahren, ohne abzubremsen. Dabei ist meine Zugmaschine wirklich nicht zu übersehen. Keine Bremsspur.«

»Die Polizei wird den Pkw genau untersuchen.«

»Was wollen Sie denn da untersuchen? Das Vorderteil sieht aus wie in die Schrottpresse gekommen. Da gibt es nichts mehr zu untersuchen. Was mein großer Tonner unter die Räder nimmt, das ist platt. Komplett platt. Das sehen Sie doch.« Er schüttelte seinen Kopf. »Was soll man denn da finden? Das können Sie vergessen.«

Der Sanitäter nickte. »Wenn der überhaupt nicht abgebremst hat und auf den Kreisel fuhr, obwohl Sie auf ihn zukamen, kommt das einem Suizid gleich. Wie wenn sich jemand vor einem herannahenden Zug auf die Schienen legt. Es könnte bei dieser alten Karre allerdings auch sein, dass die Bremsen defekt waren. Das wird man aber nicht mehr feststellen können, so platt gewalzt wie der Wagen ist.« Er wandte sich an Norbert, der auf ihn zugekommen war. »Haben Sie den Unfall mitbekommen? Können Sie uns sagen, wie es passiert ist?«

»Nein. Als wir kamen, war alles schon vorbei. Meine Frau hat den Rettungsdienst angerufen.«

Die beiden Polizisten, die soeben mit ihrem Streifenwagen eingetroffen waren, stiegen aus und sicherten die Unfallstelle ab. Das Blaulicht ließen sie an.

FERIENWOHNUNG MIT ANSCHLUSS
(FLENSBURG, DEUTSCHLAND)

»Ich habe zur Begrüßung einen Wein in den Kühlschrank gestellt.« Die Frau zog die Chromtür auf und zauberte eine bauchige Flasche heraus. Sie huschte an das Büfett am Essplatz, entnahm ihm drei Gläser und stellte sie auf den Tisch. Aus einer Schublade holte sie einen Korkenzieher.

»Würden Sie bitte?«, bat sie Norbert. »Mein Mann hat das immer für mich gemacht.«

Edelgard zog hinter dem Rücken der ungefähr 40-jährigen, stark geschminkten Frau eine Grimasse, mit der sie ihrem Mann bedeutete, dass sie keine Lust hatte, mit der Vermieterin ihrer Ferienwohnung gemeinsam Wein zu trinken.

Norbert fühlte sich regelrecht in der Zwickmühle. Den Wünschen welcher der beiden Frauen sollte er nun entsprechen? Er wollte es sich nicht mit ihrer Gastgeberin verderben. Mit seiner Ehefrau schon gar nicht.

»Mit diesen Muskeln«, Frau Bartinger strich ihm sanft über den Arm, »ist das doch ein Kinderspiel für Sie, Herr Buchmann.«

Norbert goss in jedes Glas einen Fingerbreit der goldfarbenen Flüssigkeit. Das schien ihm ein guter Kompromiss zu sein: Zunächst einen kleinen Schluck mit der Vermieterin zu trinken und dann möglichst schnell mit Edelgard in der Wohnung alleine zu sein. Damit hätte er beide zufriedengestellt. Der Blick seiner Frau belehrte ihn eines Besseren.

»Den lass ich aus dem Badischen kommen. Von einem Winzer, den ich im Urlaub kennengelernt habe. Also, eigentlich wir, mein Mann und ich. Aber leider bin ich schon seit einiger Zeit verwitwet.« Sie nahm ihr Glas und trank es leer. »Aber er musste nicht leiden. Es ging ziemlich schnell. Das erleichtert meine Trauer.« Sie griff nach der Flasche und schenkte ihr Glas voll. »Seitdem vermiete ich diese Wohnung hier an Feriengäste. So habe ich ein wenig Gesellschaft, wissen Sie. Hatten Sie eine gute Anfahrt?« Sie nahm einen weiteren Schluck von ihrem Wein.

»Eigentlich möchte ich mich kurz zurückziehen.« Edelgard rang sich ein Lächeln ab. »Es ist doch schon Abend.«

»Machen Sie das! Legen Sie sich ruhig ein wenig hin. Ich erkläre Ihrem Mann inzwischen alles.«

Edelgards Wangen färbten sich rosa. Was dachte diese Frau sich? Vermietete die ihre Souterrain-Wohnung ausschließlich mit Familienanschluss?

»Mein Mann ist ebenfalls müde.« Das klang bestimmt.

»So sieht er gar nicht aus! Also«, die Frau öffnete ungerührt einen der Unterschränke der Küche. »Hier ist die Spülmaschine. Auf der Anrichte steht alles, was Ihren Aufenthalt angenehm macht. »Kaffeeautomat, Eierkocher, Toaster …«

Edelgard unterbrach sie. »Danke, wir wissen, wie man das alles bedient. Wir haben diese Geräte zu Hause auch.«

»Hier drinnen«, Frau Bartinger öffnete eine weitere Schranktür, »ist der Mülleimer. Den Biomüll bringen Sie bitte jeweils gleich in den Garten. Dort befindet sich der Kompost.«

Edelgard nahm die Flasche Wein und stellte sie demonstrativ in den Kühlschrank zurück. »Die trinken wir später, Norbert.« Sie zwinkerte ihrem Mann verschwörerisch zu. Und an die Vermieterin gewandt: »Wir sehen uns bestimmt das eine oder andere Mal während unseres Aufenthaltes, nicht wahr?«

Als sie endlich gegangen war, rollte Edelgard genervt ihre Augen. »Ich dachte schon, die werden wir gar nicht mehr los. Dabei haben wir ausdrücklich eine eigene Wohnung gemietet.

Nicht bloß ein Zimmer mit Gemeinschaftsküche. Ich fand sie ziemlich aufdringlich.«

»Die ist doch nett! Und das mit der Flasche Wein war wirklich aufmerksam von ihr.«

»Ein Viertel davon hat sie immerhin selbst getrunken.«

Am nächsten Morgen, es war kaum hell geworden, pochte jemand an das Fenster des Schlafzimmers. Das zeigte auf eine große Terrasse, zu der vom Wohnzimmer nebenan aus eine Glastür führte. Edelgard drehte sich auf die andere Seite und zog sich die Bettdecke über den Kopf, um ihre Ohren damit zu bedecken. Aber das Klopfen hörte nicht auf. Im Gegenteil, es wurde eindringlicher.

»Hallo, Frau und Herr Buchmann! Ich fahre geschwind zum Bäcker! Was kann ich für Sie mitbringen?«

»Nichts«, murmelte Edelgard und zog die Decke fester um ihren Kopf.

»Sei doch nicht so unfreundlich zu der Frau. Sie will doch nur nett sein.« Norbert schlug seine Zudecke zurück, steckte seine nackten Füße in warme Puschen und öffnete im anderen Zimmer die Terrassentür. »Zwei Brötchen, zwei Croissants und eine Laugenstange. Ein Stück Himbeertorte, wenn der Bäcker hat, das wäre toll. Die mag ich so gerne.« Er rief ins Schlafzimmer. »Edelgard, möchtest du auch etwas?«

Als er zurückkam, gab sich Edelgard eingeschnappt. »Was hast du denn mit der Frau getuschelt?«, wollte sie wissen.

»Wir haben nur geflüstert, um dich nicht zu stören. Ich gehe mich gleich frisch machen. Frau Bartinger deckt, wenn sie zurückkommt, auf der Terrasse für uns den Tisch.«

Edelgard ließ sich Zeit im Bad. Währenddessen schnurrte Frau Bartinger auf der Terrasse die Sehenswürdigkeiten der Umgebung herunter.

»Den historischen Hafen müssen Sie unbedingt sehen. Und die Altstadt von Flensburg natürlich. Da gibt es eine Pizzeria, ich sage Ihnen was, dort schmeckt es so fabelhaft, das werden Sie nie wieder vergessen. Immer, wenn Sie woanders eine Pizza essen, werden Sie an diese denken müssen! Ach, was rede ich denn da, am besten komme ich mit Ihnen und Ihrer Frau mit, dann kann ich Ihnen vor Ort alles direkt zeigen, nicht wahr, Herr Buchmann? Wäre ja schade, wenn Sie etwas auslassen würden.«

Den Kaffee zum Frühstück hatte die redselige Dame gleich mitgebracht, wie Edelgard feststellte, als sie in einem hellgrünen Kleid hinaustrat.

»Eine Tasse für Sie, Frau Buchmann?«

»So früh nicht. Zu dieser Zeit trinke ich lieber Tee.«

»Habe ich natürlich in meiner Küche. Einen kurzen Moment.« Sie erhob sich. »Grünen oder Kräuter?«

»Schwarzen.«

»Kommt sofort.«

»Du scheinst dich ziemlich gut mit ihr zu verstehen.« Edelgard besah sich den Teller ihres Mannes, auf dem bereits Krümel lagen.

»Sie kümmert sich vorzüglich um ihre Gäste, Edelgard. Solch eine Gastfreundschaft ist heutzutage wirklich selten. Du solltest sie genießen!«

»So wie du?« Edelgard blickte auf die Himbeertorte, auf der ein winziges Schokoherz lag.

»Es ist doch großartig, wenn sie uns hilft.«

»Hilft?« Edelgard zog das Wort in die Länge. »Wie darf ich mir das vorstellen?«

»Sie fährt uns sogar mit ihrem Auto nach Flensburg rein. Sie zeigt uns den historischen Hafen. Unser personal guide quasi. Das ist eine famose Gelegenheit, auch die Geheimtipps in Flensburg zu sehen und nicht nur das, was ohnehin im Reiseführer steht. Schließlich hat Frau Bartinger Insiderwissen.«

»Ich glaube, ich habe vergessen, mich zu kämmen.« Edelgard ging zurück in die Wohnung. Im Bad lehnte sie sich an die Wand. Dann drehte sie den Wasserhahn auf und ließ kaltes Wasser über ihre Handgelenke rinnen, um sich zu beruhigen. Diese Vermieterin war eine von der aufdringlichen Sorte, und zwar von der ganz extremen. Sie übertrieb es mit der Gastfreundschaft haushoch. Sie war wie eine Art Babysitter für Erwachsene! Betreutes Reisen für Hilfsbedürftige, aber so etwas brauchte sie nicht. Ganz bestimmt nicht. Sie fühlte sich ziemlich fit und durchaus in der Lage, unbetreut zu reisen. Sosehr Edelgard es in Gedanken hin und her wendete, ihr fiel keine Ausrede ein, mit der sie diese Person davon abhalten konnte, sie beide bei ihrem Ausflug zu begleiten. Weshalb belegte die nicht einfach einen Volkshochschulkurs? Das würde sie davon abhalten, sich aus purer Langeweile Fremden an den Hals zu werfen. Dort hätte sie genügend Möglichkeiten, Kontakte zu knüpfen. Und zwar mit Menschen, die im Gegensatz zu ihr Spaß daran hatten. Das Dumme an der Situation war, dass Norbert ziemlich geblendet von dieser Person war. Das fehlte ihr grade noch, dass ihr Mann anfing, sich für andere Frauen zu begeistern! Aber wie konnte sie diese Person loswerden, ohne dabei selbst ihr Gesicht zu verlieren? Die Rolle der eifersüchtigen Ehefrau gefiel ihr gar nicht. Sie würde dieses Weib anders abschütteln. Eine Idee musste her!

Als sie wieder auf der Terrasse anlangte, nahm Frau Bartinger gerade ihren Arm von Norberts Schulter.

»Ihr Tee, Frau Buchmann. Ich habe Ihnen Zucker mitgebracht.« Sie lächelte honigsüß, während sie Edelgards Taille beäugte. »Sie mögen es gerne süß, nicht wahr?«

Falsche Schlange, dachte Edelgard bei sich, während sie

missmutig mit einem Löffel in ihrem Tee rührte. Die Frau wog gut und gerne fünf Kilogramm mehr als sie selbst. Nach ihrem fiesen Seitenhieb besprach sie jetzt tatsächlich fröhlich den heutigen Tagesablauf. Norbert genoss die besondere Aufmerksamkeit dieser Person ganz offensichtlich. Er schien in ihrer Gegenwart regelrecht aufzublühen und saß kerzengerade, strahlte die ganze Zeit über und zog sogar seinen Bauch ein. In Edelgard grummelte es. So hatte sie sich den Aufenthalt in Flensburg nicht vorgestellt. Diese Frau ging ihr gehörig auf die Nerven. Sollte sie Kopfschmerzen vortäuschen und den Tag in der Ferienwohnung verbringen? Sie hatte einen neuen Krimi begonnen. In dem könnte sie weiterlesen. In aller Ruhe. Sie gab sich innerlich einen Ruck. Wie käme sie dazu, dieser Frau ihr Terrain zu überlassen? Das war *ihr* Urlaub, den sie mit *ihrem* Mann hier verbrachte! Lesen konnte sie schließlich wieder daheim.

»Also, wann geht es los?«, fragte sie betont frisch.

»Sobald ich den Tisch abgeräumt habe.«

Edelgard nahm sich eine zweite Tasse Tee und registrierte mit Verwunderung, wie ihr Mann hochsprang und eifrig sein benutztes Geschirr ins Haus trug. Dazu bedurfte es zu Hause jeweils einer Extraeinladung an ihn.

»Ich ziehe mich rasch um«, bemerkte Frau Bartinger.

Als sie zurückkam, verschlug es Edelgard für einen kurzen Moment den Atem. Diese Frau hatte ihre üppigen Rundungen in ein hautenges, weit ausgeschnittenes geblümtes Kleid gesteckt. Es saß so knapp, als ob sie reingeschossen worden wäre.

»Gab es das nicht in Ihrer Größe?« Beinahe hätte Edelgard dies gefragt, hielt die giftige Bemerkung aber im letzten Moment zurück. Sie stellte verärgert fest, wie Norbert diese Frau mit sichtlichem Wohlwollen betrachtete. Für ihr Dafürhalten ziemlich ausgiebig. Mit einer Spur zu viel Interesse. Zumindest Edelgards Meinung nach. Das konnte ein heiterer Tag werden!

Frau Bartingers Füße steckten in hohen Sandälchen.

»Damit wollen Sie Auto fahren?« Edelgard bedachte das Schuhwerk mit einem spöttischen Blick. Sie selbst hätte Mühe gehabt, darin überhaupt zu stehen.

»Die streife ich ab. Ich fahre immer barfuß. Ich mag das Gefühl des vibrierenden Pedals direkt auf der Haut.« Dabei lächelte sie Edelgards Mann schamlos an. Es klang aus ihrem Mund wie eine Offerte. »Sie können übrigens gerne Mila zu mir sagen.«

Wie schon bei Marja nahm Norbert vorne auf dem Beifahrersitz Platz. Mit dem Unterschied, dass es Edelgard im Falle von Marja lediglich als Kavaliersdelikt auffasste. Diese Frau hingegen, die gerade jetzt hinter dem Steuer des Autos saß und tatsächlich ihre Schuhe neben Edelgard auf dem Rücksitz platziert hatte, flirtete ungeniert mit ihrem Mann. Und das vor ihren Augen! Edelgard besah sich die Schuhe. Die Innensohlen trugen deutliche Gebrauchsspuren nackter Füße. Das helle Leder wies dunkle Flecken auf. Die Abdrücke der Fersen und der Zehen waren deutlich als runde Stellen zu sehen. Angewidert gab sie dem goldfarbenen Gespinst aus Riemchen und Schnällchen einen Schubs, sodass es unter den Fahrersitz rutschte.

Als Frau Bartinger rückwärts einparkte, legte sie ihren nackten rechten Arm auf Norberts Rückenlehne und grinste dabei.

»Da heißt es immer, wir Frauen könnten nicht einparken, gell, Frau Buchmann? So ein Quatsch!«

Es gab einen zarten Rumms. Sie war hörbar an der Parkplatzbegrenzung angestoßen. Was sie jedoch überhaupt nicht wahrzunehmen schien.

»Angekommen! Alle aussteigen! Ach, Frau Buchmann,

seien Sie bitte so nett und reichen mir meine Schuhe? Ich will nicht barfuß durch Flensburg schlendern.«

»Man könnte in einen Hundehaufen treten?« Edelgard schnappte mit spitzen Fingern nach dem Gewünschten und reichte es nach vorne.

»Reizend, der historische Hafen, wirklich reizend.« Norbert war voll des Lobes über die Anlage.

»Habe ich Ihnen nicht zu viel versprochen, gell, Herr Buchmann?« Wie selbstverständlich schob Frau Bartinger ihren Arm unter Norberts und führte ihn herum, wobei sie permanent wie mit eingeübter Geste ihre blondierten Haare zurückstrich. Das geblümte Stretch-Kleid leuchtete regelrecht in der Sonne. Fehlte nur noch, dass sie Norbert vor den Augen seiner Frau bat, Sonnencreme auf ihrem üppig dargebotenen Dekolleté zu verteilen. Wobei er sicherlich eine halbe Flasche verbraucht hätte. Diese Person ging mit einer naiven Unbefangenheit und kindlichen Freude über ihr eigenes Dasein durch den Tag. War sie dumm oder unverhohlen dreist? Edelgard tippte auf eine Kombination von beidem. Jedenfalls verfehlte ihr Verhalten nicht ihre Wirkung auf Norbert. Edelgard begann vor Wut zu kochen. Dieser Tag würde kein gutes Ende nehmen!

Dunkles Wasser leckte an der Befestigung des Hafens. Edelgard malte sich aus, wie Frau Bartinger mit ihren Mörder-High-Heels just am Rande umknickte und ins Wasser fiel. Selbstverständlich konnte diese Person nicht schwimmen! Edelgard würde ihr eine zu kurze Rettungsleine zuwerfen und bedauernd mit ansehen, wie die Frau unterging. So etwas passierte ja ständig, weshalb also nicht dieser penetranten Person? Dann wäre sie sie endlich los.

»Wo bleibst du denn, Edelgard? Warum guckst du so auf das Wasser? Hast du einen Seehund entdeckt?«

Dieses Weib fiel mit einem glockenhellen Sopran in Norberts Lachen ein. Das Lachen würde der schon noch vergehen! Dafür würde sie bei passender Gelegenheit persönlich sorgen. Was bildete die sich eigentlich ein? Und weshalb ließ Norbert sich derart von ihr bezirzen? Der hatte doch schließlich sie! Unerhört war das. Diese Facette in der Persönlichkeit ihres Mannes war komplett neu für sie. Hatte sie selbst mit seiner optischen Neugestaltung dazu beigetragen, seine Attraktivität für andere Frauen zu steigern?

Direkt am Wasser befand sich ein kleines Café. Sie nahmen auf bunten Stühlen Platz.

»Sie trinken Ihren Kaffee genauso wie mein verstorbener Mann! Mit drei Stücken Zucker.«

»Woran ist Ihr Mann eigentlich gestorben?«

»Edelgard! Das geht uns doch nichts an.«

»Fragen Sie ruhig. Ich kann darüber reden. Klar. Aber nicht jetzt. Wo die Sonne so heiter scheint, da wollen wir den Tag genießen, nicht wahr?« Sie hatte ihre Beine übereinandergeschlagen und wippte mit dem Fuß, der oben lag.

Hatte sie nicht eben die Augen für einen Moment geschlossen, während sie sprach? Ihr Oberkörper neigte sich ein wenig nach vorne. Edelgard hatte kürzlich das Buch eines Profilers über wahre Fälle gelesen. Die Frau log! Ihre Körpersprache bezichtigte sie der Lüge. Oder es gab etwas für sie zu verbergen. Edelgard traute ihr zu, beim Ableben ihres Mannes nachgeholfen zu haben.

»Haben Sie Kinder?«

»Nein. Mein Mann war 60, als wir uns kennenlernten.«

Der Fall wurde für Edelgard immer eindeutiger. Diese Person hatte sich einen wesentlich älteren Mann geangelt, sich seiner entledigt und ihn beerbt. Es schauderte sie, bei einer derart gewissenlosen Person eine Ferienwohnung gemietet zu haben. Viel schlimmer! Sie saßen mit ihr bei Kaffee und Kuchen im historischen Hafen von Flensburg.

»Wollen wir weitergehen?« Edelgard hoffte, dass sich demnächst die Gelegenheit bieten würde, ihrem Mann zuzuraunen, mit wem sie es hier zu tun hatten. Ihrer Meinung nach war er völlig verblendet von ihren Reizen, die sie ihm schamlos offerierte. Im Beisein seiner eigenen Ehefrau! Es galt, ihm die Augen zu öffnen über diese Person. Dies war jedoch schwierig, da Frau Bartinger keinen Millimeter von Norberts Seite wich.

»Wollen wir weitergehen? Ich muss Ihnen unbedingt die Altstadt von Flensburg zeigen. Sie ist zauberhaft!«

»Schlendert ihr beiden Damen schon voraus, ich gehe eben auf die Toilette.« Norbert verschwand im Inneren des Cafés.

Ehe sie es sich versah, war Edelgard mit diesem Weib alleine. Sie erhob sich seufzend von ihrem Stuhl. Schade, es war wirklich ein schöner Ort. Sie hätte ihn gerne in Ruhe genossen. Zu zweit mit ihrem Angetrauten.

»Sehen Sie den markanten Turm dort drüben? Das ist die St.-Jürgen-Kirche. Der Stadtteil Jürgensby ist sehr begehrt. Mein Mann wollte dort immer wohnen. Aber mir ist das Haus mit dem Garten viel lieber.«

Edelgard hätte es vorgezogen, das Panorama ohne die Erläuterungen zu genießen. Die Namen der Kirchen standen in ihrem Reiseführer.

Sie schlenderte weiter auf den Holzplanken längs des Wassers. Im Hafen gegenüber waren etliche Segelboote vertäut. Wo Norbert so lange blieb? Sie drehte sich um. In dem Moment spürte sie einen heftigen Schlag gegen ihre Lende. Ehe sie begriff, was vor sich ging, landete sie schon im Wasser. Sie tauchte gänzlich unter. Wasser drang in Nase, Ohren und in den Mund, den sie unwillkürlich zu einem Schrei geöffnet hatte. Sie strampelte mit ihren Beinen und bekam den Kopf über Wasser. Mit beiden Händen klammerte sie sich an den Steg, während sie gierig nach Luft schnappte. Sie hasste es beim Schwimmen im Freibad wie die Pest, wenn Wasser in ihre oberen Atemwege drang. Wenn es wie jetzt ohne jede Vorwarnung geschah, noch viel mehr. Frau Bartinger kniete nieder und bohrte ihre langen aufgeklebten Plastiknägel in Edelgards Handrücken. Dabei lächelte sie sie seelenruhig an.

Die Gepeinigte versuchte, den brennenden Schmerz zu ignorieren und sich weiter festzuhalten. War ihre Tasche, deren Gurt quer über ihren Oberkörper hing, wasserfest? Wieso ging ihr das jetzt durch den Kopf? Hatte sie nicht andere Probleme? Sie sah kleine rote Blutstropfen aus den Spuren perlen, die Frau Bartinger in ihre Hände pickte. Lange würde sie sich nicht mehr festhalten können.

»Norbert! Norbert! Wo bist du? Komm endlich!«

»Dein Norbert gehört jetzt mir, du kleine dumme Gans. Der wird sich schneller trösten, als dir lieb ist. Du bist bald nur noch Fischfutter. Ich habe natürlich nicht gesehen, wo genau du ins Wasser gefallen bist, und werde deshalb herzlich wenig zu der Suche nach dir beitragen können. Welch ein Glück, dass heute so wenig los ist.«

Edelgard verspürte den übergroßen Impuls, ihrer Rivalin die Faust ins Gesicht zu rammen, als diese sich nun ganz nah zu ihr hinunterbeugte. Sie sah die zu großen Poren neben der stumpfen Nase, die das Weib mit viel Make-up zugekleistert hatte. Das Zuschlagen funktionierte leider nicht, denn dann hätte sie zumindest mit einer Hand den rettenden Holzsteg loslassen müssen. Das wollte sie ganz sicher nicht. Es nahm ihre gesamte Kraft in Anspruch, sich festzuhalten und den Malträtierungen dieses ausgekochten Miststücks standzuhalten.

»Steht dir übrigens, die Panik. Du hast sogar eine richtig gute Gesichtsfarbe bekommen. Bald wirst du blau anlaufen, wenn du eine Weile im Wasser gelegen hast. Nach ein paar Tagen bist du eine aufgedunsene Wasserleiche. Sieht nicht gut aus, so viel dazu. Aber dann fallen deine paar Kilos zu viel nicht mehr ins Auge. Du wirst ohnehin einen Sarg in Größe XXL benötigen. Schade drum, denn der wird auf dem Friedhof genauso vermodern wie du selbst.« Sie zog eine höhnische Fratze.

Plötzlich tauchte neben dem Gesicht ein zweites auf. Das eines Mannes. Er packte die Peinigerin an den Schultern und zog sie mit einem kräftigen Ruck weg. »Was geht hier ab?« Er reichte Edelgard eine starke Hand. »Ich ziehe Sie heraus. Halten Sie sich gut fest.«

»Ich wollte der Frau helfen! Aber ich war zu schwach dazu.« Frau Bartinger schaltete wie auf Knopfdruck auf eine andere Rolle um und übte einen Lidschlag, der selbst Lady Di zur Ehre gereicht hätte.

Der Mann packte mit der zweiten Hand Edelgards Unterarm und hievte sie aus dem Wasser. »Das wirkte eben ganz anders auf mich.« An Edelgard gewandt fragte er: »Wie geht es Ihnen? Soll ich einen Krankenwagen rufen?«

Endlich kam Norbert angerannt. Er blickte verwirrt auf die Szenerie.

»Einen Krankenwagen nicht. Aber die Polizei. Die da«, Edelgard wies auf Frau Bartinger, »hat mich ins Wasser gestoßen.«

»*Was* behaupten Sie?« Frau Bartinger strich über ihr knappes Kleid. »Sie sind gestolpert! Ich habe Ihnen lediglich helfen wollen! Das ist ja die Höhe! Sie sollten sich genau überlegen, was Sie sagen!«

Norbert kniete neben seiner klatschnassen Frau nieder. »Was ist hier los?«

Edelgards Retter hielt sein Smartphone in der Hand und tippte die 110. »Kommen Sie bitte zum historischen Hafen. Es geht um eine Anzeige.« Zu Norbert sagte er: »Ich warte, bis die Polizei hier ist. Ich saß da hinten auf der Bank und habe alles mit angesehen. Ich mache selbstverständlich eine Zeugenaussage.«

Der nette Polizist holte eine Decke aus seinem Kofferraum und legte sie der triefenden Edelgard um.

»Norbert! Nimmst du bitte meine Tasche?«

Norbert nestelte an dem Verschluss. »Wir legen dein Smartphone in einen Schuhkarton mit Reis. Das hat eine Kollegin von mir neulich auch getan, als es ihr versehentlich in die Toilette gefallen war. Drei Tage und dann hat es wieder funktioniert.«

»Meine Geldbörse? Was ist mit der?«

»Da drin ist doch sowieso alles aus Plastik. Ausweis, Führerschein, Kreditkarten.«

»Wir ziehen um in ein Hotel. Sofort.«

»Natürlich, Schatz. Wir nehmen uns ein Taxi.«

Einer der beiden Beamten hatte mit dem Zeugen gesprochen und führte Frau Bartinger nun zum Streifenwagen, wo er ihr die Tür öffnete. Der zweite kam auf Edelgard zu. »Sie können später aufs Revier kommen und Ihre Aussage zu Protokoll geben. Ich nehme an, Sie möchten sich zuerst umziehen.«

DAS KATZENZIMMER
(KOPENHAGEN, DÄNEMARK)

»Du bekommst das Katzenzimmer, Mom.«

Julian war mit dem Zug aus Stockholm angereist. Sie hatten ihn am Bahnhof abgeholt. Nun standen sie ein wenig außerhalb von Kopenhagen vor einem rosa angestrichenen Haus, das als Pension geführt wurde.

Edelgard empörte sich lautstark. »Das Katzenzimmer? Julian! Geht's noch? Nach allem, was ich in Flensburg erleben musste, bekomme ich das mieseste Zimmer von allen? Ich bin knapp einem Mordanschlag entgangen.«

»Mom …«

»Erinnert ihr euch? Damals in Italien zum Ende der Saison? Da wollten sie uns in einem Restaurant den Tisch neben dem Eingang zur Toilette zuweisen. Obwohl der gesamte Laden komplett leer war! Bloß weil die keine Lust mehr auf Touris hatten und uns ärgern wollten! So etwas nennt man Katzentisch. Und was, bitte sehr, habe ich mir unter einem Katzenzimmer vorzustellen? Einen Raum ohne Fenster? Mit Etagentoilette? Irgendwie kann ich es kaum glauben! Wir wollen deinen Geburtstag feiern, fahren dazu extra nach Kopenhagen, um dich zu treffen, und dann soll ich ins Katzenzimmer? Julian, was ist los? Was willst du mir damit sagen?«

Norbert, der in Julians Pläne eingeweiht war, legte seine Hand auf Edelgards Arm. »Schatz, beruhige dich, bitte. Es ist ganz anders, als du denkst.«

»Wie ist es denn dann? Habe ich wenigstens elektrisches

Licht? Vielleicht finde ich im Kofferraum eine Taschenlampe.« Edelgard schnaubte. Da hatte sie immer alles getan für ihr Kind und nun war das mieseste Zimmer des Hauses für sie vorgesehen. Hatte er so wenig für sie übrig? Lag es am Geld? Entsprach es lediglich ihrer eigenen Perspektive, Julians Kindheit als angenehm zu verklären? Hatte es sich aus seiner Sicht gänzlich anders gestaltet? Hatte sie wie so viele Eltern ebenfalls etwas falsch gemacht bei der Kindererziehung? Ratlos blickte sie ihren Sohn an. Ihr einziges Kind! Zu allem Überfluss bekam der sich vor Grinsen kaum mehr ein. Von Norbert war ein Glucksen zu vernehmen. Was ging hier vor? Sie war bestürzt.

»Mom, du hast selbstverständlich das beste Zimmer des gesamten Hauses!«

»Was denkst du denn von unserem Sohn?«

Edelgard blickte verwirrt zwischen den beiden hin und her. »Wollt ihr mir verraten, was es damit auf sich hat?«

»Du freust dich doch immer so, wenn die Nachbarskatzen zu Besuch kommen, Mom.«

»Sogar Leckerlis liegen an der Garderobe für ihre pelzigen Lieblingsgäste. Wenn die aus sind, fährt sie extra mit dem Fahrrad noch mal los, um ihren Vorrat aufzufüllen.«

»Deshalb bekommst du das Katzenzimmer. Das ist eine Suite, in der zwei Katzen wohnen. Einen großen Balkon hast du auch noch. Du kannst also die gesamte Zeit über deine Mitbewohner kraulen und ihnen Leckerlis zustecken. Ich dachte, das gefällt dir.«

»Was? Zwei Katzen! Weshalb sagt ihr das nicht gleich? Das ist fabelhaft!« Edelgard stürmte durch den Vorgarten mit Rittersporn, Sonnenhut und Fingerhut und klingelte an der Tür der Pension.

Eine rundliche Frau, ungefähr 40 Jahre alt und mit blonden Haaren, öffnete. Ein dunkler Haaransatz verriet, dass sie der Natur ein wenig nachgeholfen hatte. »Ihr seid Familie Buchmann?«

Edelgard strahlte. »Ich bin im Katzenzimmer.«

»Das habe ich mir schon gedacht. Da wollen meist die Frauen rein. Obwohl es auch Männer gibt, die das mögen.«

»Wir beide haben ein Doppelzimmer. Für meine Mom habe ich die Suite gebucht.«

»Fabelhaft. Dann kommen Sie mal herein.« Die Frau trat zur Seite, um ihre Gäste ins Haus zu lassen. »Ich bin Britta. Mich hat es vor ein paar Jahren aus Berlin hierher verschlagen. Der Liebe wegen.« Sie legte ihren Kopf leicht in den Nacken und lachte auf eine ganz besondere Art, die unwiderstehlich sympathisch war. »Die Pension ist mir geblieben.« Sie schloss die Haustür. »Hier duzen sich alle. Ist das in Ordnung für euch?« Ihren Bewegungen wohnte etwas Geschmeidiges inne. Dabei strahlte sie eine tiefgehende Zufriedenheit aus.

Edelgard, die sich nicht gewundert hätte, von ihrem Gegenüber ein Schnurren zu vernehmen, reichte Britta die Hand. »Klar. Ich heiße Edelgard. Wo sind die Katzen?«

Der große Raum war in hellen, freundlichen Farben eingerichtet. Über einem breiten Bett leuchtete ein Baldachin in Himmelblau. Auf der Sofagruppe lagen zahlreiche, mit Blumen bestickte Kissen. In einer mit einem samtenen Vorhang abgetrennten Ecke befanden sich zwei weich ausgestattete Körbchen, ein überdimensionierter Kratzbaum und Schälchen mit Futter und Wasser. 30 Zentimeter unter der Decke des Zimmers führte ringsum ein Holzsteg, zu denen die Tiere auf einer Leiter spazieren konnten. Zwei Steckbriefe an der Wand gaben Auskunft über die beiden Schnurrtigerinnen. Es handelte sich demnach bei Miva und Shira um eingefangene Straßenkatzen aus Portugal, die seit zwei Jahren im Haus lebten. Eine genaue Anweisung sah vor, ihnen ausschließlich das von Britta zur Verfügung gestellte Futter zu geben, täglich zweimal ihren Wassernapf aufzufrischen und zu akzeptieren, wenn sie sich zurückzogen und signalisierten, dass sie ihre Ruhe haben wollten. Britta kümmerte sich um das Katzenklo, das auf dem Balkon im Freien stand.

Unten rechts in der Balkontür war eine Klappe eingelassen. Der Balkon, auf den Edelgard nun trat, war komplett mit feinem Draht vergittert. Hier saßen die beiden Tiger. Miva, eine schöne Rothaarige mit weißen Streifen, sprang auf und rieb ihren Kopf an Edelgards Füßen. Die bückte sich und kraulte die Katzendame zwischen den Ohren. Shira, eine Europäisch-Kurzhaar, blieb auf Abstand und begutachtete mit wachsamen, bernsteinfarbenen Augen die neue Mitbewohnerin auf Zeit.

»Guck mal, Mom, hier ist der Lichtschalter.« Julian konnte es sich nicht verkneifen, seine Mutter, die zurück ins Zimmer kam, aufzuziehen. »Dein Bad ist hier.« Er zeigte auf eine lindgrün lackierte Tür mit einem weißen Herz. »Britta serviert Tee für uns. Wir treffen uns in einer Viertelstunde unten im Salon.«

Der Salon erwies sich als geräumiges Wohnzimmer mit mehreren Sitzecken. In den vier Nischen der Sprossenfenster mit den weiß lackierten Rahmen lagen dicke Kissen auf eingepassten Holzbrettern. Ihre Rottöne waren abgestimmt auf den Teppich mit Ornamentmuster. Die Mitte des Raumes nahm ein langer Kieferntisch ein, der an den Seiten von mit rosa Blümchenstoff bespannten hochlehnigen Stühlen flankiert wurde. Es war für sieben Leute eingedeckt. Auf Etageren liegende, mit Hagelzucker bestreute Butterkekse verströmten einen köstlichen Duft. Macarons in zarten Pastellfarben harmonierten mit anderem Baisergebäck und mit kleinen, kunstvoll belegten Törtchen.

In Norberts Gesicht ging die Sonne auf. Rasch nahm er Platz. Wie Edelgard bemerkte, strichen auch hier Katzen umher. Sie nahm eine weiß-grau getigerte auf ihren Arm und setzte sich. Während sie die Fellnase kraulte, eröffnete die ein behagliches Schnurrkonzert.

Britta trat mit einer dickbauchigen Kanne duftenden Tees in den Raum und stellte sie auf den Tisch. »Nehmt euch, bitte. Edelgard, das ist Ben. Er ist der Chef hier. Es ist wichtig, dass du deine Zimmertür geschlossen hältst. Er duldet keine anderen Tiere neben sich. Eine Begegnung zwischen Miva, Shira und ihm würde nicht gut ausgehen. Als zuletzt ein Gast vergaß, die Tür zuzumachen, musste ich Shira zum Tierarzt bringen. Der Gauner, der jetzt so friedvoll auf deinem Schoß sitzt, hatte ihr ein Stück Fell aus dem Bauch herausgebissen.«

Edelgard stoppte das Kraulen und setzte Ben irritiert auf den Boden. Woraufhin der Kater seine Pfote kurz leckte und im Anschluss daran eingeschnappt den Raum verließ. Britta nahm Platz und sah ihm lächelnd nach.

Drei weitere Personen kamen in den Salon. Es war ebenfalls ein Paar mit einem erwachsenen Sohn. Der junge Mann verlor sich in seinem Jackett, welches für einen wuchtigeren Körper als seinen eigenen geschneidert worden war. Umso eindrucksvoller war seine Stimme, mit der er ohne einen großartigen Resonanzkörper den Raum akustisch zu füllen vermochte. Zumindest entstand dieser Eindruck, als er mit großem Stimmvolumen einen »Guten Nachmittag« wünschte. Der Sohn war genauso schmächtig wie der ältere Herr im Strickjackett. Ausgeglichen wurde die Volumenbilanz der Familie von der die beiden Männer flankierenden Dame, die sich gleich einem Eisbrecher raumgreifend bewegte. Wie auf einer Bühne füllte sie den Salon mit Präsenz und wies den männlichen Familienmitgliedern zumindest optisch die Rolle von Statisten zu. Ihr mächtiger Leib steckte in einem Kleid mit abstraktem Muster, welches in seiner Farbgebung an ein Gemälde von Piet Mondrian erinnerte. Ihr braunes Haar trug sie zu einer beachtlichen Hochfrisur gesteckt. Für Edelgard das bemerkenswerteste Detail waren die Augenbrauen, die eineinhalb Zentimeter über der ursprünglich dafür vorgesehenen Stelle im gewagten Bogen auf die Stirn gemalt waren. Ihre echten Brauen hatte sie offensichtlich wegrasiert.

Nachdem der Sohn der Familie einen Tee zu sich genommen hatte, erhob er sich sogleich.

»Ansgar, du isst ja gar nichts! Das geht so nicht.«

»Mutti, ich habe keinen Appetit.«

»Das gefällt mir nicht. Ganz und gar nicht. Sobald wir zu Hause sind, gehst du sofort zu Dr. Leiderer.« Noch während die Frau sprach, war Ansgar in den Garten entschwunden. »Kinder«, sagte seine Mutter um Zustimmung heischend in Richtung Norbert, »machen nie, was man sagt.«

Edelgard hatte sich beinahe an ihrem Tee verschluckt. Ansgar war dem Anschein nach immerhin Mitte 30.

Der Mann legte hastig einige Butterkekse auf den Teller seiner Frau. »Möchtest du von den Keksen, meine Taube?« Obwohl er mit leiser Stimme sprach, war doch deutlich zu merken, dass er der Träger jener Gene war, die zur Ausprägung des Stimmorgans seines Sohnes beigetragen hatten.

Edelgards Gabe, sich nichts anmerken zu lassen, war aufs Neue gefragt. Norbert sah am leichten Zucken ihrer Schultern, dass sie einen Lachanfall unterdrückte.

Ansgar blies indessen im Garten Kringel aus Rauch in die Luft.

»Nun sieh dir das an!« Taube war empört. »Dr. Leiderer hat ihm schon vor einer Weile das Rauchen verboten. Unglaublich! Ansgar hört auf niemanden.«

Ihr Mann schenkte ihr Tee nach. »Beruhige dich, Taube. Denk an dein Herz.«

»Wie soll ich ruhig bleiben, wenn Ansgar sich derart kindisch benimmt?«

»Ich spreche mit ihm. Später. Jetzt genießt du deinen Tee.«

»Was war das denn für ein Auftritt? Das hatte was von einem Theaterstück.« Als sie alle drei in ihrem Zimmer saßen, sprudelte es aus Edelgard heraus. »Wie die ihren Sohn behandelt! Unfassbar. Ihr Mann springt ihr bei, um sie bei Laune zu halten.«

»Sie sollte auf keinen Fall an den Strand gehen.« Norbert gluckste.

»An den Strand?« Edelgard gab das Echo.

»Wenn Naturschutzaktivisten in der Nähe sind …«

»… ziehen die sie ins Meer zurück. Mann, Paps, dieser Witz ist uralt. Der hat einen Bart, der ist so lang, den kannst du dreimal um deinen Bauch wickeln.«

»Hoffentlich frühstücken die morgen zu einer anderen Zeit als wir. Mir tut der Sohn leid. Echt, ich käme nie auf die Idee, einen erwachsenen Menschen so zu behandeln, wie diese Frau es macht. Kinder sind schließlich kein Eigentum.«

»Mom, darüber sprechen wir noch.« Julian duckte sich sofort weg. Wie er vorhergesehen hatte, warf seine Mutter mit einem der bestickten Kissen nach ihm.

Am Frühstückstisch erfüllte sich Edelgards Wunsch nicht. Kaum hatte sie selbst mit ihrer Familie Platz genommen, kam die unangenehme Frau ins Zimmer, gefolgt von ihrem Anhang. Ansgars Bass füllte mit einem »Guten Morgen« den Raum, seine Mutter nickte hoheitsvoll in Norbert und Edelgards Richtung.

Edelgards Gesichtsausdruck war schicksalsergeben. Nach dem Frühstück würden sie aufbrechen und dann wäre sie diese Person für den restlichen Tag los. Denn abends hatte Julian für sie bereits in einem Restaurant reserviert. Sie würden dort hoffentlich mit angenehmeren Gästen speisen und seinen Geburtstag feiern. Auf dem Boden ihres Koffers befand sich ein Kleid, welches sie extra für diesen Anlass eingepackt hatte.

Britta hatte reichlich Essen aufgefahren. Norbert nahm von dem Graubrot. Zu seiner speziellen Freude hatte er Griebenschmalz entdeckt.

Julian grinste, als sein Vater das Schmalz sorgfältig auf einer Scheibe Brot verteilte und alles anschließend beinahe zärtlich mit Salz bestreute.

»Paps, isst du immer noch dieses Zeug?«

»Was heißt hier Zeug? Dir entgeht wahrlich ein lukullischer Genuss. Soll ich dir ein Brot zubereiten?«

»Uups. Nö, danke. Bin schon groß, kann ich schon alleine.« Julian griff lachend nach dem Honig. »Wenn wir mit dem Frühstück fertig sind, gehen wir zur Straßenbahnhaltestelle. Wir können ohne umzusteigen in die Innenstadt von Kopenhagen fahren.«

»Dürfen wir uns Ihnen anschließen?« Taube schob mit der Zunge den letzten Bissen ihres Croissants in die Backe. »Dann müssen wir nicht selbst herausfinden, wie wir da hinkommen.«

Edelgard stupste ihren Sohn unter dem Tisch an.

»Klar«, sagte der und blickte fragend zu seiner Mutter. Die wandte ihr Gesicht ab, sodass Taube es nicht sehen konnte, und rollte mit den Augen.

Julian zuckte die Schultern. Er hatte nicht vor, mit den anderen Gästen den Tag zu verbringen. Er würde sie lediglich auf dem Fußweg bis zur Straßenbahnstation mitnehmen. Aus purer Höflichkeit.

Edelgard aß schweigend. Sie trank drei Tassen Tee, bis Norbert gesättigt zum Aufbruch bereit war.

»Schauen Sie nur, weißer Fingerhut. Ich wusste gar nicht, dass es so etwas gibt. Ich kenne nur roten.« Taube versuchte sich beim Verlassen der Pension in Konversation mit Edelgard.

Die nickte so kurz, wie es die allernotwendigste Höflichkeit gebot. Ansgar trottete mit hängenden Schultern seinem Vater hinterdrein. Edelgard hätte ihn gerne etwas aufgemuntert. Aber sosehr sie auch überlegte, womit ihr das gelingen könnte, es wollte ihr nichts Heiteres, das sie dem jungen Mann zu seiner Erbauung hätte sagen können, einfallen.

In der Straßenbahn setzte sich Taube gegenüber von Edelgard, sodass Norbert sich gezwungen sah, mit Julian woanders Platz zu nehmen. »Sie müssen wissen, ich hätte eigentlich Karriere gemacht, wenn ich mich nicht für meine Familie entschieden hätte. Ich hatte ein Engagement für New York in Aussicht. Aber dann wurde ich schwanger.«

Taubes Mann tätschelte ihre Hand. »Du tust alles für uns. Ich weiß das zu schätzen.« An Edelgard gewandt, fügte er hinzu: »Meine Frau ist eine begnadete Sängerin.«

»Ich singe ebenfalls.«

»Wo haben Sie das Fach studiert?«

»Privat. Ich nehme privaten Unterricht.«

»Die Stimme verändert sich im Laufe des Lebens.« Taubes Gesichtsausdruck war vielsagend. »Damals war ich auf dem Zenit meines Könnens.« An ihren Mann gewandt, fragte sie: »Wo sitzt eigentlich Ansgar? Kinder sollten bei ihren Eltern sitzen. So wie der Sohn unserer neuen Bekannten. Guck, der junge Herr sitzt bei seinem Vater und unterhält sich mit ihm. Die haben ein richtig gutes Verhältnis zueinander. Da könnte sich unser Kind wirklich ein Beispiel dran nehmen. Meine Güte!« Sie beugte sich vor, was Bewegung in ihren großen Busen brachte. »Ich habe alles für mein Kind getan! Alles! Sogar auf meine Karriere habe ich für ihn verzichtet. Meine Familie steht für mich an erster Stelle. Ein Funken Dankbarkeit ist das Mindeste, was ich von ihm erwarten kann. So ist es doch. Wir Frauen tun alles für unsere Familie. Wir sind das Gerüst der Gesellschaft.«

Edelgard registrierte dankbar das Einfahren in den Bahnhof. Damit war das Ende dieses Gespräches gekommen. Als sie das Bahnhofsgebäude verließen, schloss sich Taube ihnen unmissverständlich an. Julian fing einen Blick seiner Mutter auf und zeigte zum Tivoli. »In diesen tollen Vergnügungspark müssen Sie unbedingt rein. Viele kommen extra nur deswegen in die Stadt.«

Taube nickte anerkennend. »Verstehe. Der ist berühmt. Sie gehen sicher auch hinein?«

»Selbstverständlich.« Julian bedeutete seinen Eltern hinter dem Rücken von Taube und ihrem Anhang, draußen zu warten, und stapfte zu dem hübschen Häuschen, in dem es die Eintrittskarten gab. »Kommen Sie nur.« Drinnen ließ er dem Dreiergespann den Vortritt. Nachdem Taube Eintrittskarten für sich und ihre Familie erworben hatte, verbeugte er sich. »Einen schönen Tag!« Mit diesen Worten verschwand er.

»Unglaublich.« Edelgard war beeindruckt, als Julian alleine zurückkam. »Wie hast du es geschafft, diese unsägliche Person abzuschütteln?« Sie dachte mit Schaudern an ihren Aufenthalt in Flensburg und die aufdringliche Vermieterin dort, die sich an ihre Fersen geheftet hatte.

Julian zuckte nur mit den Schultern und grinste vielsagend.

»Wo hätte die denn in New York singen sollen mit ihrer Fistelstimme? In der Badewanne ihres Hotels? Diese Person ist unglaublich von sich eingenommen. Ein typischer Fall von Diskrepanz zwischen Selbsteinschätzung und Außenwirkung.«

»Passiert dir nicht, Mom, gell?«

Edelgard ignorierte seinen Scherz. »Hauptsache, wir sind sie los. Das hast du toll hingekriegt! Kommt, wir gehen weiter zum Rathausplatz.«

»Wie oft warst du schon hier, Julian?«, fragte Norbert.

»Dreimal.«

»Wie ist es, über den Öresund zu fahren? Über diese gigantische Brücke? Die Kopenhagener haben eigens eine künstliche Insel gebaut, wo der Verkehr vor der Küste in einen Tunnel geleitet wird. Auf Luftaufnahmen sieht das aus, als würde ein Teil der Brücke im Meer versinken. Gigantisch. Eine Meisterleistung der Architektur.«

»So hieß doch auch diese Krimiserie. Die Brücke.«

»Die hast du mindestens fünfmal gesehen«, bemerkte Norbert seufzend.

»Wenn man im Zug sitzt, bekommt man das gar nicht so sehr mit.«

»Auch nicht, wenn man in den Tunnel einfährt?«, hakte sein Vater nach.

»Ehrlich gesagt ist der Übergang auf der Insel, die extra dafür erbaut wurde, so fließend, dass das nicht groß auffällt.«

»Wie lang ist die Brücke eigentlich?«

»Ich weiß es nicht genau. Merkt ihr was? Ihr fragt mir grade Löcher in den Bauch.«

»Wer ist denn der Herr?« Edelgard war vor der Bronzefigur, in deren linker Hand sich ein Buch befand, stehen geblieben. »Ah, da steht es ja. Christian Andersen.«

»Wir gehen aber keinesfalls zur kleinen Meerjungfrau.«

»Warum denn nicht, wenn wir schon mal hier sind?«

»Wegen des Riesenandrangs. Da werden ganze Reisebusladungen hingefahren. Noch dazu liegt sie außerhalb.«

»Aber da ist schon das Rathaus! Das erkenne ich.«

»Lass mich raten, Mom. Aus einem deiner Fernsehkrimis?«

Edelgard gab ihrem Sohn scherzhaft einen leichten Boxer auf den Oberarm.

Einige Schritte später bewunderte sie auf dem Gammeltorv einen alten Kiosk mit schöner Kuppel und goldfarbenen Ornamenten. Gegenüber stand ein besonderer Brunnen.

»Das ist Caritas«, sagte Julian, während Edelgard die Figur betrachtete. »Sie verkörpert die christliche Nächstenliebe.«

Caritas hielt ein Kind im Arm und einem zweiten schützend die Hand auf den Kopf. Aus ihren Brüsten floss jedoch keine nährende Milch, sondern, wie es einer Brunnenfigur angemessen war, Wasser. Rund um den Brunnen wuselte es geschäftig.

Sie spazierten weiter und kamen an bezaubernden Läden vorbei. Menschen flanierten, betrachteten wie sie die Auslagen und belebten die Geschäfte. Norbert interessierte sich besonders für die Backwaren, die ihn im selben Ausmaß in Stockholm, am Beginn ihrer Reise, fasziniert hatten. »Backen können die wirklich. Gehen wir da kurz rein?«

Ehe seine Familie antworten konnte, war er bereits im Laden verschwunden. Sie sahen ihn gestikulieren.

»Schau mal, Paps redet mal wieder mit Händen und Füßen.«

»Sein Englisch ist ein wenig eingerostet.«

»Klar, das braucht er in seinem Beruf nicht.«

»Nee, im Finanzamt wird Deutsch gesprochen. Richtiges Bürokratendeutsch. Teilweise ziemlich schwer verständlich. Außer man ist Jurist, so wie dein Paps.«

Sie beobachteten durch die Scheibe, wie Norbert eine Tüte mit süßen Kostbarkeiten vollladen ließ.

Wieder draußen, bot er die offene Tüte an. »Möchte jemand?«

»Danke, nein.« Das kam von Edelgard.

»Warum nicht?« Julian griff nach einem mit Puderzucker bestäubten Kringel und führte seine Eltern an einem Antiquariat vorbei zum von außen wuchtigen Rundturm.

»Der hat keine Stufen«, klärte er seine Eltern auf.

»Wie kommt man da drinnen hoch? Ohne Treppe?«

»Warte es ab«, sagte er, während er die Eintrittskarten löste.

Drinnen wartete ein breiter, von Gewölbe überspannter, gepflasterter Aufgang auf sie. Durch schmale Bogenfenster, jeweils im Duo angebracht, fiel Licht herein. »Die Frau von Zar Peter dem Großen ließ sich hier angeblich mit einer Kutsche hochfahren.«

Oben angekommen wurden sie für den Fußweg belohnt. Rund um den Turm führte eine schmale Plattform und ermöglichte einen sagenhaften Blick über die Stadt.

»Was ist mit dem Rest? Meine Füße tun weh«, klagte Norbert, als sie wieder nach unten gegangen waren.

»Paps, hältst du noch ein wenig durch? Im Nyhavn steigen wir in ein Boot. Etliche der Sehenswürdigkeiten sind vom Wasser aus zu sehen.«

Es war viel los am Nyhavn. Längs des Wassers reihten sich große Sonnenschirme vor den Restaurants aneinander. Es hatte den Anschein, als wären so gut wie alle Plätze von gut gelaunten Menschen besetzt. Norbert erwarb Eintrittskarten für eine deutschsprachige Bootsrundfahrt. Wie sich rasch herausstellte, kam der Gästeführer selbst aus Deutschland.

»Putzig sieht das aus. Ein wenig holländisch.« Edelgard machte mit ihrem Smartphone Fotos von den farbenfrohen schmalen Häusern am Hafen, auch vom Theater und der Oper, die eine besonders beeindruckende Architektur auszeichnete. An der Freistadt Christiania vorbeifahrend, erzählte der Mann am Mikrofon von den Anfängen der alternativen Wohnsiedlung. Mittlerweile würde die gekaperte Militärsiedlung vom Staat geduldet. Ein wenig weiter wunderte Edelgard sich über eine immense Menschenansammlung am Ufer.

»Jetzt weißt du, weshalb wir da nicht hinfahren.« Julian zeigte auf die mit Fotoapparaten ausgerüstete Menge. »Die kleine Meerjungfrau wird zu Tode fotografiert.«

»Sieht so aus.«

»Ich guck sie lieber von hier aus an«, sagte Norbert. »Meine Güte, die treten sich wirklich auf die Füße. Seht mal, die vielen Busse, die dort parken. Julian hat recht. Das ist völlig überlaufen.«

»Dort drüben erblicken Sie eine Skipiste.« Ungläubige Blicke folgten dem ausgestreckten Arm des Reiseleiters. Skifahren in der Stadt? »Was Sie sehen, ist das schräg abfallende Dach der Kopenhagener Müllverbrennungsanlage. Auf Matten wedeln Skifahrer nach unten.«

»Grundgütiger«, entfuhr es Norbert, als er die Schräge, die abrupt zu enden schien, besah. »Wie bremst man denn da?«

»Paps, die wedeln um eine Kurve nach unten.«

»Aha. Na ja, für mich wäre das nichts. Ich bin dann doch eher der Sitzmensch.«

Bevor sie abends erneut in die Straßenbahn stiegen, um das Restaurant für die Geburtstagsfeier mit Julian aufzusuchen, erfrischten sie sich in ihrer Pension und legten elegantere Kleidung an.

»Das Restaurant ist einzigartig. Ein Geheimtipp.«

»Was erwartet uns dort?«

»Das beste Essen der ganzen Stadt.«

»Warst du schon da?«

»Ein Kumpel hat mir davon erzählt. Der weiß es von einem Freund. Ich habe schon vor drei Monaten den Tisch reserviert.«

»So lange im Voraus?«

»Wir haben Glück, dass wir einen Termin bekommen haben.«

Norbert blickte skeptisch. So richtig konnte er sich mit dieser Idee nicht anfreunden. Als er zuletzt ein ganz besonderes Essen angepriesen bekam, wurde ihm am Eingang zum Restaurant in den Finger gepiekst und die Zutaten angeblich auf seine Blutwerte, die per Schnelltest ermittelt wurden, abgestimmt. Alles Humbug, wie sich im Nachhinein herausstellte.

»Komm schon, Paps. Es ist mein Geburtstag. Ich lade euch ein.«

»Es geht mir nicht ums Bezahlen! Ich möchte nur keinen allzu übersichtlichen Teller bekommen, auf dem so gut wie nichts draufliegt. So nach Art von Nouvelle Cuisine, die aussieht wie Kunst auf dem Teller. Wenn ich Kunst sehen will, gehe ich mit meiner Cousine ins Museum.«

»Julian, du weißt doch, dein Vater ist eher der Gourmand als der Gourmet.« Edelgard kicherte.

»Aussteigen! Wir sind gleich da.«

»Aber das sieht wie ein Wohnblock aus?«

»Wir müssen in den dritten Stock.«

»Ein Restaurant so weit oben? Was sagen denn die Nachbarn dazu? Die Essensgerüche?«

Julian hielt seinen Zeigefinger auf eine der Klingeln neben den meist dänischen Familiennamen. Ein Summen ertönte. Er drückte gegen die Haustür und stemmte sie auf. »Kommt schon.« Er eilte die Treppen hoch. Vor einer Wohnungstür hielt er inne und klopfte.

Ein Mann in schwarzer Hose und weißem Hemd öffnete. »Hej!« Er schüttelte Julian die Hand.

Julian sagte seinen Namen. »Meine Eltern begleiten mich.«

»Kommt herein.«

Er führte die drei über den Flur in ein Esszimmer. Dann verschwand er selbst in der Küche.

»Julian, das ist eine ganz normale Wohnung! Ich dachte, wir gehen in ein Restaurant?«, fragte Edelgard verwirrt, bevor sie sich setzte. Sie hatte extra Britta um ein Bügeleisen gebeten, um ihr lachsfarbenes Leinenkleid aufzubügeln. »Ist das ein Bekannter von dir, der für uns gekocht hat?«

»Paps, setz dich doch auch.« Julian nahm ebenfalls Platz. »Das ist vermutlich das kleinste Restaurant von ganz Kopenhagen.«

»Restaurant?«, wunderte sich Norbert.

Der Gastgeber brachte die Getränke und Häppchen.

»Die habe ich ebenfalls schon bestellt. Paps, für dich ein Bier und für Mom Weißwein. Gwen ist unser Gastgeber. Ich habe ihm eure Vorlieben durchgegeben und er hat ein ganz spezielles Menü für uns kreiert. Ich hoffe, ihr seid begeistert.«

»Aber …« Edelgard blickte sich um. An der Längsseite des Raumes stand ein Geschirrschrank. Eine Glastür führte auf einen Balkon.

»Ist das überhaupt erlaubt? Braucht man da nicht einen Gewerbeschein oder so?«

»Mach dich locker, Mom. Nimm lieber von den Amuse-Gueules.«

Norbert beäugte die Platte. »Amüswas?«

»Vorspeisenhäppchen, Paps. Probier mal.«

Das ließ Norbert sich nicht zweimal sagen. »Ein ungewöhnliches Restaurant, Julian, wirklich. Aber insgesamt ist unsere Reise großartig. Die Menschen hier, die sind so entspannt. So wie schon in Stockholm. Eine Stadt direkt am Meer ist natürlich etwas ganz Besonderes.«

Edelgard schmunzelte. »Es gab mal jemanden, der hat eine Einladung des Königs von Dänemark, nach Kopenhagen zu kommen, ausgeschlagen. Weil er nicht über Wasser reisen wollte.«

»Wieso das denn?«

»Zur Zeit des berühmten Dr. Faustus war es nichts Ungewöhnliches, zur Geburt eines Menschen ein Horoskop erstellen zu lassen.«

»Aberglaube!« Julian lachte.

Aber Edelgard verneinte. »Astrologie oder Sternendeu-

256

terei galt früher als Wissenschaft. Als der Rüstmeister des Kurfürsten in Heidelberg einen Sohn bekam, wurde zu dessen Geburt ein Horoskop erstellt. Darin wurde vorausgesagt, dass der Sohn zu Wasser sterben würde. Deshalb reiste dieser zeitlebens nicht auf dem Wasser. Als er viele Jahre später eine Einladung des Königs von Dänemark erhielt, nach Kopenhagen zu kommen, lehnte er aus diesem Grunde ab.«

»So etwas kann man sich heute nicht mehr vorstellen.«

»Du musst es aus der Zeit heraus verstehen.«

»Wer war der Mann?«

»Dieser Zeitgenosse des Dr. Faustus? Sie wurden sogar unweit voneinander geboren. Georg Faust in Bretten und Philipp Melanchthon in Knittlingen.«

Norbert hob sein Glas. »Zum Wohle! Ein Hoch auf unsere heutigen Reiserouten!«

Auf dem Weg von der Straßenbahnhaltestelle zu ihrer Unterkunft bedankte sich Edelgard bei ihrem Sohn. »Ein ungewöhnlicher Abend, Julian.«

»Das Essen war gar nicht so übersichtlich, wie ich befürchtet hatte. Das war etwas Besonderes«, bestätigte Norbert.

»Ich habe Britta gebeten, Sekt für uns kalt zu stellen. Wir können vor dem Zubettgehen noch mal miteinander anstoßen.«

»Eine schöne Idee, Julian. Ich ziehe mich eben um.«

Die Katzen lagen zusammengeringelt auf ihrem Bett und blinzelten verschlafen. Edelgard entledigte sich ihres lachsfarbenen Leinenkleides und hängte es mit einem Bügel seitlich an den hellen Kleiderschrank. In Unterwäsche huschte sie ins Bad und warf, als sie wieder herauskam, einen Blick in den Garten. Eine sternenklare Nacht. Alles still da draußen. Beruhigend. Edelgard konnte zum Abschluss der Reise, die für sie in Flensburg beinahe vorzeitig tragisch geendet hätte, ein wenig Erholung gebrauchen. Dabei fiel ihr ein, dass sie Norbert unbedingt bezüglich ihres Begräbnisses instruieren musste. Der Vorfall mit der aufdringlichen Vermieterin hätte ganz anders für sie enden können. Sie hatten noch nie darüber gesprochen, wie sie beigesetzt werden wollte. Denn Edelgard war bislang immer davon ausgegangen, ihren Mann zu überleben. Flensburg hatte sie eines Besseren belehrt. Falls sie vor ihm ging, benötigte er dringend ihre Anweisungen. Auf keinen Fall würde sie auf dem Friedhof liegen wollen, wo Hinz und Kunz an ihrem Grab vorbeilaufen konnten. Sie hatte sich vor einiger Zeit dazu entschlossen, in einem Friedwald beigesetzt werden zu wollen. In einer Urne natürlich. Denn dort gab es keine Gräber. Ein Baum für sie beide, mit einem Namensschild. Edelgard & Norbert Buchmann. So wie an ihrer Haustür. Vielleicht konnte man das Original-Klingelschild sogar anbringen, wenn sie beide dort lagen? Immerhin war es eine teure Sonderanfertigung gewesen. Sie schwankte noch zwischen einer Birke und einer Buche. Einen exotischen Baum hingegen zog sie nicht in Betracht. Es sollte schon ein heimischer sein. Was Norbert von ihrer Idee hielt? Sie musste dies bald mit ihm besprechen. Der Vorfall in Flensburg hatte ihr die Augen geöffnet für die Endlichkeit ihres eigenen Erdenlebens. Dann stand er womöglich da und wusste mal wieder nicht, was zu machen wäre. Julian würde sie damit nicht belasten. Von dem Jungen hielt sie so etwas lieber fern. Aber da draußen, bewegte sich da nicht etwas? Zwischen den Büschen, am Ende des Grundstücks? Sie bedauerte, lediglich ein Fernglas und kein Nachtsichtgerät zu besitzen. Dabei hatte sie das Fernglas, das sie aus ornithologischen Gründen eingepackt hatte, lediglich in Stockholm benutzt. Mist. Bei dem Grau in Grau da draußen war es schwierig, Genaueres zu erkennen. Sie wählte eine bequeme Hose und ein Sweatshirt. Als sie erneut aus dem Fenster schaute, glaubte sie, im Schein des Mondlichtes glänzendes Metall in der Hand der Person zwischen den Büschen zu sehen. Sie atmete tief durch und beruhigte sich selbst. Sah man manchmal nicht lediglich das, was man zu sehen glaubte, was aber nicht real war? Zu Beginn ihres Urlaubs hatte sie selbst in Stockholm eine Leiche entdeckt. Ihre eigenen Sinne spielten nun verrückt. Sie gaukelten ihr etwas vor, was nicht existierte. Entschlossen verließ sie ihr Zimmer. Sie hatte nicht vor, in diesem Urlaub eine weitere Leiche zu finden.

Norbert und Julian warteten im Salon des Hauses auf sie. Ihr Sohn sprang auf und holte die versprochene Flasche Sekt. Gläser standen bereits auf dem Tisch.

»Was hat denn so lange gedauert, Edelgard? Lag ein Toter in deinem Schrank?«

»Weshalb sollte ich mich abhetzen? Wir sind doch nicht auf der Flucht.« Edelgard setzte sich so, dass sie das Gartenfenster in ihrem Blick hatte.

»Auf uns drei!« Julian hatte die Gläser gefüllt und erhob nun seines. »Toll, dass es geklappt hat, euch beide hier zu treffen. Ein schöner Geburtstag.«

»Dein Geschenk! Das haben wir dir noch nicht gegeben.«

»Dass wir hier gemeinsam sitzen, ist Geschenk genug.«

Norbert war gerührt. »Komm schon, Junge. Natürlich kriegst du was von uns.« Er zog ein Kuvert aus der Tasche und schob es seinem Sohn hin.

Julian zog einen Kontoauszug heraus. »Paps, Mom ...«

»Passt schon. Ein kleines Depot bei unserer Bank auf deinen Namen. Du wirst wissen, wozu du es verwendest.«

Edelgard griff nach der Hand ihres Sohnes. »Ein kleines Startkapital, wenn du wieder nach Deutschland kommst. In Schweden kannst du bei den hohen Lebenshaltungskosten nichts zurücklegen. Da dachten wir ...«

Weiter kam sie nicht. Ein gellender Schrei störte die traute Familienrunde.

»Du bleibst hier, Edelgard!« Norbert sprang vom Stuhl auf, der polternd zu Boden fiel.

»Paps, ich komme mit. Das kam eindeutig aus dem Garten.«

»Und ich soll hierbleiben?«

»Edelgard, du kannst aus dem Fenster gucken.«

»Aber mein Fernglas …«

Norbert war bereits draußen. Julian hielt sich dicht neben seinem Vater. Sie bewegten sich in Richtung der Stelle, wo sie die Herkunft des Schreis vermuteten. Edelgard, die ans Fenster gehuscht war, sah sie auf die Büsche am Ende des Gartens zueilen.

Ansgar kam ihnen entgegen. »Gehen Sie in Haus.« Er hielt eine Hand hinter seinem Rücken.

»Warum?«, fragte Norbert. »Wir haben einen Schrei gehört. Vielleicht braucht jemand Hilfe.«

Ansgars Bass, mit dem er mühelos den Sarastro in der »Zauberflöte« hätte geben können, vibrierte. »Es ist alles in Ordnung, glauben Sie mir das. Ich wollte nur im Garten noch eine rauchen, bevor ich mich zur Ruhe begebe. Mutti ist mir hinterhergeschlichen.« Er wischte eine rote Spur von seiner Lippe.

»Verstehe. Sie sorgt sich um Ihre Gesundheit«, sagte Julian.

»Aber …« Norbert hielt inne.

»Gehen Sie ins Haus. Das ist privat. Es geht niemanden etwas an!«

»Ich will nur kurz nachsehen.« Julian blickte in Richtung der Büsche.

»Wir gehen rein.« Norbert hatte zwei stämmige Beine bemerkt, die unter einem Busch herauslugten. Sie waren seltsam verdreht.

»Aber wieso?«

»Es ist kalt. Wir sollten nach Mutti sehen.«

Ansgars Augenlid begann zu zucken.

Norbert packte seinen Sohn am Arm und sagte mit Nachdruck: »Lass uns reingehen.«

»Mutti« hatte er gesagt. So hatte Norbert seine Frau noch nie bezeichnet. Irgendwas stimmte hier nicht. Als sein Vater heftig an ihm zog, gab Julian nach, auch wenn er nicht verstand, weshalb er, bevor sie überhaupt wussten, was geschehen war, ins Haus zurückkehren sollten. Jemand hatte geschrien und brauchte Hilfe. Aber gut, wenn sein Vater sich umentschieden hatte, würde er ihm drinnen gleich den Grund dafür sagen.

Zurück im Haus schritt Norbert schnurstracks zu seiner Ehefrau, die noch immer am Fenster stand.

»Was war los da draußen?«

»Wir gehen alle drei in dein Zimmer.«

»Aber weshalb denn?«

»Sofort. Macht schon!«

In Edelgards Zimmer angekommen, verriegelte Norbert die Tür. Edelgard eilte ans Fenster. Sie sah Ansgar im Garten stehen. Diesmal war es eindeutig erkennbar – er hielt etwas Glänzendes in seiner Hand.

»Paps, erklärst du mir bitte, weshalb wir hier hochmussten?«, fragte Julian, während er sich neben die Katzen aufs Bett setzte.

»Pscht!«, kam es vom Fenster, an das Edelgard geeilt war. »Sei ruhig.« Sie öffnete leise die Glastür und ging auf den Balkon, um besser mitzubekommen, was da draußen vor sich ging.

»Taube! Wo ist mein Täubchen?«, erklang es im Garten. »Wir wollen unseren kleinen Nachtspaziergang antreten. Taube, wo bist du?«

Ansgar trat vor seinen Vater. »Du kannst es bleiben lassen. Sie kommandiert niemanden mehr herum.«

»Ansgar?«

»Sie ... ich wollte, dass sie ruhig ist.«

»Ansgar, was hast du in der Hand?«

»Weshalb hast du dich nie gewehrt? Warum hast du nie gesagt, sie solle Ruhe geben? Immer hast du dir alles von ihr gefallen lassen. Weshalb?«

»Das ist eine Sache zwischen deiner Mutter und mir, die dich nichts angeht. Deine Mutter liebt dich, Ansgar. Das weißt du. Sie will nur das Beste für dich.«

»Das Beste für mich. Und wenn ich selbst am besten weiß, was das ist?«

»Ansgar, Mutter kennt dich wie kein anderer. Sie weiß, was richtig für dich ist.«

»So wie für dich, ja? Dein ganzes Leben lässt du dir von ihr vorschreiben. Und was macht sie, außer den ganzen Tag damit zu verbringen, uns beiden Vorschriften zu machen? Nichts. Sie macht genau nichts.« Ansgar hatte den letzten Satz geschrien.

»Wie sprichst du von deiner Mutter, Sohn? Was ist nur in dich gefahren? Überhaupt, ich will jetzt sofort wissen, wo sie ist!«

»Dort hinten liegt sie.«

»Warum liegt sie ...?«

Ansgar nahm ein Stofftaschentuch aus seiner weinroten Hose. Er wischte mit sorgfältigen Bewegungen den Griff des Messers ab.

Sein Vater schaute ihm verständnislos zu. »Was hast du getan?«

»Halt mal«, bat ihn Ansgar.

Der Vater tat, wie ihm geheißen.

»Da sind jetzt deine Fingerabdrücke drauf. Jetzt gehst du zu deiner Taube. Ich rufe die Polizei und sage aus, dich hier im Garten getroffen zu haben.«

»Aber ...«

»Halt den Mund! So wie du das all die Jahre über getan hast. Geh schon zu deiner Taube. Sie erwartet dich.«

Die Polizei war rasch eingetroffen. Eine der Beamtinnen hatte Julian auf Englisch befragt. Da er genauso wie seine Eltern die eigentliche Tat nicht beobachtet hatte, konnte er wenig dazu sagen. Edelgard hatte ihrem Sohn ein wesentliches Detail des belauschten Gesprächs vorenthalten. Das war eine Sache zwischen Ansgar und seinem Vater. Wer war schuld an dem tragischen Ende von Taube? Hätte der Vater seinem Sohn nicht beistehen müssen, diese traurige Familie zu verlassen und ein eigenes Leben zu haben? Er hatte sich selbst seiner Frau komplett untergeordnet und ihr die Führung überlassen. Aber der Sohn, und da war sie sich sicher, hatte doch ein Recht auf sein eigenes Leben.

Morgens stand im Salon auf dem Tisch eine Vase mit frischen Blumen. »Ist das nicht schrecklich, was hier passiert ist?«, fragte Britta, während sie den Tee brachte. »Die Polizei hat mich befragt, aber ich habe nichts von alldem mitbekommen. Mein Schlafraum liegt zur anderen Seite.«

Die Beamten hatten Ansgar und seinen Vater mitgenommen. Sie beschuldigten sich gegenseitig der Tat. Im Garten war, jetzt im Hellen, die Spurensicherung bei ihrer Arbeit. Taube war in einem Leichenwagen abtransportiert worden. Norbert trödelte noch im Badezimmer.

»Mom, du bist mir eine Geschichte schuldig.«

»Echt? Ich dir?«

»Ein letztes Geburtstagsgeschenk.«

»Ein letztes? Mein lieber Sohn! Wir werden viele weitere Geburtstage gemeinsam feiern. Sehr viele sogar. Jetzt, wo dein Vater endlich auf seine Cholesterinwerte achtet. Meine sind sowieso in Ordnung. So wie meine übrigen Blutwerte. Alle top!«

»Mom, du lenkst ab.«

Edelgard ahnte, worauf Julian hinauswollte. Es war diese eine Story aus ihrer Jugendzeit, die sie schon seit einer Weile niemandem mehr erzählt hatte.

»Was ist damals passiert, Mom? Auf dem Plumpsklo?«

»Im Nachhinein hört es sich gar nicht so schlimm an. Aber in dem Moment, als ich es erlebte, war es wirklich nicht so prickelnd, das kannst du mir glauben. Auf dem Bauernhof, wo meine Freundin lebte, gab es einen großen Hund. So ein ungezähmtes Biest, das den Hof bewacht hat. Groß und zottelig. Für mich sah er aus wie ein Ungeheuer. Meist hatte er schlechte Laune und knurrte beim geringsten Anlass. Gegenüber der Familie meiner Freundin war er jedoch lammfromm. Für die hätte er sein Leben gegeben. Ich hatte eine Heidenangst vor dem Tier. Bei einer Geburtstagsfeier war ich kurz draußen und rettete mich vor ihm, indem ich mich auf dem Plumpsklo einschloss. Weil im Haus so viel los war, fiel meine Abwesenheit längere Zeit niemandem auf.«

»Du warst die ganze Zeit über in so einem kleinen Holzhaus? Über einer Sickergrube? Mann, das stelle ich mir ekelig vor.«

»Wotan, so hieß er, saß davor und knurrte, sobald ich mich ein wenig bewegte und er ein minimales Geräusch wahrnahm.«

»Klingt gar nicht lustig.«

»Na ja, es gab da ein besonderes Detail. Ich trug, weil es abends kühler wurde, die geliehene Jacke meiner Freundin. Der Hund hat sie am Geruch erkannt. Und dachte in seinem Hundegehirn, ich würde sie klauen.«

»Hättest du die Jacke abgelegt, hätte er dich in Ruhe gelassen?«

Edelgard nickte. »Kann sein. Ich hatte einfach nicht die Idee dazu.«

»Wie lange hast du ausgeharrt?«

»Ach je. Ich weiß es nicht mehr.«

»Und was genau daran findet Paps lustig?«

»Keine Ahnung.«

»Manchmal habt ihr verschiedene Arten von Humor. Auch sonst seid ihr beiden ziemlich unterschiedlich.«

Edelgard spürte Wärme in sich aufsteigen. Bald würde sie ihre Wangen erreichen und sie zum Glühen bringen. Leuchtend rot wie eine chinesische Neujahrslaterne. Hatte sie doch früher oft den Impuls verspürt, Norbert irgendwo hinunterzuschubsen, um ihn loszuwerden. »Wir sind deine Eltern!«

»Klar. Das bleibt ihr. Für immer.«

»Weißt du was? Das war so eine ungewöhnliche Nacht. Echt, ich hatte gedacht, in diesem Urlaub schon genügend Leichen gesehen zu haben. Ich hole uns noch eine Flasche Sekt aus Brittas Kühlschrank. Wie heißt es so schön? So jung kommen wir nicht mehr zusammen! Und während wir die trinken, erzählst du mir endlich, wie du Frida kennengelernt hast. Ich weiß, ihr wart Kollegen. Aber wie seid ihr als Paar zusammengekommen?«

Julian kannte seine Mutter gut genug, um zu wissen, sie würde hartnäckig bleiben, bis sie diese Geschichte zu hören bekam. Es war das Beste, er brachte es jetzt hinter sich. »Es passierte in Helsinki.«

VERSCHNUPFT
(HELSINKI, FINNLAND)

Er hatte nichts dagegen einzuwenden gehabt, gemeinsam mit den anderen und der attraktiven Kollegin aus der benachbarten Abteilung diese Dienstreise nach Helsinki anzutreten. Sein Job machte ihm richtig Spaß. Am besten gefiel ihm der unkomplizierte Umgang miteinander. Alle sprachen sich beim Vornamen an, Titel wurden nicht erwähnt. Ebenso fehlte das förmliche Sie als Anrede. Respekt wurde allen entgegengebracht. Dieser Respekt beinhaltete auch Distanz. Hier rückte einem niemand unerwünscht auf die Pelle. Selbst in der Straßenbahn wurden zunächst alle Bänke einzeln besetzt, bevor man sich zu jemandem dazusetzte. Vor allem quatschte man Fremde nicht einfach an.

Ob die blonde Frida einen Freund hatte? Wenn es um Privates ging, war sie eine Spur zugeknöpfter, als ihre Landsleute es ohnehin schon waren. Nach Dienstschluss verschwand sie ziemlich schnell. Während der nachmittäglichen Fika, bei der zum Kaffee Zimtschnecken oder andere süße Teilchen genossen wurden, hielt sie sich abseits. Den Grund dafür vermutete er in einer festen Beziehung. Während er sich hin und wieder mit anderen Kolleginnen auf ein Bier traf, verbot ihm ihre zur Schau gestellte Distanz jeglichen Versuch einer Annäherung. Dabei hätte er nichts dagegen einzuwenden gehabt, sie besser kennenzulernen. Ganz und gar nicht. Seit er beruflich aus Deutschland weggegangen war, hatte er keine Partnerin mehr gehabt. Auf Malta war er zwar mit einigen Frauen ausgegangen, aber irgendwie hatte sich nichts Dauerhaftes ergeben. Seine Freundin, die in Deutschland geblieben war, hatte ihm überzeugend erklärt, sie habe keinen Bock auf eine Long-Distance-Beziehung, und seinen Wegzug ins Ausland als Zäsur ihrer Beziehung gesehen. Ziemlich selten schrieben sie sich noch Belanglosigkeiten. Nichts, woran sie irgendwann wieder anknüpfen könnten, sollten sich ihre Wege nochmals geografisch kreuzen.

»Kannst du Finnisch?«, hatte er Frida gefragt, als sie im Flugzeug nebeneinandersaßen. Er mochte die Art, mit der sie den Eindruck vermittelte, sie nähme ihre Umgebung lediglich partiell wahr. »Du warst doch schon öfter hier.«

Es war das erste Mal, dass er Frida lächeln sah. Er erlebte sie sonst immer diszipliniert und kühl.

»In Helsinki sprechen viele Schwedisch. Und außerdem Englisch, so wie wir beide.«

»Gibt es irgendetwas Besonderes?«

Ihr Blick wurde fragend.

»Irgendwelche Soft Skills, die es zu beachten gilt?«

»Betrete ein fremdes Haus niemals mit Schuhen.«

»Klingt wie Lebensweisheit Nummer 93 aus einem angestaubten Buch. Wie etwas, das eine Mutter ihrem Kind mit auf den Lebensweg gibt.«

»Ich mag deinen Humor. Der ist mir schön öfter aufgefallen.«

Julian war freudig überrascht. Er war ihr aufgefallen! Vielmehr sein Humor, aber das spielte jetzt keine Rolle. Bislang war für ihn nicht festzustellen gewesen, ob Frida ihn überhaupt wahrgenommen hatte.

»Hast du heute Abend was vor?«

»Das Essen mit den Kolleginnen und Kollegen in Helsinki.«

»Verstehe.«

»Wir könnten …«

»… danach etwas trinken?« Sie sah ihn an. »Ein ganz Forscher, was?«

»Ich meine wirklich bloß trinken. Ein Bier oder so.«

»Das wäre in Ordnung.«

»Ist eigentlich das gesamte Board unserer finnischen Zweigstelle weiblich?«

Sie nickte. »Die gesamte Leitung. So wie die Regierung des Landes. Und außerdem sind alle unter 40. Findest du das erwähnenswert?«

»Wenn man in Deutschland aufgewachsen ist, schon. Je höher es in der Hierarchie geht, desto mehr sind Männer unter sich. Ich habe einige Bekannte, die haben ihre Frauen während des gemeinsamen Studiums kennengelernt. Ein paar Jahre später hielten sie es für selbstverständlich, dass die dann zu Hause blieben, um die Kinder zu versorgen.«

»Weshalb bleiben die Männer nicht eine Weile daheim?«

»Vielleicht, weil es ihre Väter auch schon so gehalten haben.«

»In der Abteilung, mit der wir zu tun haben, arbeiten allerdings nicht nur Frauen.« Frida befestigte ihren Gurt. »Wir landen bald.«

Als Julian, nachdem er seinen Koffer vom Band geholt hatte, auf die Toilette ging, staunte er. Es gab eine eigene Pet Relief Area. Eine Toilette für Haustiere.

Abends brachte die Fähre sie auf die Insel Liuskasaari. Sie waren mit Lars, Elena und Mike zu fünft, dazu kamen die finnischen Kolleginnen und Kollegen. Elena war ursprünglich aus Griechenland, sie lebte bereits seit zehn Jahren in Schweden. Mike seit fünf. Lars, der sein dunkelblondes schulterlanges Haar zu einem Zopf gebunden trug, und Frida waren in Schweden geboren worden. Der Blick von der Restaurantterrasse auf die Ostsee war ein Traum. Es war angenehm warm und sie beschlossen, draußen Plätze einzunehmen. Julian setzte sich neben Frida. Kaapo, einer der finnischen Kollegen, nahm zu ihrer Linken Platz. Während des Abendessens, bei dem Fischgerichte serviert wurden, nahm dieser Frida ziemlich in Beschlag und Julian begann eine Unterhaltung mit Martti, der ihm am Tisch gegenübersaß.

Nach dem Dessert zog Frida eine kleine Dose aus ihrer Tasche und ließ sie unter den Anwesenden kreisen.

»Was ist das?«, fragte Julian, während er zusah, wie beinahe alle in der Runde kleine Kügelchen entnahmen und sie sich unter die Oberlippe schoben.

»Snus.«

»Dieser Kautabak? Ich habe davon gehört.«

»Man kaut ihn nicht. Ein wenig davon wird hinter die Oberlippe geschoben. Dort belässt du es eine Weile. Danach nimmst du es wieder raus.«

»Es sieht irgendwie seltsam aus.«

»Nur, wenn man es nicht kennt. Ein Kaugummi schluckst du doch auch nicht, sondern ziehst es dir wieder aus dem Mund. Möchtest du probieren?«

Julian schüttelte den Kopf. »Nein, danke.« Er dachte an seine letzte professionelle Zahnreinigung, die bereits eine Weile zurücklag. Er konsultierte zur jährlichen Kontrolle ausschließlich seine langjährige Zahnärztin am Wohnort seiner Eltern.

»Snus ist in Schweden legal.«

»Was ist das Tolle daran?«

»Das Nikotin wird über die Schleimhaut aufgenommen. Ohne Umweg über die Lunge.«

»Verstehe. Kein erhöhtes Risiko für Lungenkrebs. Das heißt aber noch lange nicht, dass es nicht andere Risiken birgt. Außerhalb Schwedens ist es verboten?«

»Schweden ist das einzige Land in der EU, im dem Snus

verkauft werden darf. Die haben bei der Aufnahme diese Sonderregelung ausgehandelt.« Frida strich eine Strähne ihrer glatten kinnlangen Haare hinters Ohr.

»Dann ist es illegal, das nach Finnland zu bringen.«

»Eine kleine Menge für den Eigenbedarf ist in Ordnung. Ich verstehe sowieso nicht, weshalb es hier verboten ist. Bei uns ist es doch auch erlaubt! Das ist Pillepalle, oder wie sagt ihr Deutschen dazu? Wieso sollte etwas, das in Schweden erlaubt ist, woanders schlecht sein?« Fridas Gesichtsausdruck wurde ein wenig zornig. »Die Menschen sollten selbst entscheiden, ob sie es nehmen oder nicht.«

Julian kam spontan eine Schwedenparty in den Sinn, an der er in Deutschland teilgenommen hatte. Neben Lachs gab es Alkohol in schwindelerregender Menge. Die restriktive Alkoholpolitik des Landes hatte auf keinen Fall bei seinen Bewohnern Abstinenz bewirkt. »Mit Verboten erreicht man oft genau das Gegenteil.«

»Willkommen in der Realität.«

Am nächsten Tag zeigte ihnen Martti nach der vormittäglichen Teambesprechung die Stadt.

»Du kommst also ebenfalls mit! Du warst ja schon öfter hier und kennst die Stadt eigentlich schon.« Julian freute sich, als Frida vor dem Hotel zu dem Grüppchen stieß.

»Hier gibt es so tolle Designerläden. Da finde ich immer irgendwas. Sogar wenn ich eigentlich nichts brauche.«

»Davon habe ich gehört. Eine gute Gelegenheit, um Geschenke zu kaufen. Vielleicht für den nächsten Geburtstag meiner Mutter. Die freut sich immer, wenn sie etwas Ungewöhnliches von mir bekommt.«

»Du musst unbedingt ein Puukko für deinen Vater kaufen! Diese Messer gibt es mit schönen verzierten Holzgriffen. Man kann sie zur Jagd benutzen.«

Julian lachte. »Du kennst meinen Paps nicht. Der jagt nicht mal die Spinnen bei uns zu Hause. Übrigens sehr zum Leidwesen meiner Mutter. Paps würde nie im Leben mit einem Messer töten!«

»Kennst du deinen Vater so gut?«

»Würde deiner töten?«

Sie wich einen Schritt zurück. »Wieso fragst du das?«

Julian legte beschwichtigend seine Hand auf ihren Arm. »Ey, meiner doch auch nicht. Der ist friedlich wie ein Lamm. Obwohl, wenn ihm das Bier ausgeht … hm. Keine Ahnung, wie er dann reagieren würde!«

Lars' Kinnmuskel spannten sich sichtbar an, als er die Berührung zwischen den beiden wahrnahm.

Sie folgten Martti, der sie an prächtigen Jugendstilgebäuden vorbeiführte und zu einigen Häusern Erläuterungen bezüglich der Architektur parat hatte. Lars hielt sich die gesamte Zeit über dicht an Frida. Julian ging an ihrer anderen Seite. Lars' Sixpack zeichnete sich deutlich unter dem weißen T-Shirt ab, wie Julian neidvoll feststellen musste. Es wäre ihm lieber, der Typ hätte einen Pullover darüber getragen. Er selbst fand sich ebenfalls ziemlich gut gebaut, hatte aber seit einigen Monaten sein Training vernachlässigt. Mit sichtbaren Spuren. Er war nicht mehr so muskulös wie früher. Immerhin hatte er nicht zugenommen. Trotzdem war er versucht, in Gegenwart des durchtrainierten Lars seine Bauchmuskeln anzuspannen. Zurück in Stockholm würde er sich als Erstes nach einem Fitnessstudio umsehen. Oder wieder laufen gehen. Oder ein paar Sit-ups machen. Man durfte es beim Wiedereinstieg nicht übertreiben. Das war ziemlich wichtig.

Vor der Alten Markthalle blickte Martti auf seine Uhr. »In zwei Stunden wieder hier? Ist das in Ordnung für alle? Ihr könnt in Ruhe durch die Hallen bummeln und ein wenig von den Köstlichkeiten probieren.«

Julian fragte Frida, ob sie eine Kleinigkeit essen wolle. »Ich hätte auch nichts gegen einen Kaffee einzuwenden. Meine Koffein-Bilanz ist für heute ziemlich negativ.«

Lars schloss sich den beiden wie selbstverständlich an. Julian wäre es lieber gewesen, nur zu zweit durch die Hallen mit ihrem üppigen Angebot zu schlendern. Er fasste den Kollegen eindeutig als Nebenbuhler auf. Frida schien davon gänzlich unbeeindruckt. Zumindest war ihr nichts anzumerken. Sie steuerte auf einen Stand mit Käse zu und nahm einen Probierhappen. »Wollt ihr auch testen?«, wandte sie sich an ihre beiden Begleiter.

Plötzlich bemerkte Julian einen Mann, der ihnen folgte. Der leger gekleidete Herr interessierte sich plötzlich intensiv für einen Stand mit Honig. Das erschien Julian seltsam. Es war die Art, wie der sich bewegte. Auf eine gewisse Weise geschmeidig. Er nahm sich vor, den Mann in seinem Blick zu behalten. Als sie an einer kleinen Bar landeten, wo man im Stehen einen Kaffee genießen konnte, bestellte er einen Espresso für sich. Frida und Lars schlossen sich ihm an. Der Typ hingegen hatte den Honigstand abrupt verlassen, ohne etwas zu kaufen. Nun hielt er sich in ihrer Nähe auf. Julian überlegte. Sollte er seine beiden Begleiter auf den Mann aufmerksam machen? Andererseits – weshalb sollte der sie beobachten? Was wollte er von ihnen? Sie abwerben für eine andere Firma? Das lief in der Regel über Headhunter. Außerdem würde man sie in so einem Fall direkt per Telefon oder Mail kontaktieren und ihnen nicht jemanden hinterherschicken, ohne dass der sich zu erkennen gab. Julian beschloss, zu den beiden nichts von seinem Verdacht zu sagen. Er hatte zwar keine Ahnung, weshalb der Typ sich in ihrer Nähe aufhielt. Aber womöglich blamierte er sich mit seinem Verdacht vor Frida und die würde ihn auslachen. Das wollte er unbedingt vermeiden. Es war ihm wichtig, bei der Kollegin den bestmöglichen Eindruck zu erwecken, zu dem er fähig war.

Als sie wieder zur Gruppe stießen, führte Martti sie zunächst zur Bibliothek Oodi, einem überaus eleganten Bau, der an ein Schiff erinnerte. Julian war fasziniert von dem modernen Bibliotheksgebäude. Zu seinem Bedauern sah ihr Zeitplan nicht vor, hineinzugehen. Martti eilte schon weiter zur Felsenkirche.

»Die wurde in Stein gehauen. Ich war schon mehrmals hier, aber sie beeindruckt mich immer wieder. Sie ist etwas ganz Besonderes«, beteuerte Frida auf dem Weg dorthin.

Von außen überzeugte Julian das Gebäude nicht. Als sie auf den Eingang zustrebten, versprühte der die Aura eines Bunkers. Im Innenraum spürte er jedoch spontan den magischen Moment, von dem Frida erzählt hatte. Die mehrere Meter hohen Wände des ungewöhnlichen Gotteshauses bestanden aus behauenen Felswänden. Die Kupferdecke der runden Halle ruhte auf hohen Betonstreben, zwischen denen sich Glas befand. So war ein Raum des Lichtes entstanden. Julian setzte sich auf eine Bank und nahm die ganz besondere Atmosphäre in sich auf. Als er sich nach den anderen umsah, stellte er das Fehlen von Lars fest. Das war ihm nicht unangenehm. Er hätte sich vorhin auf dem Markt bereits gewünscht, ihn los zu sein. Oder dass er sich ihnen gar nicht erst angeschlossen hätte. Schließlich hatte ihn niemand dazu aufgefordert. Er selbst jedenfalls ganz bestimmt nicht.

Die Straßenbahn brachte sie zurück ins Hotel.

Abends an der Hotelbar sah er den seltsamen Mann erneut. Dieses Mal war Julian sicher, dass es kein Zufall sein konnte. In der Markthalle hatte er sich mögliche Erklärungen überlegt, weshalb der Fremde sich in ihrer Nähe aufhalten könnte. Ihn nun aber in ihrem Hotel zu sehen, war wirklich zu viel der Zufälle. Was wollte der von ihnen? Sollte er Frida auf den Fremden aufmerksam machen? Julian saß mit ihr an der Bar, wo sie beide Bier tranken. Lars, der zum Abendessen wieder aufgetaucht war, saß mit einem Unbekannten an einem der Tische. Sie redeten intensiv miteinander.

»Kennst du den Mann dort hinten in der hellen Jacke?« Julian zeigte verstohlen mit der Hand in die Richtung des Mannes, der sich, so machte es auf ihn den Eindruck, für Lars zu interessieren schien.

»Keine Ahnung. Aber Lars hat ein paar spezielle Kontakte hier. Der Typ will vermutlich zu ihm.«

»Spezielle Kontakte? Was meinst du damit? Und wenn der was von ihm will – weshalb quatscht er ihn nicht einfach an?«

»Können wir oben weitersprechen? Mein Bier ist sowieso leer.«

»Oben?«

»In meinem Zimmer.«

»Du lädst mich auf dein Zimmer ein?«

»Willst du nicht?«

»Doch. Gerne. Es ist nur …«

»Zu direkt?« Sie lachte und wandte sich zum Aufzug.

Ihm fiel erst jetzt auf, dass sie plötzlich ein wenig größer war als er. Ihre Füße steckten in roten Pumps.

Nachdem sie die Tür zu ihrem Zimmer hinter sich geschlossen hatten, legte Frida ihre Arme um ihn.

Julian war überrascht von ihrer Offenheit. Hatte er doch nicht einmal damit gerechnet, so schnell mit ihr alleine zu sein.

»Welche Kontakte hat Lars? Was meinst du damit?«

Frida zupfte an seinen Haaren. »Ganz schön neugierig, Herr Kollege.«

»Jetzt komm schon, sag es. Da ist irgendwas.«

Frida zog ihn in Richtung ihres Bettes und setzte sich auf den Rand. »Klar. Schon seit einer Weile. Lars ist federführend.«

»Bei was?«

»Es gibt Finnen, die sind ganz versessen auf original schwedischen Snus.«

»Der hier verboten ist.«

»Ihn zu konsumieren, ist erlaubt. Verboten ist das in den Verkehr bringen, also ihn zu verkaufen. Man darf offiziell lediglich eine kleine Menge über die Grenze nach Finnland mitnehmen. Lars sorgt jedoch für richtig große Einheiten. Auf dem Landweg. Er fährt das Zeug selbstverständlich nicht selbst herüber. Immer wenn er selbst in Helsinki ist, kontrolliert er, ob alles läuft, wie es soll. Und knüpft neue Kontakte. Das macht er nebenbei, zusätzlich zu seinem Job bei uns in der Firma.«

»Es ist illegal!«

»Sei nicht so spießig!« Sie knöpfte sein Hemd auf und streifte es von ihm ab. »Wir wissen alle Bescheid. Lars gibt uns etwas ab von seinen Einnahmen, damit wir ihn decken.« Sie streichelte seinen Oberkörper und nestelte an seiner Hose. »Mach dich locker!«

Dieser Aufforderung kam Julian spontan nach.

Später, als sie durch das bodentiefe Fenster auf die Lichter der Stadt blickten, fragte er sie dann aber doch. »Ihr wart ein Paar, stimmt's?«

»Das ist schon eine Weile her.«

»Weshalb habt ihr euch getrennt?«

Frida rekelte sich. »Das hatte nichts mit Lars zu tun. Ich wollte einfach alleine leben. Zu dem Zeitpunkt konnte ich keine Beziehung gebrauchen.«

»Und jetzt? Wie sieht es aktuell aus?«

»Was willst du?«

Julian setzte sich auf. Er griff ihr mit der Hand unters Kinn und sah ihr in die Augen. »Ich will dich.«

»Zu meinen Bedingungen.«

»Die wären?«

»Du rückst mir nicht zu sehr auf die Pelle. Ich benötige meinen Freiraum.«

»Hat Lars dir den nicht gelassen?«

»Frag nicht so viel. *Du* bist jetzt hier mit mir im Bett. Nicht er. Genügt dir das?«

»Was wäre eigentlich, wenn der Schmuggel auffliegt?«

»Da sind die Finnen wenig zimperlich. Mehrere Jahre Knast. Aber Lars wird schon nicht auffliegen. Der hat immer irgendwie Glück.«

Am Morgen schlüpfte Julian in die Kleider, die er am Vortag getragen hatte. Als er über den Flur des Hotels flitzte, war Frida schon bereit für den Tag. Obwohl es eigentlich egal war, achtete er trotzdem darauf, sein Zimmer ungesehen zu erreichen. Ein Blick auf die Uhr zeigte ihm, dass Eile geboten war. Rasch entledigte er sich seiner Kleider und schlüpfte unter die Dusche. Die gesamte Nasszelle war mit Stein ausgekleidet. Es gab keine durchsichtige dünne Wand in der Duschkabine, wie er sie von zu Hause kannte. In Richtung des Abflusses war der Boden leicht schräg. Als er fertig war, zog er mit dem langen Abzieher über den Boden, um das restliche Wasser wegzuwischen. Dabei pfiff er vor sich hin. Er fühlte sich als Gewinner. War er es doch gewesen, der die Nacht mit Frida verbracht hatte, und nicht Lars. Muskeln hin oder her, das Glück war ihm hold gewesen.

Als er den Frühstücksraum betrat, saßen die Kollegen schon am Tisch. Sie hatten sich längst am üppigen Büfett bedient. Julian legte hastig ein Brötchen und etwas Käse auf einen Teller, zog sich einen Kaffee und gesellte sich zu ihnen.

»Hast du die Nacht gut verbracht?« Lars lehnte sich zurück und grinste.

»Kein Grund zur Klage.« Julian schob ein Stückchen Käse in seinen Mund.

»Das will ich doch hoffen.« Er feixte auch unverhohlen in Richtung Frida. »Ich nehme an, du hast dein Bestes gegeben?«

Elena und Mike beschäftigten sich konzentriert mit ihrem Essen. So, als bekämen sie den Schlagabtausch nicht mit.

»Reiß dich zusammen, Lars. Das hier ist kein Spielzeugladen, in dem du einfach auf alles zeigst, was du haben willst.«

»Fuck! Du wolltest eine Auszeit haben. Okay, die hattest du. Aber es war nicht abgemacht, dass du den Neuen in deine Kiste holst. Ganz und gar nicht. Wir sind nicht fertig miteinander.«

»Das bestimmst du?« Frida griff nach ihrer Tasse, um einen Schluck zu trinken.

»Wir beide sind ein tolles Team. Das weißt du genau. Ich verstehe nicht, weshalb du es kaputtmachst.«

»Lars, hör mir zu. Es ist aus zwischen uns. Schon seit einer ganzen Weile. Das habe ich dir mehrfach gesagt.«

Julians Blick ging zwischen den beiden hin und her. Wie verhielt man sich in so einer Situation? Warf Lars ihm gleich einen Handschuh auf den Teller und forderte ihn zu einem Duell heraus? Wer dieses überlebte, dem fiel Frida als Trophäe zu? Das war absurd. Frida entschied selbst, mit wem sie zusammen sein wollte. So, wie die Dinge lagen, war er der Glückliche. »Lars«, begann er.

»Halt du dich da raus! Das ist eine Angelegenheit zwischen Frida und mir.«

Gäste an anderen Tischen versuchten, mit gespieltem Gleichmut den Streit zu ignorieren.

»Das sehe ich ein wenig anders.« Julian spannte seinen Oberkörper an.

»Ich will keinen Beschützer, Julian. Ich schaffe das alleine. Und du, Lars, kapier es endlich. Es ist aus zwischen uns beiden, was das Private angeht.« Frida knabberte an einem Croissant.

Lars griff nach seinem Rucksack. »Wegen dem?« Er zeigte auf Julian und lachte im Weggehen.

Julian wollte das nicht auf sich sitzen lassen. Er stand auf und folgte Lars.

Als sie aus dem Hotel auf die Straße traten, versperrte ihnen der Mann von gestern den Weg. Hinter ihm standen drei weitere Männer. Sie blickten ernst. Als der Typ seine Hand ausstreckte, um nach dem Arm von Lars zu fassen, riss dieser sich los und rannte auf die Straße.

Der Fahrer eines Rennrades versuchte vergeblich, ihm auszuweichen. Lars stürzte auf die Fahrbahn. Der Radfahrer fiel über ihn drüber. Sein Sturzhelm bewahrte ihn vor schwereren Blessuren. Lars jedoch schlug mit dem Hinterkopf auf der Betonabtrennung zwischen Fahrradspur und Fahrbahn auf. In seltsam verrenkter Pose blieb er reglos legen.

»Poliisi«, sagte der Mann erklärend zu Julian. Er nickte einem seiner drei Begleiter zu, der daraufhin ein Smartphone zog.

Frida kam angelaufen, kniete neben Lars nieder und sagte irgendetwas, das Julian nicht verstand. Aber Lars reagierte nicht mehr.

*

Er hatte in seiner Erzählung die Passage mit der Nacht im Hotelzimmer weggelassen. Die war nicht für seine Mutter bestimmt. Aber im Wesentlichen wusste sie nun, wie er Frida nähergekommen war. Seit wann sie beide ein Paar waren.

»Wie geht es ihr heute? Seht ihr euch noch?«, wollte Edelgard nun von ihm wissen.

»Im Büro, klar.«

»Und sonst?«

»Mom, du klingst wie bei einem Verhör.«

»Das ist keine Antwort.«

»Ich weiß es nicht. Ich kann Frida nicht einfach so fallen lassen. Sie hat niemanden außer mich.«

»Diese Frau ist nicht gut für dich.«

»Lass mich das selbst entscheiden.«

»Wenn …«

»Wenn was? Begreif endlich, es ist meine Angelegenheit.«

»Ich hatte immer gehofft, eine Schwiegertochter zu bekommen, mit der ich mich gut verstehe. Eine, mit der ich mich auf einen Kaffee treffe. Auch mal ohne dich.«

»Das hat Omi vielleicht auch gehofft. Trotzdem hat Paps sich für dich entschieden.«

Edelgard legte ihre Hand schützend über ihre Stirn. Es sah aus, als denke sie nach.

»Vergiss es! Wage es nicht!«

»Was?«, fragte sie gedehnt.

»Der Trick, mit dem du Omi mit diesem Theodor verkuppelt hast! Du wirst es nicht wagen, mich heimlich bei einem Dating-Portal anzumelden!«

Edelgard legte ihre Hand beschwichtigend auf seinen Arm. »Aber, Julian, das würde ich doch niemals machen!«

Julian bemerkte, wie sich die Wangen seiner Mutter röteten.

»Etwas gänzlich anderes geht mir durch den Kopf. Du sagtest, Snus sei außerhalb von Schweden verboten. Was hat es mit diesen Nikotinbags auf sich, die man an jeder Tankstelle bekommt?«

»Seit wann kaufst du in Tankstellen ein?«

»Ich weiß das einfach. Man muss doch informiert sein!«

»Diese Bags enthalten hauptsächlich Pflanzenfasern oder auch Tee mit zugesetztem Nikotin. Snus hingegen besteht aus Tabak.«

»Woher weißt du das denn?«

»Wie du eben so schön sagtest. Man muss doch informiert sein!«

WORTE IM NACHKLANG UND DANK

Nach einem Besuch in Stockholm, wo unsere Tochter ein Auslandssemester verbrachte, beschlossen mein Mann und ich spontan, sie im Sommer zum Semesterende mit dem Auto abzuholen. Dies war zu der Zeit, bevor Covid-19 unser aller Leben mit Kontaktsperren und Grenzschließungen beschränkte. So fuhren wir also in der Kurpfalz los und dann mithilfe der Fähre einmal um die Ostsee. Wir wohnten allerdings nicht in Hotels, sondern in Privatunterkünften. Das ermöglichte uns, einen kleinen Einblick in die Lebensverhältnisse in den jeweiligen Ländern zu erheischen. Getragen wurde unser Roadtrip von der großen Freundlichkeit der vielen Menschen, die wir unterwegs trafen.

Besonders beeindruckte mich die schwedische Hauptstadt. Gerne wird sie Venedig des Nordens genannt, da sie auf 14 Inseln verteilt ist. Urbanität und Natur gehen eine kontrastreiche, reizvolle Verbindung ein. Ungefähr 50 Brücken verbinden die Inseln miteinander, sodass man, ohne größere Umwege laufen zu müssen, problemlos von einer Insel auf die nächste gelangt. Gamla Stan mit seinen malerischen Straßen und Plätzen, an denen zahlreiche Lädchen, Restaurants und Cafés liegen, ist das Zentrum der Stadt. Die Stadtbibliothek mit ihrem großen runden Saal ist ein architektonisches Meisterwerk und für »Büchermenschen« ein besonderes Erlebnis. Der Schärengarten vor Stockholm hat es mir besonders angetan. Tausende von Inseln unterschiedlicher Größe bilden ein überaus beeindruckendes Szenario. Eine der schönsten Schäreninseln ist Sandön mit der Ortschaft Sandhamn. Beeindruckt haben mich während unserer Reise auch sehr die offenen Stadtgesellschaften in Kopenhagen und Stockholm.

Aufgrund der Historie war es für mich eine besondere Art der Berührung mit der Vergangenheit, durch das Baltikum und durch Polen zu reisen. Mein Mann und damit auch unsere Tochter haben selbst familiäre Wurzeln an der Ostsee. Als geschichtsträchtiges Monument steht die Marienburg in Pommern. Sie war von 1309 bis 1457 Sitz der Hochmeister des Deutschen Ordens. Es war der einzige Tag unserer Reise, an dem es in Strömen goss, und wir verbrachten einen halben Tag in den Räumen der beachtlichen Anlage.

Ich danke meinem Mann und unserer Tochter für diese erlebnisreiche, außergewöhnliche Reise, die mich nachhaltig beschäftigt.

Mein ganz besonderer Dank gilt auch dem Gmeiner-Verlag, durch dessen Zusage zu diesem Buch der Trip für mich gleichzeitig zu einer Recherchereise wurde. Mit dem Team des Gmeiner-Verlages zusammenzuarbeiten, ist immer aufs Neue eine große Freude und sehr angenehm.

Carmen Vicari, Dipl.-Wirtsch.-Ing. (FH), hat mein Manuskript vorab gelesen und gab mir wertvolle konstruktive Anmerkungen aus ihrer Sicht als Leserin. Vielen Dank dafür!

Kann man sich bei seiner Romanfigur bedanken? Die Edelgard! Diese Figur war irgendwann einfach da. In meinen Gedanken. Und forderte, ich solle über sie schreiben. Der vorliegende ist nun schon der dritte Band mit Edelgard und ihrem Norbert, nachdem sie sich bereits in mehreren Anthologien tummelten.

Liebe Leserinnen und Leser, vielen Dank für euer Interesse an meinem Buch. Vielleicht lernen wir uns bei einer Lesung kennen? Termine und Buchungsmöglichkeiten findet ihr hier: www.ClaudiaSchmid.de.

Die Ostsee

Helsinki

Stockholm

Ostsee

Sankt
Petersburg

Tallinn

Kopenhagen

Riga

Klaipeda

Vilnius

ensburg

Lübeck

Danzig

Alle Bücher
von Claudia Schmid:

Die brennenden Lettern
ISBN 978-3-8392-1212-7

Mannheimer Todesmess
ISBN 978-3-8392-1458-9

Wer mordet schon in Mannheim?
ISBN 978-3-8392-1656-9

Mörderische Bergstraße
ISBN 978-3-8392-2416-8

Mörderischer Jakobsweg (mit Fenna Williams und Leila Emami)
ISBN 978-3-8392-2323-9

Mörderische Fluss-Kreuzfahrten
ISBN 978-3-8392-2738-1

Mörderische Ostsee
ISBN 978-3-8392-2844-9